속담과 함께 길을 가다

속담과 함께 길을 가다

펴 낸 날 2020년 5월 16일

지 은 이 강흥섭
펴 낸 이 이기성
편집팀장 이윤숙
기획편집 윤가영, 정은지, 한솔
표지디자인 윤가영
책임마케팅 강보현, 류상만
펴 낸 곳 도서출판 생각나눔
출판등록 제 2018-000288호
주   소 서울 잔다리로7안길 22, 태성빌딩 3층
전   화 02-325-5100
팩   스 02-325-5101
홈페이지 www.생각나눔.kr
이 메 일 bookmain@think-book.com

• 책값은 표지 뒷면에 표기되어 있습니다.
  ISBN 979-11-7048-077-8(03700)

•이 도서의 국립중앙도서관 출판 시 도서목록(CIP)은 서지정보유통지원시스템 홈페이지
 (http://seoji.nl.go.kr)와 국가자료공동목록시스템(http://www.nl.go.kr/kolisnet)에서
 이용하실 수 있습니다(CIP제어번호: CIP2020014528a).

강흥섭

속담과 함께 길을 가다

생각나눔

✎ 옛말 그른 데 없다. [한국]

✎ 속담은 속이지 않는다.
(A proverb deceives not.) [영국, 미국]

✎ 속담은 민족의 혼, 민족의 생활,
민족의 언어를 비추는 거울이다. [독일]

✎ 속담은 진실한 언어. [독일]

✎ 속담은 경험의 메아리. [스페인]

✎ 속담은 썩지 않는다. [리투아니아]

✎ 속담은 이성에서 나와서 이성으로 간다.
[체코, 슬로바키아]

속담을 통하여 나를 성찰(省察)하자

우리는 일상생활에서 속담을 자주 인용한다. 대화 중이거나 글을 쓸 때 적절한 속담 사용은 자기가 주장하고자 하는 내용을 명확하고 효과적으로 전달할 수 있다. 그리고 재치 있고 품격 있는 어휘 구사력으로 평가받기도 한다.

그것은 속담이 간결하면서 비유나 풍자를 바탕으로 한 교훈과 지혜를 함축하고 있어 강한 설득력을 갖고 있기 때문일 것이다.

속담은 어느 날 갑자기 만들어진 것이 아니다. 오랜 세월에 걸쳐 살아오면서 터득한 경험의 진솔함이 많은 사람의 공감을 받고 또 다듬어져서 하나의 속담으로 정착되는 것이다. 간혹 고전(古典)이나 위대한 석학들의 명언에서 즐겨 사용하던 말이 속담으로 유포되기도 한다. 이처럼 속담은 장구한 삶을 통한 체험의 결과와 위인들의 깨달음에서 얻어진 매우 값진 것이다.

속담에는 민족의 감성, 생활 양식이 녹아 있고, 세상 이치와 삶의 지혜가 담겨있다. 속담은 조상들이 후손에게 남겨준 귀한 선물이다. 그러함에도 오늘날 젊은이들은 이를 대수롭지 않게 여기는 것 같아 안타까운 마음이 든다.

나이가 들어 삶을 되돌아보면 이루지 못한 아쉬움과 한순간의 잘못된 판단으로 실수한 일들이 수없이 떠오른다. 그렇다고 다시 살아볼 수도 없다. 오직 후회하고 자책할 뿐이다.

긴 세월을 살아가야 할 젊은이들은 모름지기 속담을 가까이하기를 권한다. 속담은 미래의 삶의 방향과 실천을 제시해주는 훌륭한 멘토가 되고 인생을 성공으로 이끄는 길잡이가 될 것이다.

이러한 의미를 살려 많은 사람이 속담에 대하여 새롭게 평가하고 유용하게 활용하기를 바라는 마음으로 이 책을 냈다.

이 책은 우리나라 속담뿐만 아니라 세계 여러 나라에서 사용하고 있는 것들을 포함하였다. 21세기 글로벌 시대를 살아가는 우리는 다른 민족의 감정과 특성, 가치관을 인식하고 이를 인정해야 한다. 여러 나라의 속담을 접하다 보면 다양한 문화와 생활 양식을 이해하는 데도 도움이 될 것이다.

동서양을 막론하고 속담에는 글자 그대로의 표현과 함께 그 속에 많은 것을 암시하는 뜻이 있으므로 그 의미를 잘 살펴보아야 한다. 중국 속담에 "속담 한 마디에는 천 가지의 뜻이 있다(一句諺語千層意.)"라는 말도 이러한 속담의 표현상 기교와 다의적(多義的)인 특성을 강조한 것이라 하겠다.

시대가 변하고 생활 양식이 바뀜에 따라 속담의 의미도 달라질 수 있다. 그러나 속담이 간직하고 있는 깊은 뜻은 확증된 삶의 진리요 가치다. 속담이 품고 있는 지혜와 교훈을 거울삼아 자신을 가다듬고 성찰한다면 보람 있는 삶, 아름답고 행복한 삶의 주인공이 되리라 확신한다.

바라건대, 속담과 더욱 친해져서 안갯속 같은 인생길을 밝게 비추어 줄 지혜의 등불이 하나 더 켜지기를 기대한다.

끝으로, 이 책이 나오기까지 조언과 격려를 아끼지 않아준 아내에게 감사를 전한다.

2020년 5월
북한산 아래 정릉에서
淸水 강 홍 섭

이 책의 내용 및 편집 방침

1. 이 책에는 세계 여러 나라의 속담 2,630여 개가 수록되어 있다.

    한국 속담: 780여 개 (표제어 속담 포함)
    외국 속담: 1,850여 개

    ※ 속담 발췌 국가: 별표

2. 이 책은 세계의 속담을 단순히 나열한 것이 아니고 주제별로 분류하여 편집하였다. 주제별로 '표제어(標題語) 속담'을 정하여 그와 의미가 비슷한 여러 나라의 속담을 한눈에 볼 수 있도록 분류해서 편집한 것이 이 책의 특징이라 하겠다.

    세계 여러 나라 속담 중에서 교훈이 될 만한 것들을 발췌하여 다음과 같이 크게 6개 부문으로 나누어 엮었다.

    1. 삶: 삶과 인연, 세상살이
    2. 인간의 본질과 세태: 인간 내면의 속성과 행동
    3. 욕망과 집착: 악의 근원
    4. 위기 대처와 도전: 자신감
    5. 올바르고 유능한 사회인: 자기 계발
    6. 지혜로운 처세의 길: 자기 관리

    위의 부문을 다시 79개의 소주제로 세분하였다. '표제어 속담'은 306개로 하였으며 모두 우리나라 속담 중에서 가려 뽑았다. 부문별로 종합한 '표제어 속담' 목록은 찾아보기에서 확인할 수 있다.

3. 주제 및 속담 분류는 전적으로 편저자의 임의로 하였다.

4. '표제어 속담'과 의미가 비슷한 일부 속담은 풀이를 생략하였다.

5. 수록 순서는 한국, 아시아, 영미 권역, 유럽, 북중미, 남미, 아 프리카 순으로 하였다. 하나의 속담이 비슷한 의미로 여러 나라 에서 같이 사용되고 있는 경우에는 그 나라 이름을 병기하였다.

6. 중국의 경우 민족 또는 지역에 따라 구분할 필요가 있다고 생 각되어 티베트와 위구르 지역은 이를 나누어 표기하였고, 사우 디아라비아를 비롯한 아라비아반도 7개 국가는 아라비아로 동 일하게 표기하였다.

7. 외국 속담 중 중국과 영어권 속담에 대하여는 원어를 병기하였 다. 다만, 중국 속담에서 그 원어는 우리나라에서 사용하는 한 자인 번체자(繁体字)로 표기하였다.

차 례

Ⅰ. 삶: 삶과 인연, 세상살이

1. 삶, 운명, 가족, 친구, 이웃

2. 게으름, 가난, 근면, 저축

3. 행복의 조건

II. 인간의 본질과 세태(世態): 인간 내면의 속성과 행동

III. 욕망과 집착: 악의 근원

1. 소유욕, 탐욕

2. 억압, 착취

3. 자업자득

IV. 위기 대처 및 도전: 자신감

1. 방심, 후회, 신중, 결단

2. 경계, 대비(對備)

3. 시련, 희망, 도전

V. 올바르고 유능한 사회인: 자기 계발

1. 교육, 인간 형성

2. 인재(人材)

3. 경험, 능력, 장단점

4. 노력, 성취

Ⅵ. 지혜로운 처세의 길: 자기 관리

1. 건강, 술

2. 언행, 신뢰, 판단

3. 덕행, 겸손, 순리, 품격, 정도, 절제, 인내

I. 삶

삶과 인연, 세상살이

01

삶, 운명, 가족, 친구, 이웃

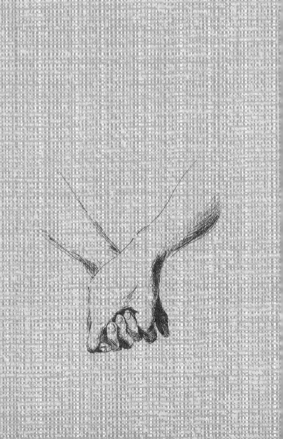

> 1. 개똥밭에 굴러도 이승이 좋다.
> : 아무리 힘들고 괴로워도 죽는 것보다는 사는 것이 낫다는 뜻.
> : 생명은 존귀하다는 뜻.

비슷한 속담

⚘ 살아 하루가 죽은 천 년보다 낫다.
   (在生一日, 勝死千年.) [중국]

⚘ 찬밥을 먹더라도 이승에서 살고 싶다. [일본]

⚘ 최악의 인생이라도 최선의 죽음보다는 낫다. [이스라엘]

⚘ 목숨이 붙어있고서야 희망도 있다.
   (While there is life, there is hope.) [영국, 미국]

⚘ 목덜미의 빈대 한 마리가 영구차의 꽃다발보다 낫다. [독일]
   : 삶은 소중하다.

⚘ 나이 들수록 인생이 즐겁다. [독일]
   : 나이가 많아질수록 삶에 대한 애착이 강해진다.

⚘ 삶은 달콤하고 아름답다. [마다가스카르]
   : 주어진 삶에 감사하여라.
   : "우리의 삶은 신이 우리에게 미리 알고 주신 가장 아름다운 선물이다."
   앤 라모트(2013), 『가벼운 삶의 기쁨』

2. 산 개가 죽은 정승보다 낫다.

: 권세와 부귀를 누리던 사람도 죽으면 모두 등을 돌린다는 뜻.
: 살아 있음은 무한한 가능성이 있다는 뜻.

비슷한 속담

◊ 죽은 사자는 살아 있는 생쥐만도 못하다.
(死知府不如一個活老鼠.)
(A living dog is better than a dead lion.) [중국, 영국, 미국]

◊ 사람이 살아야 청산도 있다.
(人在靑山在.) [중국]
: 살아 있어야 영화도 누릴 수 있다.

◊ 죽어서 꽃과 열매를 보겠는가. [일본]

◊ 죽은 사람은 곧 잊혀진다.
(The dead are soon forgotten.) [영국, 미국]

◊ 묻힌 황제보다 살아 있는 상놈이 더 가치 있다. [프랑스]
: 무소불위(無所不爲) 권력가도 죽으면 아무런 소용이 없다.

◊ 살아 있는 당나귀는 죽은 의사보다 낫다. [이탈리아]
: 살아서 남은 자가 강하다.

◊ 미인도 흙. [콩고]
: 권세와 영화를 누리던 사람도 죽으면 그만이다.

◊ 죽은 소는 파리도 쫓지 못한다. [마다가스카르]
: 아무리 강한 사람도 죽으면 할 수 있는 일이 하나도 없다.

3. 인생은 다만 백 년이다.

: 인생은 길어야 백 년인데 그것도 너무 쉽게 지나가버린다는 뜻.

비슷한 속담

⚜ 공수로 왔다가 공수로 가는 것이 인생이다.
(Shrouds no pockets.) [한국, 영국, 미국, 스페인]
: 누구나 빈손으로 태어나서 죽을 때는 빈손으로 돌아가는 것이 인생이니 재물에 너무 악착스럽게 매달리지 마라.

⚜ 인생 백 년이 꿈결 같다.
(人生如夢.)
(Life is but an empty dream.) [한국, 중국, 일본, 영국, 미국]
: 인간의 한평생은 한바탕의 꿈처럼 덧없다.

⚜ 인생은 순례다.
(Life is a pilgrimage.) [영국, 미국]
: 인생은 이 세상에 한 번 왔다가 돌아가는 나그넷길과 같다.

⚜ 인생이 무엇인지 알기 전에 이미 인생의 반이 지나간다.
(Life is half spent before we know what it is.) [영국, 미국]
: 인생에 대해 겨우 알만하면 어느덧 중년이 되어 버린다.

⚜ 즐겁게 사는 사람도 슬프게 사는 사람도 같은 세월을 산다.
(As long lives a merry man as a sad.) [영국, 미국]
: 한 번뿐인 인생을 이왕이면 즐거운 마음으로 살아가라.

⚜ 인생은 안개나 그림자와 같아 눈 깜짝할 사이에 지나간다.
[마다가스카르]

4. 인생은 사막 길이다.
: 삶은 탄탄대로의 순탄한 길이 아니라는 뜻.

(비슷한 속담)

🖊 인생은 고해라. [한국]
: 인간의 삶에는 극복해야 할 어려운 일들이 많다.

🖊 인생 제백사는 줄타기 놀음이라. [한국]
: 세상살이는 어렵고 위태한 일들도 많다.

🖊 인생은 무거운 짐을 지고 먼 길을 가는 것과 같다. [일본]
: 삶이 힘들어도 서두르지 말고 인내하면서 정진하라.

🖊 인생의 길은 밭을 가로지르듯이 쉽지 않다. [러시아, 핀란드]
: 무엇이든 쉽게 이루려고 편법을 쓰지 마라.

🖊 인생의 발걸음은 미끄럽다.
(The footsteps of fortune are slippery.) [영국, 미국]
: 세상은 도처에 위험과 함정이 있으니 처신에 주의하라.

🖊 인생은 눈물 흘리며 양파 껍질을 벗기는 것과 같다. [프랑스]
: 삶은 고통스러운 일이 많으니 좌절하지 말고 슬기롭게 이겨내라.

🖊 인생은 싸움이다. [독일]
: 세상을 살아가는 길은 격렬한 싸움판과 같다.

🖊 인생은 무대다. 네 역할을 연기하는 걸 배워라. [그리스]
: 세상이 나를 인정할 수 있도록 꾸준히 연마하여라.

5. 인생의 승부는 관 뚜껑을 덮어봐야 안다.
: 사람은 죽은 다음에라야 그 사람의 진정한 삶을 알 수 있다는 뜻.

비슷한 속담

6 먹고만 산다면 개도 산다. [한국]
: 먹는 것만이 삶의 전부가 아니니 올바르고 가치 있게 살아라.

6 죽어도 묻힐 곳이 없다.
(死無葬身之地.) [중국]
: 옳지 못하게 산 사람은 그 말로(末路)가 비참하다.

6 태어나기는 쉬우나 사람이 되기는 어렵다. [필리핀]

6 그 삶에 그 죽음.
(Such life, such ending.) [영국, 미국, 체코, 슬로바키아]
: 선하게 살면 찬사를 받지만 악하게 살면 욕된 죽음이 된다.

6 죽을 날이 다가온 것처럼 살아가도록 하여라.
(Let all lives as they would die.) [영국, 미국]
: 오늘에 최선을 다하여 후회 없는 삶이 되도록 하여라.

6 훌륭히 살면 영원히 산다.
(Live well and live forever.) [영국, 미국]
: 덕을 베풀고 의롭게 살면 많은 사람의 기억 속에 남게 된다.

6 살아가는 것이 축복이 아니라 어떻게 살아갈지 아는 것이 축복이
다. [멕시코]
: 삶의 의미와 목적을 분명히 하는 삶을 추구하여라.

6. 복불복(福不福)이라.

: 사람에게 복이 있고 없고는 그 사람의 운수라는 뜻.

⸢ 비슷한 속담 ⸥

✎ 뒤로 오는 호랑이는 속여도 앞으로 오는 팔자는 못 속인다.
  (No flying from fate.) [한국, 영국, 미국]
  : 사람은 각자의 운명에서 벗어날 수 없다.

✎ 일의 계획은 사람이 하지만 그 성패는 하늘에 달려 있다.
  (謀事在人, 成事在天.) [중국, 일본]

✎ 배나 뗏목 경주는 해도 팔자 경주는 못한다. [태국]

✎ 운명은 고쳐 쓰지 못한다. [방글라데시]
  : 사람은 각자의 운명에 따라야 한다.

✎ 미래는 아무도 모른다.
  (No man can tell what future brings forth.) [영국, 미국]

✎ 운명의 수레바퀴는 도는 방식이 똑같지 않다. [스페인]

✎ 한 사람은 씨앗을 뿌리기 위해 태어나고, 또 한 사람은 노래 부르기 위해 태어났다. [불가리아]
  : 부자와 가난뱅이로 나뉘는 것은 운명적으로 정해진 것이다.

7. 복을 타고난 사람한테는 수탉도 알을 낳아 준다.

: 운이 좋은 사람은 하는 일마다 기대 이상의 성과를 거둔다는 뜻.

비슷한 속담

🌙 되는 놈은 나무하다가도 산삼을 캔다. [한국]
: 운이 따르는 사람은 무엇을 해도 잘되고 횡재도 한다.

🌙 잘 되는 놈은 엎어져도 떡함지라. [한국]
: 복이 있는 사람은 어떤 경우에도 일이 잘 풀린다.

🌙 꿩이 밥솥에 날아든다.
(野鷄飛進飯鍋里.) [중국]

🌙 작은 재치라도 운 좋은 사람에게는 효력이 있다.
(A little wit will serve a fortunate man.) [영국, 미국]
: 운이 좋은 사람은 재주가 많지 않아도 일을 잘 이루어낸다.

🌙 하느님의 햇볕을 쬔다. [헝가리]
: 행운이 찾아왔다.

🌙 운이 좋은 사람은 말뚝을 박아도 레몬 나무로 자란다. [이탈리아]

🌙 어떤 이는 토끼 뒤를 쫓아 달려가지만, 또 다른 이는 뛰지 않고
도 토끼를 따라잡는다. [멕시코]
: 운이 좋으면 그다지 노력을 안 하고도 좋은 성과를 거둔다.

🌙 운이 좋은 사람은 나일강에 빠져도 입에 물고기를 물고 떠오른
다. [이집트]

🌙 같은 괭이로 밭을 갈아도 얻는 것은 같지 않다. [콩고]

8. 안 되는 놈은 넘어져도 개똥밭에 넘어진다.

: 운수가 나쁘면 뜻하지 않은 실패와 재난이 겹친다는 뜻.

비슷한 속담

ᗽ 도둑을 맞으려면 개도 안 짖는다. [한국]

  : 운수가 사나우면 될 일도 뜻대로 되지 않는다.

ᗽ 먹고살 만하니까 동티가 생긴다. [한국]

  : 복이 없는 사람은 겨우 잘살게 되면 속 썩을 일이 생긴다.

ᗽ 밀가루 장사하면 바람 불고 소금 장사하면 비가 온다. [한국]

  : 세상일이란 뜻대로 되지 않고 엇나가는 수가 많다.

ᗽ 숨다 보니 포도청 집이라. [한국]

  : 운수가 나쁘면 일이 뜻밖에 잘못되어 낭패를 본다.

ᗽ 재수 없는 포수는 곰을 잡아도 웅담이 없다. [한국]

  : 안 되는 사람은 일도 순조롭지 않고 뜻밖에 탈이 생긴다.

ᗽ 재수가 없으면 찬물을 마실 때도 이빨에 낀다.

  (人倒霉喝涼水也塞牙.) [중국]

ᗽ 재수 없는 사람은 낙타를 타고 있어도 개에게 물린다.

[아르메니아]

ᗽ 빵이 떨어져도 버터 발린 쪽으로 떨어진다.

  (The bread always falls buttered side down.) [영국. 미국]

  : 재수가 없는 사람은 하는 일마다 잘못된다.

비슷한 속담

🜆 쥐구멍에도 볕들 날이 있고 개똥밭에도 이슬이 내릴 때가 있다.

[한국]

: 아무리 어려운 처지에 있는 사람도 좋은 때가 올 수 있다.

🜆 흥망성쇠와 부귀빈천이 물레바퀴 돌듯 한다. [한국]
: 사람의 운수는 늘 변하기 마련이다.

🜆 사람은 천일을 하루같이 좋을 수 없고 꽃은 백날을 붉게 피어 있
을 수 없다.
(人無千日好, 花無百日紅.)
(Life is not a bed of roses.) [중국, 영국, 미국]

🜆 달은 15일은 밝고 15일은 어둡다. [위구르]
: 세상일이란 좋고 나쁜 일이 돌고 돈다.

🜆 인연과 성공은 끝까지 기다려라. [일본]

🜆 모든 밀물에는 썰물이 있다.
(Every flow hath its ebb.) [필리핀, 영국, 미국, 프랑스, 수단]
: 세상의 일이란 순환하게 되어 있다.

🜆 아침 해는 종일 지속되지 않는다.
(No morning sun last a whole day.) [영국, 미국]
: 인생은 늘 화려하고 행복한 일만 있는 것은 아니다.

10. 있노라고 자랑 말고 없노라고 기죽지 말라.
: 돈과 권력 있다고 우쭐거리지 말고 가난하다고 주눅 들지 말라는 뜻.

비슷한 속담

◞ 돌절구도 밑 빠질 날이 있다. [한국]
: 명문 가족도 몰락할 때가 있다.

◞ 삼대 거지 없고 삼대 부자 없다.
(富無三代享, 人無三代窮.) [중국]

◞ 큰 실패가 큰 행복으로 바뀌는 수가 있다.
(Some falls are means the happier to arise.) [영국, 미국]

◞ 첫째가 꼴찌 되고 꼴찌가 첫째 된다.
(Many that are first shall be last, and the last shall be first.)
[영국, 미국]

◞ 오늘은 황금, 내일은 먼지.
(Today gold, tomorrow dust.) [영국, 미국]
: 지금은 화려해도 곧 한 줌의 먼지로 사라지게 된다.

◞ 말 위에 있는 자 말 아래 깔릴 수 있다. [폴란드]
: 사람의 일은 언제 어떻게 될지 모른다.

◞ 행운에 도취되지 마라, 보름달도 이지러짐을 알라. [스페인]

◞ 오늘은 재상, 내일은 영락자(零落者). [세르비아]
: 부귀를 누리는 자도 하루아침에 보잘것없는 처지가 될 수 있다.

03│젊음, 늙음

> 11. 젊어서 고생은 사서도 한다.
>
> : 젊어서는 힘들고 어려운 일이라도 피하지 말고 기꺼이 하라는 뜻.
> : 젊었을 때 고생은 앞날을 위한 큰 밑거름이 된다는 뜻.

(비슷한 속담)

🜂 봄에 꽃 피지 않으면 가을 열매는 없다.
  (No autumn fruit without spring blossoms.) [한국, 영국]
  : 젊어서 학문에 전념하지 않고 게으르면 입신출세가 어렵다.

🜂 초년의 고생은 양식 지고 다니며 한다. [한국]
  : 젊어서 고생은 장래를 위하여 중요한 자산이니 회피하지 말아라.

🜂 젊어서 노력하지 않으면 늙어서 슬퍼해도 소용없다.
  (少壯不努力, 老大徒傷悲.) [중국]

🜂 맛있게 먹으려면 야채를 곁들이고, 늙어서 안락하게 보내려면 젊
  어서 고생하라. [캄보디아]

🜂 신(神)은 잠시 동안의 인생에서 낚시로 보낸 시간을 빼주지 않는다.
                                                    [이라크]
  : 젊은 시절을 나태하게 보내지 말고 성실하게 살아라.

🜂 게으른 젊음은 가난한 노년을 만든다.
  (Lazy youth makes a lousy age.) [영국, 미국, 체코, 슬로바키아]

♦ 할 수 있을 때 장미를 모아라.
  (Gather roses while you may.) [영국, 미국]
  : 유익한 인생이 되도록 젊을 때 알차게 노력하라.
  : 놀 때는 즐겁게 놀되 놀이를 인생의 목적으로 삼아서는 안 된다.

♦ 젊어서 장미에 누워있으면 늙어서 가시에 눕게 된다.
  (If you lie upon roses when young, you'll lie upon thorns when
  old.) [영국, 미국]
  : 젊어서 게으르고 호사스러운 것만을 탐하면 늙어서 비참해진다.

♦ 젊어서 얻은 지식은 늙어서 지혜다.
  (Knowledge in youth is wisdom in age.) [영국. 미국]
  : 젊어서 고난을 겪으면 그것이 삶의 지혜가 된다.
  : 젊은 시절에 지식의 기반을 튼튼히 쌓도록 하여라.

♦ 젊어서 배움은 늙어서 명예. [노르웨이]

♦ 생나무가 잘 탄다. [프랑스]
  : 젊을 때는 원기 왕성하니 힘들고 어려운 일도 잘 극복할 수 있다.

♦ 나이 들어 따뜻하게 지내고 싶으면 젊어서 난로를 만들어 놓아야
  한다. [독일]

♦ 열 시간씩 잠자는 자는 나이 먹어서 운다. [스페인]

♦ 젊어서 말을 탄 자는 늙어서 걷게 된다. [이탈리아]
  : 젊을 때 태만하면 늙어서 고생한다.

♦ 노년은 젊었을 때 어떻게 살았는가의 증언이다. [슬로베니아]

♦ 돈과 달리는 것은 젊었을 때. [에티오피아]
  : 재산을 모으고 몸을 단련하는 것은 젊을 때 해야 한다.

12. 젊음보다 더 큰 재산 없다.

: 돈은 없어졌다가도 나중에 생길 수 있지만 젊음은 인생에서 오직 한 번 뿐인 가장 소중하고 찬란한 시절이라는 뜻.

(비슷한 속담)

⚲ 앞길이 구만리(九萬里) 같다. [한국]
  : 젊음은 어떤 일이라도 해낼 수 있는 힘과 시간이 있다.
  : "잊지 말라, 알은 스스로 깨면 생명이 되지만 남이 깨면 요리감이 된다."
    김난도(2010), 『아프니까 청춘이다』

⚲ 청춘은 다시 오지 않으니 대낮을 헛되이 보내지 마라.
  (靑春不再來, 白日莫閑過.) [중국]

⚲ 비록 신선이라도 젊은이만 못하다.
  (雖有神仙, 不如少年.) [중국]

⚲ 젊은이는 패기가 넘치고 젊은 개는 이가 강하다. [몽골]
  : 젊음은 힘과 의욕이 넘치며 희망과 야심의 상징이다.

⚲ 젊음은 두 번 없다. [일본, 프랑스]

⚲ 스스로 운명을 바꾸려 하지 않는 자의 운명은 하느님도 바꾸어주
   지 않는다. [말레이시아]
  : 꿈이 없는 자는 성공할 수 없으니 인생을 아름답게 설계하고 도전하라.

⚲ 청춘은 천둥 비와 같아서 순간적으로 지나간다. [러시아]

⚲ 청춘과 잃은 시간은 영원히 돌아오지 않는다. [독일]

13. 천만 가지 다 먹고는 살아도 나이 먹고는 못 산다.

: 나이가 들어 늙는 것은 무엇으로도 막을 수 없다는 뜻.

비슷한 속담

🔥 나이 이길 장사 없다. [한국]
　: 기력이 왕성해도 나이가 들면 쇠약해지는 것을 어찌할 수 없다.

🔥 사람은 50대에는 해마다, 60대에는 달마다, 70대에는 날마다,
　80대에는 시간마다 쇠약해진다.
　(五年 六月 七日 八時.) [중국]

🔥 내일 아침이 먼저 올지 죽음이 먼저 올지 알 수 없다. [티베트]

🔥 지혜의 거울도 흐려진다. [일본]
　: 늙으면 지력이나 판단력도 약해지기 마련이다.

🔥 노력 없이 오는 것은 노년뿐이다. [네팔]

🔥 나이에 효험 있는 약 없다. [카자흐스탄, 체코, 슬로바키아]

🔥 늙음은 혼자 오지 않는다. [스웨덴, 슬로베니아]
　: 늙으면 병과 더불어 여러 가지 어려움이 따른다.

🔥 나이 들면 누구나 늙은이. [이일랜드]

🔥 시간은 어떤 것을 앗아간 이후엔 되돌려주지 않는다. [이탈리아]

🔥 나이 먹은 노인에게 진드기는 붙게 마련. [멕시코]
　: 늙으면 몸이 약해져 여러 가지 병에 걸리기 쉽다.

14. 가지 많은 나무에 바람 잘 날 없다.

: 자식을 많이 둔 부모는 마음 편할 날이 없다는 뜻.

(비슷한 속담)

⚲ 부모는 문서 없는 종이다. [한국]

: 부모는 한평생 자식들의 뒷바라지를 하다 죽는다.

⚲ 새끼 많이 둔 소 길마 벗을 날 없다. [한국]

: 부모는 언제나 바쁘고 심신이 고달프다.

⚲ 지네 발에 신 신기기. [한국]

: 발이 많은 지네에 일일이 신을 신기는 것처럼 자식을 많이 둔 부모는 고
생을 많이 한다.

⚲ 자식이 많으면 고민도 많다. [아라비아]

⚲ 어려서는 어머니 젖을 빨고 자라서는 아버지 돈을 빤다.

(Children suck the mother when they are young and the father
when they are old.) [영국, 미국]

: 자식은 어려서나 자라서나 부모에게 의지하고 괴로움을 끼친다.

⚲ 어려서는 무릎을 조르고 커서는 가슴을 졸인다. [스웨덴]

: 어린 자식은 부모의 몸을 고달프게 하고 성장한 자식은 부모의 마음을
아프게 한다.

15. 내리사랑은 있어도 치사랑은 없다.
: 부모가 사랑하는 만큼 자식은 부모를 위하지 않는다는 뜻.

비슷한 속담

⚜ 어머니의 마음 아들한테 있고 아들의 마음 초원에 있다.
 (母親的心在兒身上, 兒子的心在草原上.) [중국, 러시아]
 : 어머니는 아들만 생각하는데 아들의 마음은 사업에만 있다.

⚜ 나쁜 아들놈은 말라버린 높은 나무와 같다. [몽골]
 : 부모의 사랑을 받았지만 성장하면 부모는 거들떠보지도 않는다.

⚜ 부모 마음 자식은 모른다. [일본]

⚜ 어머니는 늙은 심부름꾼, 자식은 새 주인. [태국]
 : 자식이 늙은 부모를 함부로 부려먹고 냉대한다.

⚜ 부모는 자식을 하늘과 바다에 비유해서 기르지만 자식은 부모를
 이 달 저 달 센다. [베트남]
 : 부모가 병들거나 가난하면 자식은 부모를 귀찮게만 여긴다.

⚜ 남에게는 개, 자기들에게는 왕. [인도네시아, 말레이시아]
 : 남의 눈에는 귀찮은 아이도 그의 부모에게는 귀한 존재다.

⚜ 한 부모는 열 자식을 키워도 열 자식은 한 부모를 못 모신다.
 (One father can support ten children; ten children cannot
 support one father.) [영국, 미국, 독일, 덴마크, 스페인]

⚜ 네가 낳은 자식은 너를 낳은 부모가 아니다. [소말리아]
 : 자식에게 많은 것을 기대하지 말아라.

16. 자식을 길러봐야 부모의 공을 안다.

: 제가 자식을 낳아 길러봐야 애쓴 부모의 은혜를 깨닫게 된다는 뜻.
: 부모의 사랑은 그 끝을 알 수 없을 만큼 깊고 두텁다는 뜻.

비슷한 속담

🌛 부모는 자식이 하나를 하면 둘로 보이고, 둘을 하면 셋으로 보인다. [한국]
: 부모는 제 자식이 한 일은 언제나 대견하고 부풀려 본다.

🌛 시집을 가야 효녀도 된다. [한국]
: 시집을 가서 자식을 낳아 길러봐야 부모의 은공을 안다.

🌛 열 손가락 깨물어 안 아픈 손가락 없다.
(手心手背都是肉.) [한국, 중국]
: 자식이 많아도 부모에게는 어느 자식이나 모두 소중하다.

🌛 살림을 맡아보아야 비로소 땔감과 쌀이 귀함을 알고 자식을 길러보아야 부모의 은혜를 안다.
(當家才知柴米貴, 養子方曉父母恩.) [중국]

🌛 아내는 지갑을, 어머니는 배를 쓰다듬는다. [인도]
: 같은 사랑이라도 아내는 이기적이고 어머니는 헌신적이다.

🌛 부모의 사랑은 물에 가라앉지 않고 불에 타지 않는다. [라트비아]
: 자식에 대한 부모의 사랑은 죽음보다 강하다.

🌛 코끼리가 숲을 개착(開鑿)하여 주는 것은 새끼를 위함이다.
[세네갈]

17. 죽어서 큰상이 살아서 한 잔 술만 못하다.

: 부모 살아생전에 작은 정성이라도 다하라는 뜻.

비슷한 속담

🎣 소 잡아 제사 지내려 말고 살아서 닭 잡아 봉양하라. [한국]
  : 부모 죽은 뒤 요란 떨지 말고 생전에 조금이라도 위하여라.

🎣 죽어 절 세 번 하는 것보다 살아 있을 때 젓가락 한 번 더 잡게
  해주는 것이 낫다.
  (死了拜三拜, 不如活着夾一筷.) [중국]

🎣 매일 사원에 가서 절을 하기보다 때때로 부모에게 문안 인사를 드
  리는 것이 낫다.
  (天天到寺院磕長頭, 不如時時敬雙親.) [중국]

🎣 효도하고 싶을 때 부모는 없다.
  (子欲養而親不待.) [중국]

🎣 부모 대신은 없다. [일본]
  : 부모가 죽고 나면 이 세상에 부모와 같은 사람은 없다.

🎣 잃을 때까지는 소중함을 알지 못한다.
  (You don't know what you've got until you've lost it.) [영국, 미국]
  : 부모가 살아서 같이 있을 때 잘하여라.

🎣 죽었을 때 울어주려면 살았을 때 가엽게 여겨다오. [세르비아]
  : 부모 살아생전에 조금이라도 관심을 가져라.

18. 아비가 고생하여 돈을 모으면 아들은 흥청망청 쓰고 손자는 거지 된다.

: 부모가 절약하고 악착같이 돈을 모으면 그 자식들은 돈이 귀한 줄 모르고 방탕한 생활을 하다가 결국은 재산을 탕진하게 된다는 뜻.

(비슷한 속담)

⚲ 부모는 상인, 아들은 신사, 손자는 거지. [일본, 스페인]

⚲ 언제까지나 있다고 생각 마라, 어버이와 돈. [일본]

⚲ 아버지는 낙타를 탔고 나는 자동차를 탔지, 아들은 비행기를 탄다네, 손자는 아마 낙타를 다시 타야 할 거야. [아라비아]
  : 재산을 모으는 일도 어렵지만 재산을 지키는 일은 더 어렵다.

⚲ 아버지는 저축하고 아들이 탕진한다. [에스토니아]

⚲ 아버지가 갈퀴로 모으면 자식은 쟁기로 흩뿌린다. [라트비아]

⚲ 인색한 아버지에 방탕한 아들. [프랑스]
  : 아버지는 만사에 절약하고 악착같이 돈을 모으지만 아들은 아무 거리낌 없이 낭비해버린다.

⚲ 아버지의 재산은 자식 것이 아니다. [콩고]
  : 부모가 모은 재산은 끝까지 부모 스스로 관리하여야 한다.

19. 유산 물려주면 돈 잃고 자식까지 망친다.

: 재산을 자식에게 물려주면 자식은 그 재산을 유지하지도 못하고 더 나태해진다는 뜻.

비슷한 속담

⑥ 굴러들어온 돈은 굴러 나간다.

(Lightly come, lightly go.) [한국, 영국, 미국]
: 자기 노력 없이 쉽게 얻은 돈은 오래 유지하지 못한다.

⑥ 바람과 함께 온 것은 물과 함께 사라진다.

(財富與風同來, 財富與水俱去.) [중국]
: 쉽게 얻은 재물은 귀중한 줄 모르고 낭비하여 없애버린다.

⑥ 거저 들어온 횡재는 복이 아니라 재앙이다.

(飛來橫材, 非福是禍.) [중국]
: 노력 없이 큰돈이 들어오면 행복하기보다 화가 된다.

⑥ 돈은 손을 더럽힐 뿐, 오늘 있고 내일은 없다. [아르메니아]
: 유산을 받아 많은 돈이 생기면 금방 빈털터리가 된다.

⑥ 바보와 그의 돈은 쉽게 헤어진다.

(A fool and his money are soon parted.) [영국, 미국]
: 노력 없이 얻은 재산은 탕진하거나 사기를 당하여 없어진다.

⑥ 유산은 거품 돈. [남아공]

⑥ 우습게 들어온 것은 우습게 없어진다. [마다가스카르]
: 제가 고생하지 않고 쉽게 얻은 재물은 쉽게 없어진다.

20. 황금 천 냥이 자식 교육만 못하다.

: 부모가 자식에게 주는 가장 크고 좋은 유산은 재산을 물려주는 것이 아니고 교육을 잘 시키는 일이라는 뜻.

비슷한 속담

ᕦ 돈 모아 줄 생각 말고 자식 글 가르쳐라. [한국]
 : 재산보다 지식을 높여주고 사람 됨을 가르치는 것이 중요하다.

ᕦ 천만 재산이 서투른 기술만 못하다. [한국]
 : 재산은 아무리 많아도 쉽게 날릴 수 있지만 한 번 배운 기술은 두고두고 써먹을 수 있으므로 기술이 재산보다 낫다.

ᕦ 한 가지 재주만 가지고 있으면 평생 먹고살 수 있다.
 (人有一藝, 終身可靠.) [중국]

ᕦ 주머니 대신 머리를 채우면 누구도 훔쳐갈 수 없다. [티베트]

ᕦ 자손 위해 좋은 밭 사지 마라. [일본]

ᕦ 아버지의 덕행이 최상의 유산이다.
 (Father's virtue is the best heritage for his child.) [영국, 미국]
 : "아버지들은 세상에 하나밖에 없는 교과서이며 '아버지의 삶'은 자식들에게 남겨주는 위대한 유산이다." 게리 스텐리(2008), 『아버지의 위대한 유산』

ᕦ 유산은 돈만이 아니다. [아이슬란드]
 : 자식을 위하는 길은 삶의 의미를 깨닫고 보람된 가치관을 갖도록 하는 것이지 부와 권력의 대물림은 아니다.

21. 궂은일에는 일가만 한 이가 없다.
: 어려운 일을 당하게 되면 그래도 일가친척들이 도와준다는 뜻.

(비슷한 속담)

6 팔은 안으로 굽는다.
  (胳膊肘子向內彎.) **[한국, 중국]**
  : 사람은 누구나 자기와 가까운 사람에게 정이 더 쏠린다.

6 일가들은 울며 모여들고 남들은 먹으러 모여든다. **[일본]**
  : 불행한 일이 닥쳤을 때 일가친척들은 동정과 애도를 위하여 찾아오지만
  남들은 이익이나 챙기려 한다.

6 친척은 바보라도 영리한 남보다 낫다. **[러시아]**
  : 일가친척이 더 믿을 만하다.

6 자기의 손위 친척이 있는 사람은 행복하다.
  (Happy is he whose friends were born before him.) **[영국, 미국]**
  : 도움을 받을 수 있는 친적을 가진 사람은 복이 있다.

6 겉옷보다 속옷이 더 가깝다.
  (Near is my kirtle, but nearer is my smock.) **[영국, 미국]**
  : 자기 가족이나 가까운 사람 쪽으로 마음이 기울게 마련이다.

6 친구는 먼저 도망간다. **[칠레]**
  : 어려운 일을 당했을 때 끝까지 남아 도와주는 사람은 친척이다.

22. 기러기도 형제는 안다.

: 기러기도 형제간의 정이 돈독한데 하물며 사람이 형제간에 우애가 좋지 않다면 날짐승만도 못하지 않겠느냐는 뜻.

비슷한 속담

⚸ 피는 물보다 진하다.
   (Blood is thicker than water.) [한국, 일본, 영국, 미국, 독일]
   : 혈육의 정은 다른 어떤 것보다 깊다.

⚸ 형제간에는 콩도 반쪽씩 나누어 먹는다. [한국]
   : 형제끼리는 우애 좋게 지내야 한다.

⚸ 1온스의 피는 1파운드의 우정보다 낫다.
   (One ounce of blood is better than a pound of friendship.)
                                              [영국, 미국, 스페인]
   : 많은 친구보다 한 명의 살붙이가 더 든든하다.

⚸ 형제는 자연이 베풀어준 친구이다. [프랑스]
   : 형제는 혈연으로 맺어진 소중한 존재다.

⚸ 형은 동생을 쫓다가도 벼랑에 이르면 끌어안는다. [그리스]
   : 형제간의 애정은 깊어서 급박한 때에는 서로 돕는다.

⚸ 친구는 땀은 닦아주지만 피는 닦아주지 않는다. [코트디부아르]
   : 혈연은 우정보다 확고하다.

⚸ 혈연은 돈으로 사지 못한다. [콩고]
   : 형제는 매우 소중한 관계이니 우애를 돈독히 하여야 한다.

23. 제집이 극락이다.
: 자기의 집처럼 안락한 곳은 세상 어디에도 없다는 뜻.

비슷한 속담

ᕴ 객지 밥을 먹어봐야 세상인심도 안다. [한국]
: 자기 집을 떠나서 살아보아야 세상인심이 얼마나 냉혹한지를 알게 된다.

ᕴ 집에 있으면 천 날도 좋지만 밖에 나가면 일시도 어렵다.
(在家千日好, 出外一時難.) [중국]

ᕴ 새는 둥지가 있어야 하고 사람은 가정이 있어야 한다.
(鳥要有窩, 人要有家.)
(Every bird likes his own nest.) [중국, 영국, 미국, 프랑스, 독일]

ᕴ 자기 집 마당이 남의 궁전보다 낫다. [인도]
: 아무리 호화스러운 곳이라도 내 집만큼 편안하지 않다.

ᕴ 집에서는 벽도 내 편이 되어 준다. [러시아]
: 자기 집에서는 모든 것이 자기를 편하게 해준다.

ᕴ 동쪽, 서쪽 다 가도 자기 집에 있는 게 제일이다.
(East, west, home's best.) [영국, 미국, 프랑스, 독일]

ᕴ 자기의 오막살이, 자기의 자유. [불가리아]
: 자기 집은 누추해도 남의 눈치를 보지 않고 편하다.

ᕴ 낯선 지역은 지옥. [콩고]
: 자기 집을 떠나면 고통스러운 일들이 많다.

24. 집안이 화목하면 모든 일이 잘 이루어진다.

: 가족이 화합하고 평안하면 모든 일이 순조롭다는 뜻.
: "가족끼리 다투면 병(病)뿐, 가정이 편해야 위장이 편하다." 황준식
(2006), 『가정이 화목해야 100세까지 건강하다』

비슷한 속담

⑥ 집안을 다스리려면 먼저 자신을 가다듬어야 한다. [한국]
  : 집안이 화합하고 편안하려면 자신이 먼저 모범을 보여야 한다.

⑥ 집안일은 남에게 물어볼 필요가 없다.
  (家事不必問外人.) [중국]

⑥ 더러운 속옷을 공중 앞에서 빨지 마라.
  (家醜不可外揚.)
  (Don't wash your dirty linen in public.) [중국, 영국, 미국]
  : 집안의 수치스러운 문제들은 남에게 알릴 필요가 없다.

⑥ 집안이 불화하면 남이 업신여긴다.
  (家不和外人欺.) [중국]

⑥ 안에서 상서롭고 화목하면 밖에서 모든 일이 순조롭다. [티베트]

⑥ 좋은 것을 먹을 때에는 네가 사랑하는 사람이 누군가를 기억하
  며 먹도록 하라. [미얀마]

⑥ 반만 침몰하는 배는 없다. [인도네시아, 말레이시아]
  : 가족은 좋든 싫든 간에 운명 공동체이니 서로 관심을 가져야 한다.

ᓬ 행복한 가정은 미리 누리는 천국이다. [러시아]

ᓬ 사과나무는 뿌리에 벌레가 생기면 시든다. [라트비아]
  : 가족 사이에 응어리가 생기는 일이 없도록 하여야 한다.

ᓬ 집에서 끓인 것은 집에서 다 먹어라. [체코, 슬로바키아]
  : 집안에서 생긴 문제는 집안에서 슬기롭게 해결하라.

ᓬ 집에서 사자 노릇을 하지 마라. [체코, 슬로바키아]

ᓬ 가족을 버린 자는 하느님에게 버림받는다. [스페인]

ᓬ 더러워졌건 말건 제 손가락은 제 손가락. [그리스]
  : 아무리 상처투성이라도 제 가족은 제가 돌봐야 한다.

ᓬ 귓속말은 집을 망친다. [세르비아]
  : 한집에 살면서 서로 믿지 못하면 그 집안은 화목하지 않다.

ᓬ 암소는 제 송아지 얼굴 씻을 물이 없으면 제 혀를 사용한다.
  [자메이카]
  : 어떤 경우에든 제 가족을 돌보고 아껴야 한다.
  : 가족은 소중한 존재다.

ᓬ 가족이 있는 자는 넘어지지 않는다. [콩고]
  : 모든 가족이 화목하면 어려운 일을 당하지 않는다.

ᓬ 강한 자가 모여 있는 가정은 파멸한다. [남아공]
  : 상대를 이기려는 사람만 있는 가정은 싸움이 그치지 않는다.

ᓬ 사람이 찾아가는 집이야말로 참다운 가정이다. [남아공]
  : 가정이 화목하면 사람들이 스스로 찾아든다.

25. 좋은 아내는 집안의 보배다.
: 어진 어머니인 동시에 훌륭한 아내는 집안의 기둥과 같다는 뜻.

비슷한 속담

🕯 똑똑한 마누라가 있으면 남편은 재난을 만나지 않는다.
(妻賢夫禍少.) [중국]
: 부인이 현명하면 남편이 밖에서 화를 당하지 않는다.

🕯 부부가 한마음이면 황토가 황금으로 변한다.
(二人同一心, 黃土變成金.) [중국]

🕯 좋은 남편은 좋은 아내를 만든다. [일본]

🕯 첫째는 아내, 다음은 하늘.* [베트남]
: 아내를 보물처럼 귀하게 여긴다.

🕯 아내는 남편의 거울. [이란]
: 아내를 보면 그 남편을 알 수 있다.

🕯 남편은 집을 만들고 아내는 가정을 만든다.
(Man makes house, woman makes home.) [영국, 미국]
: 지혜로운 아내는 가정을 건강하고 풍요롭게 만든다.

🕯 훌륭한 아내는 황금보다 낫다. [아이슬란드]

🕯 좋은 아내는 남편의 왕관. [스페인]
: 훌륭한 남편의 뒤에는 현명한 아내의 내조가 있다.

---

* 베트남에서는 여자가 생활력이 강하기 때문에 아들보다 딸을 선호하는 경향이 있다.

07 | 친구와 우정

26. 구름 갈 제 비가 간다.
: 항상 서로 떨어지지 않고 친하게 지낸다는 뜻.

비슷한 속담

걸어가다가도 친구 보면 타고 가자고 한다. [한국]
: 친구를 만나면 그저 의지하고 싶어 한다.

어미 팔아 동무 산다. [한국]
: 친구와 매우 다정하게 지낸다.
: 사람은 누구나 친구가 있어야 한다.

집에서는 부모에게 의지하고 외출하면 친구에게 의지한다.
(在家靠父母, 出門靠朋友.) [중국]

좋은 친구는 약초다. [티베트]
: 만나면 반갑고 즐거운 친구는 보약과 같다.

친구가 없는 사람은 행복할 수 없다.
(No man can be happy without a friend.) [영국, 미국]

충실한 친구가 셋 있다; 늙은 아내, 늙은 개, 그리고 현금.
(There are three faithful friends: an old wife, an old dog, and
ready money.) [영국, 미국]

부자 친척보다 친구. [스페인]

비슷한 속담

6 마음 아는 친척 만나기 어렵고 뜻 맞는 친구 만나기 어렵다.
(難遇知心的親戚, 難逢如意的朋友.) [중국]

6 암석이 비바람에 움직이지 않듯이 진실한 친구는 생사를 같이 한다.
(岩石風雨不動, 摯友生死與共.) [중국]

6 문경지교(刎頸之交). [일본]
: 깊은 믿음으로 맺어진 사귐이라면 설령 자신의 목이 잘리더라도 후회하지 않는다.

6 떠오르면 함께 흘러가고 잠기면 함께 젖는다. [인도네시아]
: 진실한 친구는 강한 믿음으로 고락을 함께한다.

6 좋은 친구 한 명은 백 명의 친족보다 낫다. [프랑스]

6 화친한 벗이 있으면 가는 길이 단축된다. [독일]
: 서로 마음을 줄 수 있는 친구는 어떤 상황에서도 즐겁다.

6 책과 친구는 수가 적고 좋아야 한다. [스페인]
: 진실한 믿음을 줄 수 있는 친구는 많을 필요가 없다.

6 송아지를 받아들이는 친구. [탄자니아]
: 비싼 송아지도 맡길 만큼 서로 믿음이 굳건하다.

28. 빚 주고 친구 잃는다.

: 친구 간에 돈거래를 하면 돈도 못 받고 서로 멀어지게 된다는 뜻.

비슷한 속담

🖊 돈 빌려주는 날이 친구 잃는 날이다.
(He that does lend does lose a friend.) [한국, 영국, 미국]
: 친한 사람끼리 돈거래를 하는 것은 불화의 근원이 된다.

🖊 친구에게 돈을 빌려주면 결국 적이 되고 만다.
(Money makes friends enemies.) [필리핀, 영국, 미국]
: 돈은 친구를 서로 나쁜 사람으로 만든다.

🖊 친구와 밥은 먹되 사업은 하지 마라. [아르메니아]
: 친구와는 이해관계에 얽혀서는 안 된다.

🖊 빌려주고 잃는 것은 바보가 하는 짓이다.
(Lend and lose, so play fools.) [영국, 미국]

🖊 친구와 연을 끊고 싶거든 돈을 빌려주어라. [에스토니아]
: 친구 간에 금전 거래는 피하라.

🖊 친구끼리는 서로 돈 지갑에서 멀어져야 한다. [네덜란드]
: 진실한 친구라면 서로 돈이 끼어들지 않게 하여야 한다.

🖊 돈에 친구 없다. [스페인]

🖊 깨끗한 계산, 긴 우정. [크로아티아]
: 친구 사이의 우정은 돈거래가 없어야 오래 이어진다.

: 친구는 잘 가려서 사귀어야 한다는 뜻.

비슷한 속담

🖐 좋은 사람이 되려면 좋은 친구를 찾아야 한다.
(要作好人, 要找好友.) [중국]

🖐 당신을 찬미하는 사람이라고 해서 다 당신 친구는 아니다.
(贊美你的不一定都是朋友.) [중국]
: 아첨하고 간사한 사람은 가까이하지 말아라.

🖐 의리 없는 사람과 교제하지 마라.
(無義之人不可交.) [중국]

🖐 피닉스* 같은 새는 앉을 나무를 고른다.
(A bird like the phoenix chooses its trees to alight on.)
[영국, 미국]

🖐 군중은 동료가 아니다.
(A crowd is not company.) [영국, 미국]
: 어울리는 사람이 많다고 모두 친구가 되는 것은 아니다.

🖐 어리석은 자들과 노래하기보다 현명한 사람들과 우는 것이 낫다.
[세르비아]

🖐 나비는 가시나무가 있는 시장에 모이지 않는다. [나이지리아]
: 좋지 않은 사람과는 처음부터 가까이하지 않는 것이 좋다.

---

* 피닉스(phoenix): 전설에 나오는 신령스러운 새에 비유하여 고상한 사람을 의미한다.

비슷한 속담

🔥 술과 고기로 사귄 친구는 오래가지 않는다.
 (酒肉朋友一世無.) [중국]
 : 이해관계로 만나는 사람과는 진실한 만남이 될 수 없다.

🔥 군자들의 사귐은 물처럼 담담하고 소인배들의 사귐은 꿀처럼 달
 콤하다.
 (君子之交淡如水, 小人之交甛如蜜.) [중국]

🔥 함께 밥을 먹는 친구는 많지만 함께 죽을 친구는 없다. [라오스]

🔥 순탄할 때의 친구는 가치가 없다. [필리핀]

🔥 친구를 사귀려면 한 섬의 소금을 함께 먹어라.
 (Before you make a friend, eat a bushel of salt with him.)
 [영국, 미국]

🔥 안 좋을 때는 친구들도 멀리 있다. [폴란드]
 : 어렵고 힘들 때는 친구들도 외면한다.

🔥 역경에 처하면 위선적인 친구와 파리는 사라진다. [스페인]
 : 어려움을 당했을 때 친구의 본심을 알 수 있다.

🔥 고생을 함께한 친구만이 친구다. [모로코]

31. 진날 개 사귀기.

: 비 오는 날 개를 가까이하면 옷이 더러워지듯이 좋지 못한 친구를 사귀면 해를 입게 된다는 뜻.

비슷한 속담

🌢 개를 따라가면 측간(廁間)으로 간다. [한국]
: 못된 사람과 어울리면 결국 좋지 못한 곳으로 빠지게 된다.

🌢 족제비를 따라다니면 닭 훔치는 법을 배운다.
(跟着黃鼠狼學偸鷄.) [중국]
: 품성이 못된 사람과 사귀면 자신도 그 영향을 받는다.

🌢 방앗간을 지나면 가루가 묻는다. [타지키스탄]

🌢 개와 함께 누우면 벼룩과 함께 일어난다.
(If you lie down with dogs, you'll get up with fleas.)
[러시아, 영국, 미국, 프랑스, 독일, 스페인, 이탈리아]
: 못된 친구와 사귀면 어떻게든 해를 입게 마련이다.

🌢 역청을 만지면 손을 버린다.
(He that touches pitch shall be defiled.) [영국, 미국]

🌢 파리와 함께 가다 보면 쓰레기 속에 처박힌다. [불가리아]
: 하찮은 인간과 사귀면 자신도 하찮은 인간으로 전락한다.

🌢 냄비에 손대면 검댕이 묻는다. [소말리아]

🌢 한밤이라도 닭장에서 자면 새벽에는 닭 우는 소리. [튀니지]

32. 진정한 벗은 어려울 때 안다.

: 친구의 진실성은 서로 궁지에 몰렸을 때 잘 드러나게 된다는 뜻.

비슷한 속담

ⵯ 우정은 술보다 진하다.
   (友情濃于酒.) [중국]
   : 진실한 우정은 이해관계에 얽매이지 않는다.

ⵯ 다이아몬드는 얻기 쉬워도 진정한 친구는 구하기 힘들다. [티베트]

ⵯ 진정한 친구는 변함없는 황금과 같다. [태국]

ⵯ 진정한 친구는 한 사람으로 충분하다. [이스라엘]

ⵯ 그린 눈썹은 문지르면 눈썹이 남고 적이 사라지면 친구가 남는다.
                                                    [우즈베키스탄]
   : 내가 어려움에 처했을 때 친구의 성품이 나타난다.

ⵯ 어려울 때 친구가 진정한 친구다.
   (A friend in need is a friend indeed.) [영국, 미국, 독일]

ⵯ 진정한 친구는 불사조와 같다.
   (A faithful friend is like a phoenix.) [영국, 미국]
   : 좋은 친구는 언제나 변함이 없다.

ⵯ 언제나 그대를 칭찬만 하고 한 번도 나무라지 않는 사람은 그대
   를 사랑하지 않는다. [스페인]

> **33. 착한 사람과 원수는 되어도 악한 사람과 친구는 되지 말 랬다.**
>
> : 어떤 경우라도 좋지 않은 사람과는 가까이하지 말라는 뜻.

비슷한 속담

⚲ 죄지은 놈 옆에 있다가 벼락 맞는다. [한국]
   : 행실이 나쁜 친구를 가까이하면 화를 입기 마련이다.

⚲ 인간성이 안 좋은 사람은 인자한 개보다도 못하다.
   (沒有人性的人, 不如仁慈的狗.) [중국]

⚲ 나쁜 친구와 회오리바람은 만나지 마라. [일본]
   : 성품이 안 좋은 친구는 아예 가까이하지 않는 것이 좋다.

⚲ 생나무도 마른 나무 옆에 있으면 타버린다. [필리핀]
   : 순진한 사람도 나쁜 사람을 가까이하면 화를 입는다.

⚲ 선한 사람과 같이 있으면 천국, 나쁜 사람과 같이 있으면 파멸.
[방글라데시]

⚲ 거짓 친구보다 알려진 적이 낫다.
   (Better an open enemy than a false friend.) [영국, 미국]

⚲ 나쁜 친구를 사귀는 것보다 혼자 있는 것이 낫다.
   (Better alone than in bad company.) [영국, 미국, 프랑스]

⚲ 밀기울투성이가 되면 돼지에게 먹힌다. [남아공]
   : 나쁜 사람과 사귀면 언젠가는 신세 망치게 된다.

34. 친구는 옛 친구가 좋고 옷은 새 옷이 좋다.

: 물건은 새것일수록 좋고 사람은 오래 사귄 사람이 좋다는 뜻.

비슷한 속담

 🎶 차는 끓일수록 좋고 친구는 오래될수록 좋다. [티베트]
  : 오래 사귄 친구는 믿을 수 있다.

 🎶 매실 장아찌와 친구는 오래될수록 좋다. [일본]

 🎶 옛 친구는 안장 얹은 말. [이란, 타지키스탄]
  : 오래 사귄 친구는 언제나 편안하다.

 🎶 오랜 친구와 오랜 길은 속이지 않는다. [러시아]

 🎶 오래된 친구 하나가 새 친구 둘보다 낫다.
  (Old friend is better than two new ones.) [영국, 미국]

 🎶 옛 친구와 오래된 포도주는 고귀한 재화다.
  (Old friends and old wines are good provisions.) [영국, 미국, 프랑스]
  : 오래된 친구는 가장 믿을 수 있다.

 🎶 옛 친구는 오래된 화폐. [프랑스, 독일]
  : 오래된 화폐가 가치가 있는 것처럼 옛 친구는 귀한 존재다.

 🎶 새 친구 때문에 옛 친구를 버리지 마라. [헝가리]

 🎶 오래된 친구는 가장 좋은 거울. [스페인]

35. 틈에 바람이 난다.

: 가까운 친구라도 접촉이 뜸하면 소원해지기 쉽다는 뜻.

비슷한 속담

🔥 길은 내지 않으면 풀이 나고 친구는 내왕하지 않으면 멀어진다.
(路不常走長野草, 親友不訪會生疏.) [중국]

🔥 눈에서 멀어지면 마음에서도 멀어진다.
(Out of sight, out of mind.) [일본, 영국, 미국, 독일, 에티오피아]
: 아무리 친한 사람도 오래 안 보면 점점 서먹해진다.

🔥 친구는 서로를 신뢰하고 한결같이 배려해야 한다. [베트남]

🔥 우정은 돈과 같아서 버는 것보다 간직하는 것이 더 어렵다.
(Friendship is a single soul dwelling In two bodies.) [영국, 미국]

🔥 우정은 한쪽 발로 서지 않는다.
(Friendship stands not one side.) [영국, 미국]
: 서로 어울리고 배려하는 가운데 우정이 유지된다.

🔥 우정은 끊임없이 수리하면서 지켜야 한다.
(Man should keep his friendship in constant repair.) [영국, 미국]

🔥 찢어진 우정은 기워도 소용없다.
(A broken friendship may be sew but will never besound.)
[영국, 미국, 프랑스]
: 친구에게 한번 신뢰를 잃으면 옛 우정을 회복하기 어렵다.

🔥 적은 간섭이 좋은 친구를 만든다.
  (Little intermeddling makes good friend.) **[영국, 미국]**
  : 친한 친구 사이라도 지나치게 사생활을 간섭하지 마라.

🔥 친구는 찾기보다 잃기가 쉽다.
  (A friend is easier lost than found.) **[영국, 미국]**

🔥 친구를 너무 이용하지 마라. **[프랑스]**

🔥 우정은 가끔 물을 주어야 한다. **[독일]**
  : 친구에게 관심을 가짐은 물론 자주 소식을 주고받도록 하여라.

🔥 우정이란 이해를 가진 사랑이다. **[독일]**
  : 진실한 우정은 어떤 경우라도 이해하고 믿어주는 것이다.

🔥 친구의 비밀을 알아도 입 밖에 내어서는 안 된다. **[독일]**

🔥 친구의 부탁은 기다리게 하지 마라. **[스페인]**

🔥 말(馬)과 친구는 신중하게 다뤄라. **[콜롬비아]**
  : 친하다고 함부로 대하지 마라.

🔥 우정의 뿌리는 뱃속. **[모로코]**
  : 친구의 진정한 속마음을 알 때 비로소 우정이 깊어진다.
  : 서로 진실한 사람이 되도록 노력하여라.

🔥 친구에게 너무 영리하게 굴면 우정을 잃는다. **[부르키나파소]**
  : 친구에게는 순수하고 아무런 사심이 없어야 한다.

🔥 친구는 재산. **[콩고]**
  : 친구를 소중히 여겨라.

36. 친구를 보면 그 사람을 안다.

: 그가 친하게 지내는 사람을 보면 그의 인간 됨됨이를 미루어 알 수 있다는 뜻

비슷한 속담

⚓ 돼지는 흐린 물을 좋아한다. [한국]
: 서로 비슷한 수준의 사람끼리 사귄다.

⚓ 축은 축대로 붙는다.
(Like attracts like.) [한국, 일본, 영국, 미국, 프랑스, 독일]
: 학식이나 인격이 비슷한 사람끼리 모인다.

⚓ 봉황은 봉황을 사귀고, 쥐 친구들은 구멍을 팔 줄 안다.
(鳳交鳳, 老鼠的朋友會打洞.) [중국]
: 그 사람이 좋아하는 친구를 보면 그 사람의 품격을 알 수 있다.

⚓ 너도 있고 나도 있다. 그래서 우리는 친구다.
(你有我有, 就是朋友.) [중국]
: 비슷한 수준의 사람들이 서로 모이고 어울린다.

⚓ 친구는 제2의 자신. [일본]
: 친구의 언행은 바로 자기 자신의 모습이다.

⚓ 뒤에서 칭찬해주는 친구가 좋은 친구다.
(He is a good friend who applauds me behind.) [영국, 미국]

⚓ 사귀는 사람을 말해주면 네가 어떤 사람인지 말해주겠다.
(A man is known by the company he keeps.) [영국, 미국, 스페인]

08 | 이웃, 손님

---

37. 가까운 남이 먼 일가보다 낫다.

: 이웃과 친하게 지내면 멀리 있는 일가보다 도움이 된다는 뜻.

비슷한 속담

᷍ 이웃끼리는 황소 한 마리 값이 아니면 다투지 말라. [한국]
  : 이웃하여 사는 사람과는 서로 사이좋게 지내야 한다.

᷍ 멀리 있는 물은 불을 끄지 못한다.
  (遠親不如近隣.)
  (Water afar off quenches not fire.) [중국, 일본, 영국, 미국]
  : 급한 일을 당했을 때 멀리 있는 친척들은 도움이 안 된다.

᷍ 이웃을 욕보이는 것은 신에 대한 공격이다. [필리핀]
  : 이웃이 불편하지 않도록 조심하여라.

᷍ 집 안에 있는 개가 멀리 떨어진 친척보다 낫다. [터키]

᷍ 이웃은 반 친척이다. [스위스]
  : 이웃은 기쁨이나 슬픔을 같이하는 일이 많다.

᷍ 바다 건너 아내보다 벽 건너 이웃이 낫다. [알바니아]

᷍ 이웃에 비가 오면 자신에게도 물방울이 튄다. [남아공]
  : 이웃집에 경사가 있으면 자기에게도 도움이 된다.

38. 세 닢 주고 집 사고 천 냥 주고 이웃 산다.

: 집을 살 때는 이웃이 좋은지 나쁜지를 살펴보라는 뜻.

비슷한 속담

δ **집을 사면 이웃을 본다.** [한국, 아라비아]
: 집을 살 때는 이웃의 인심과 됨됨이를 살펴야 한다.

δ **집을 사지 말고 이웃을 사라.**
(別買房, 買隣居.) [중국]
: 이웃에 사는 사람과의 관계가 매우 중요하다.

δ **좋은 이웃이 있으면 좋은 아침을 맞는다.**
(A good neighbor, a good morrow.) [영국, 미국, 프랑스, 독일]
: 이웃이 좋으면 서로 즐겁다.

δ **좋은 변호사는 나쁜 이웃.** [스위스]
: 유능한 변호사는 법만 따지고 까다롭게 굴어 피곤하다.

δ **나쁜 이웃은 실이 없는 바늘.** [스페인]
: 불편한 이웃은 실이 꿰어있지 않은 바늘처럼 쓸모가 없다.

δ **이웃 없는 집은 사지 마라.** [마케도니아]
: 홀로 사는 것보다 이웃이 있어 친근하게 지내는 것이 좋다.

δ **집보다 우선 이웃.** [알제리]

δ **입은 배를 질투한다.** [에티오피아]
: 이웃에 사는 사람이 큰 적이 될 수도 있다.

39. 손님 덕에 쌀밥 먹는다.

: 손님이 찾아주니 반갑다는 뜻.
: 남의 덕에 좋은 일이 생겼다는 뜻.

비숫한 속담

⚓ 주인은 손님의 편한 뜻을 따른다.
　(主隨客便.) [중국]
　　: 주인은 손님이 불편하지 않도록 대접한다.

⚓ 손님은 하느님이 주신 선물. [이란]
　　: 우리 집을 찾아오는 손님은 정중하게 대하여라.

⚓ 손님 한 명이 와도 소를 잡는다. [이란]
　　: 집에 오는 손님에게는 정성을 다하여 환대한다.

⚓ 손님이 오지 않는 집에는 천사도 오지 않는다. [아라비아]
　　: 손님은 감사한 마음으로 대하여라.

⚓ 손님은 조심성 있는 것이 좋고 주인은 관대한 것이 좋다. [러시아]
　　: 손님으로 찾아가는 경우나 손님을 맞이하는 일은 사회 예절에 맞춰 적
　　절하게 이루어져야 한다.

⚓ 손님이 집에 오는 것은 하느님이 집에 오는 것. [체코, 슬로바키아]

⚓ 모처럼 오는 손님은 반갑다. [이탈리아]
　　: 오랜만에 찾아오는 손님은 환영을 받는다.

40. 손은 갈수록 좋고 비는 올수록 좋다.

: 찾아온 손님은 빨리 돌아가주는 것이 고맙다는 뜻.

비슷한 속담

⚮ 가는 손님은 뒤꼭지가 예쁘다. [한국]
: 손님 대접하기 힘든 터에 빨리 돌아가니 좋다.

⚮ 생선과 손님은 사흘이면 냄새가 난다.
(Fresh fish and newcome guests smell in the three days.)
[한국, 영국, 미국, 에스토니아, 독일, 체코, 슬로바키아]
: 아무리 반가운 손님도 오래 머물면 귀찮아진다.

⚮ 손님이 떠나면 주인의 마음이 편하다.
(客去主人安.) [중국]
: 손님을 대접하는 것은 매우 힘든 일이다.

⚮ 간다 간다 하면서 암소고기 다 먹는다. [몽골]
: 눈치도 없이 손님 대접만 받으려 한다.

⚮ 손님과 백로는 일어서는 것이 예쁘다. [일본]
: 손님으로 찾아 갈 경우에도 가급적 일찍 돌아가는 것이 좋다.

⚮ 손님이 웃으면 주인은 운다. [이란]
: 손님을 대접하느라 고통받는 주인은 울상이다.

⚮ 그대에 대한 환영의 마음을 지치게 하지 마라.
(Do not wear out your welcome.) [영국, 미국]
: 친하게 지내는 사이라도 손님 노릇을 오래 하지 마라.

41. 오뉴월 손님은 호랑이보다 무섭다.

: 가까운 이웃이라도 무더운 여름철에 자주 드나드는 것은 반갑지 않다는 뜻.

비슷한 속담

🔥 문지방이 닳도록 드나든다. [한국]
  : 무척 뻔질나게 드나든다.

🔥 삼각산 바람이 오르락내리락. [한국]
  : 제멋대로 부는 바람처럼 조심성이 없이 자주 드나든다.

🔥 이웃을 사랑하되 울타리는 없애지 마라.
  (Love your neighbour, yet pull not down your hedge.)
                                              [영국, 미국, 독일]
  : 이웃과는 적절한 선을 두어 사생활을 존중하고 예의에도 어긋나는 일이
  없도록 해야 한다.

🔥 자기를 반기는 집에는 가끔 가고 자기를 싫어하는 집에는 가지
  마라. [스페인]

🔥 가장 바람직한 방문은 오랜만의 방문이다. [루마니아]
  : 아무리 허물없이 지내는 사이라도 너무 자주 드나들지 않는 것이 좋다..

🔥 초대받지 않은 곳에 가서는 안 된다. [브라질]
  : 불청객이 되어서는 안 된다.

🔥 이웃집 개가 짖어 댈 정도가 되어서는 안 된다. [남아공]
  : 이웃집이라 해서 너무 빈번히 드나들면 좋지 않다.

02

게으름, 가난, 근면, 저축

01 | 게으름

> ### 1. 감나무 밑에서 입만 벌리고 있다.
> : 아무런 노력도 하지 않고 불로소득이나 요행만을 바란다는 뜻.

비슷한 속담

ぅ 손도 안 대고 코 풀려고 한다. [한국]
   : 수고는 조금도 하지 않고 소득만 얻으려 한다.

ぅ 가난은 겁나지 않지만 나태는 겁난다.
   (不怕窮, 只怕懶.) [중국]

ぅ 한 번 노루를 잡은 곳에서 매일 사냥을 한다. [러시아]
   : 우연한 행운에 미련을 두고 계속 쉽게 얻으려고만 한다.

ぅ 종달새가 익어서 입으로 떨어지기를 기대한다.
   (He expects that larks will fall ready roasted into his mouth.)
   [영국, 미국, 프랑스, 독일, 남아공]
   : 힘들이지 않고 요행만을 바란다.

ぅ 땅 위에 움집 하나 세울 능력이 없는 자들이 공중에 많은 누각을
   짓는다. [독일]
   : 게으르고 무능할수록 장래 계획은 거창하다.

ぅ 기다림만으로 사는 사람은 굶어서 죽는다. [이탈리아]
   : 일은 게을리하면서 요행만 바라면 굶주릴 수밖에 없다.

2. 게으른 선비 책장 넘기듯.

: 글을 읽는데 몰두하지 않고 얼마 읽었나 책장만 헤아린다는 말로, 일에
는 정신을 쏟지 않고 그 일에서 벗어날 궁리만 한다는 뜻.

비슷한 속담

6 게으른 소와 말은 똥오줌도 많다.

(懶牛懶馬屎尿多.) [중국]

: 일하기 싫은 사람이 핑계를 대어 화장실에 자주 간다.

6 큰 게으름뱅이가 작은 게으름뱅이를 시킨다.

(大懶使小懶.) [중국]

: 게으른 사람은 자기 아랫사람에게 시키기를 좋아한다.

6 게으른 두뇌는 악마의 일터다.

(An idle brain is the devil's workshop.) [영국, 미국]

: 일을 싫어하는 사람은 못된 궁리만 한다.

6 게으른 사람은 평생을 죽어서 사는 셈이다.

(Idle men are dead all their life long.) [영국, 미국]

: 게으른 사람은 아까운 인생을 낭비하고 있다.

6 게으름은 모든 죄악의 근원이다. [스페인]

: 게으르면 가난하게 되어 죄의 유혹을 많이 받게 된다.

6 게으른 자는 먹을 때 땀 흘리고 일할 때 추위 탄다. [핀란드]

: 게으른 사람은 일은 싫어하지만 먹는 데는 누구보다 앞장선다.

6 게으름뱅이가 활기찬 것은 먹고 있을 때뿐. [베네수엘라]

3. 그물도 안 쳐보고 고기만 없다고 한다.

: 일을 시도해 볼 생각도 하지 않는 게으른 사람이라는 뜻.

비슷한 속담

🔥 통박만 잰다. [한국]

: 일은 게을리하면서 계산만 열심히 한다.

🔥 근면한 사람은 손을 쓰고 게으름뱅이는 주둥이만 놀린다.

(勤快的人用手, 懶惰的人用嘴.) [중국]

: 일은 하지 않으면서 말만 많다.

🔥 물고기를 먹고 싶어 하지만 비린내를 꺼린다.

(想吃魚又怕腥.) [중국]

: 게으른 자는 무슨 일이든 피하려고 이유를 댄다.

🔥 녹은 쇠를 파괴한다. [필리핀]

: 쇠를 사용하지 않으면 녹이 슬어 못쓰게 되듯이 사람도 태만하면 아무 쓸모없는 존재가 된다.

🔥 일을 싫어하는 사람은 늘 남에게 충고하고 변명만 할 뿐이다.

[러시아]

🔥 굴러다니는 금화(金貨)보다 알 낳는 닭이 낫다.

(Better a laying hen than a lying crown.) [영국, 미국]

: 아무 일도 안 하고 빈둥거리는 귀족보다 작은 일이라도 열심히 하는 사람이 더 가치가 있다.

🔥 땀 흘리지 않으면 배를 주린다. [소말리아]

4. 나간 사람 몫은 있어도 자는 사람 몫은 없다.

: 일하러 밖으로 나간 사람에겐 몫을 남겨두지만 아무것도 하지 않고 잠만 자는 게으른 사람에게는 혜택을 주지 않는다는 뜻.

비슷한 속담

🍂 병이 많으면 죽고 잠이 많으면 가난해진다.
(病多會死, 睡多會窮.) [중국]
: 잠이 많은 사람은 게을러서 잘살 수 없다.

🍂 자고 있는 새우는 물살에 흘러간다. [필리핀]
: 잠만 자고 게으름을 피우면 좋은 기회도 놓쳐 버린다.

🍂 많이 자는 사람은 배움도 적다.
(He who sleeps much, learns little.) [영국, 미국, 스페인]

🍂 늦게 자고 늦게 일어나는 자는 집안을 망친다. [핀란드]
: 잠이 많은 자는 가난할 수밖에 없다.

🍂 움직이지 않는 이리는 고기를 얻지 못하고 잠을 좋아하는 남자는 성공할 수 없다. [아이슬란드]

🍂 잠꾸러기 새는 배에 먹이도 늦게 들어간다. [스페인]
: 잠이 많은 자는 좋은 일자리도 다른 사람들에게 밀리게 된다.

🍂 잠자고 있는 여우는 항상 야위어 있다. [이탈리아]

🍂 침대가 따뜻하면 점심은 찬밥이다. [세르비아]
: 게으른 자는 대우도 제대로 받을 수 없다.

5. 여름에 하루 놀면 겨울에 열흘 굶는다.

: 뒷일을 생각해서 한시라도 게을리해서는 안 된다는 뜻.
: 필요한 시기를 놓치지 않아야 나중에 고생하지 않는다는 뜻.

비슷한 속담

◊ 여름에 노래 부르는 자는 겨울에 운다. [일본]
: 유흥으로 허송세월한 사람은 늙어서 곤궁하다.

◊ 일하지 않으려면 먹지도 마라.
(If any would not work, neither should he eat.)
[일본, 러시아, 영국, 미국, 독일, 스페인, 이탈리아, 소말리아]

◊ 밭에 발자국을 남기지 않는 자는 수확할 때 창피를 당한다.
[터키]

◊ 열기 속에서 일하지 않는 자는 서리에 굶주려야 한다.
(They must hunger in frost that will not work in heat.) **[영국, 미국]**

◊ 추수는 파종 뒤에 온다.
(Harvest follows seedtime.) **[영국, 미국]**
: 무슨 일이든 때가 있으니 그 시기를 놓치지 않아야 한다.

◊ 여름에 물고기를 낚는 자는 겨울에 굶주림이 파고든다.
[핀란드, 불가리아, 세르비아]

◊ 겨울이 우리에게 묻는 날이 있을 것이다. 여름에 무엇을 했느냐
고. [체코, 슬로바키아]
: 남들이 일할 때 놀기만 한 사람은 나중에 고생한다.

02 | 재산 낭비

6. 가랑비에 옷 젖는 줄 모른다.
: 재산이 없어지는 줄 모르게 조금씩 줄어든다는 뜻.

비슷한 속담

  ♦ 가마가 많으면 모든 것이 헤프다. [한국]
    : 일이나 살림을 여기저기 벌여 놓으면 씀씀이가 커진다.

  ♦ 곶감 꼬치에서 곶감 빼 먹듯. [한국]
    : 아껴서 모아둔 재산을 조금씩 헐어서 없애기만 한다.

  ♦ 마른 나무에 좀 먹듯. [한국]
    : 모르는 사이에 재산이 점점 줄어든다.

  ♦ 새앙쥐 밤 까먹듯 한다. [한국]

  ♦ 숫돌이 저 닳는 줄 모른다. [한국]
    : 조금씩 줄어드는 것은 의식하기 힘들다.

  ♦ 한잔 한잔 마시는 술이 가산(家産)을 절단 낸다.
    (杯杯酒吃垮家當.) [중국]

  ♦ 돌에 침을 뱉으면 결국 젖게 된다.
    (Spit on a stone, it will be wet at last.) [영국, 미국]
    : 적은 돈도 계속 쓰다 보면 재산이 많아도 없어지고 만다.

7. 밑 빠진 독에 물 붓기.

: 쓸 곳이 많아 아무리 벌어도 늘 부족하다는 뜻.

비슷한 속담

δ 묵은 장 쓰듯. [한국]
: 아끼지 않고 헤프게 쓴다.

δ 붕어 밥알 받아먹듯. [한국]
: 돈이 들어오는 즉시 다 써버려 재산을 모으지 못한다.

δ 외상이면 소도 잡아먹는다. [한국]
: 뒷일은 생각하지 않고 당장 좋으면 쓰고 본다.
: 규모 없이 낭비만 한다.

δ 한 손으로 들어오고 한 손으로 나간다.
(一只手進, 一只手出.) [중국]

δ 대바구니 물 새듯 한다. [태국]
: 돈 낭비가 심하여 돈을 모으지 못한다.

δ 기둥보다 큰 못을 박는다. [인도네시아, 말레이시아]
: 수입보다 지출이 많아 재산을 모을 수 없다.

δ 앉아서 그저 먹기만 하면 임금님 곳간마저 빈다. [방글라데시]
: 벌지 않고 쓰기만 하면 재산이 많아도 감당할 수 없다.

δ 돈이 손가락 사이로 빠져나간다. [헝가리]
: 돈 씀씀이가 헤프다.

8. 싼 게 비지떡.

: 무슨 물건이건 값이 싸면 품질이 나쁘기 마련이라는 뜻.

비슷한 속담

๑ 눅은 데 패가한다. [한국]
  : 값이 싸다고 해서 마구 사들이면 결국 살림을 망친다.

๑ 싸구려에 좋은 물건 없고 좋은 물건은 싸지 않다.
  (便宜沒好貨, 好貨不便宜.) [중국]

๑ 싼 것에는 구멍이 뚫려 있다. [스리랑카]

๑ 가장 싼 것이 가장 비싸다.
  (Cheapest in dearest.) [영국, 미국]
  : 싼 물건은 오래 견디지 못하므로 결국은 돈이 더 들어간다.

๑ 싼 물건을 사는 것은 소매치기다.
  (A good bargain is a pickpocket.) [영국, 미국, 독일]
  : 값이 싼 물건은 돈이 더 들어가 도둑 맞은 것과 같다.

๑ 천이 안 좋은 옷은 1년에 두 벌 필요하다. [스페인]
  : 값이 싼 것은 오래가지 않아 오히려 돈만 낭비한다.

๑ 만약에 바보들이 장터에 안 갔더라면 나쁜 상품은 안 팔렸을 것
  이다. [스페인]
  : 지혜롭게 사는 사람은 싸다고 해서 아무것이나 사지 않는다.

๑ 필요 없는 것은 한 푼이라도 비싸다. [이탈리아]

03 | 가난, 굶주림

9. 가난이 원수다.
: 대개 힘들고 불행한 일이 가난 때문에 생기게 된다는 뜻.

(비슷한 속담)

💧 가난하면 싸움이 잦다. [한국]
: 가난하면 마음의 여유가 없어 서로 다투는 일이 많아진다.

💧 가난하면 처자식조차도 얕본다. [한국]
: 가난하면 가장이 무능하기 때문이라며 탓한다.

💧 없으면 제 아비 제사도 못 지낸다. [한국]
: 가난하면 마땅히 지켜야 할 기본적인 예의도 지키지 못한다.

💧 개미집에는 이슬도 홍수. [이란]
: 가난한 사람에게는 작은 피해도 감내하기 어려운 타격이 된다.

💧 가난이 문으로 들어오면 사랑은 창문으로 뛰어나간다.
(When poverty comes in at doors, love leaps out at windows.)
[영국, 독일]

💧 행사에 초대받은 당나귀는 물과 땔감을 날라야 한다. [프랑스]
: 부자가 가난한 사람을 대우하는 것은 부려먹기 위한 선심이다.

💧 가난한 집에는 개도 오지 않는다. [루마니아]

10. 가난이 죄다.

: 가난하기 때문에 고통을 받게 되고 범죄도 저지르게 된다는 뜻.

(비슷한 속담)

◊ 목구멍이 포도청. [한국]
  : 먹을 것이 없는 사람은 어떤 범죄도 저지를 수 있다.

◊ 못난 놈 잡아들이라면 없는 놈 잡아간다. [한국]
  : 아무리 잘났더라도 가난하면 천대와 멸시를 받게 된다.

◊ 여윈 말은 채찍을 무서워하지 않는다. [일본]
  : 굶주리면 형벌도 무서워하지 않는다.

◊ 젖은 자는 비를 두려워하지 않고 벗은 자는 도둑질을 두려워하지
  않는다. [러시아]
  : 가난하면 나쁜 짓도 서슴없이 하게 된다.

◊ 악마는 빈 주머니에서 춤을 춘다.
  (The devil dances in an empty pocket.) [영국, 미국]
  : 가난하면 유혹을 받아 나쁜 짓을 하기 쉽다.

◊ 어려움을 당하는 것은 헐벗은 이뿐. [이탈리아]

◊ 가난한 자는 주저할 일이 없다. [탄자니아]
  : 가난하여 곤궁하게 되면 나쁜 짓인 줄 알면서도 일을 저지른다.

◊ 낮은 바나나 나뭇잎은 언제나 잘리게 마련이다. [콩고]
  : 불리하고 손해 보는 것은 항상 가난한 사람이다.

11. 가난한 집에 자식이 많다.

: 가난하여 먹고 살기도 힘든데 자식까지 많다는 뜻.

비슷한 속담

🔥 못된 나무에 열매만 많다. [한국]
  : 가난한 사람이 자식만 많다.
  : 흔히 못된 것이 번식만 많이 한다.

🔥 가난뱅이가 윤달을 만났다.
  (窮漢赶上閏月年.) [중국]
  : 가난한데 자식은 늘어나 돈 쓸 일만 많아진다.

🔥 가난한 부부는 모든 일이 슬프다.
  (貧賤夫妻百事哀.) [중국]

🔥 떫은 감은 씨가 많다. [일본]
  : 가난한 사람일수록 자식이 많다.

🔥 부잣집에는 송아지 무리, 가난한 집에는 아이들. [러시아]

🔥 부자는 돈, 가난뱅이는 어린애. [에스토니아]
  : 가난한 사람에게는 자식이 재산이다.

🔥 가난한 자의 결혼은 거지 제작소. [멕시코]
  : 가난한 사람이 결혼을 하면 식구가 많아져 더 가난해진다.

🔥 가난뱅이에게 쌍둥이가 태어난다. [콜롬비아]
  : 가난한 집에 돈 들 일이 더 많이 생긴다.

12. 군자 말년(末年)에 배추씨 장사라.

: 평생을 어질게 살아온 사람이 늘그막에 어렵게 산다는 뜻.
: 호사를 누리고 살다가 노년기에 볼품없는 처지가 되었다는 뜻.

<hr>

(비슷한 속담)

💧 가난한 놈은 못하는 일이 없다. [한국]
　: 가난하면 먹고 살기 위해 아무 일이나 하게 된다.

💧 성인군자도 먹어야 성인군자다. [한국]
　: 지성과 덕을 갖춘 사람도 먹는 것을 우선으로 생각한다.

💧 찬밥 더운밥 가리게 됐나. [한국]
　: 좋고 나쁜 대우를 가리고 따질 형편이 아니다.

💧 백정도 어부도 좋으니 가난한 사람은 되지 마라. [네팔]

💧 재산을 잃으면 분별력을 잃는다.
　(He that loses his goods loses his sense.) [영국, 미국]
　: 가난해지면 체면이나 품위도 지킬 수 없게 된다.

💧 고픈 배는 귀를 갖지 않는다. [프랑스, 독일, 스페인, 이탈리아]
　: 가난으로 곤궁해지면 일상 윤리의 틀에서 벗어난 행동을 한다.

💧 돈 없는 사람은 이빨 없는 늑대와 같은 것. [프랑스]

💧 빈곤이 닥치면 악마는 파리라도 잡는다. [체코, 슬로바키아]

💧 가난에는 수치가 없다. [스페인]

13. 대추나무에 연 걸리듯.

: 가지가 많은 대추나무에 연이 잘 걸리듯이 여기저기 빚을 많이 지고 있다는 뜻.

비슷한 속담

♭ 빚보증하는 자식은 낳지도 말라. [한국]
: 남에게 빚보증을 서는 것은 지극히 위험한 일이다.

♭ 빚진 죄인이라. [한국]
: 빚을 진 사람은 죄인처럼 기를 펴지 못하고 산다.

♭ 부자의 연말은 즐겁지만 가난한 자의 연말은 힘들다.
(富人過年, 窮人過關.) [중국]
: 가난한 자는 기한이 된 빚 독촉에 시달린다.

♭ 원수 앞보다 빚쟁이 앞. [일본]
: 빚을 지고 산다는 것은 매우 고통스럽고 두려운 일이다.

♭ 빌리는 것은 슬픔을 낳는다
(Borrowing makes sorrowing.) [영국, 미국, 독일]
: 일이 잘못되어 빌린 돈을 갚지 못하면 비극이 따른다.

♭ 빚지고 일어나기보다 저녁 굶고 자는 편이 낫다.
(Better go to bed supper less than to rise in debt.)
[영국, 미국, 스페인]

♭ 빚이 없는 사람은 상당한 부자다. [루마니아]
: 남의 빚 없이 사는 사람은 그래도 능력이 있는 사람이다.

14. 열흘 굶어 군자 없다.

: 학식이 높은 사람도 굶주리게 되면 옳지 못한 일을 한다는 뜻.

비슷한 속담

🔥 도둑 중에는 코 밑 도둑이 제일 크다. [한국]
: 인생살이에서는 식생활을 해결하는 문제가 가장 크다.

🔥 배고픈 호랑이가 원님을 알아보나. [한국]
: 굶주린 사람은 예의나 체면을 돌아볼 겨를이 없다.

🔥 사흘 굶어 담 아니 넘을 놈 없다. [한국]
: 착한 사람이라도 몹시 궁하게 되면 도둑질도 하게 된다.

🔥 개도 굶주리면 주인을 문다.
(狗吃不飽時, 也要咬主人.) [중국]

🔥 굶주린 사람은 성난 사람이다.
(A hungry man is an angry man.) [영국, 미국]
: 누구나 굶주리면 자연히 거칠어진다.

🔥 굶주림과 추위가 사람을 적에게 넘겨준다.
(Hunger and cold deliver a man up to his enemy.) [영국, 미국]
: 굶주림에 고통을 받게 되면 의리도 지키지 못한다.

🔥 굶주림은 돌벽을 깨뜨린다.
(Hunger breaks stone wall.) [영국, 미국]
: 배가 고프면 물불을 가리지 않고 난폭한 행동도 한다.

15. 이 설움 저 설움 해도 배고픈 설움이 제일.

: 여러 가지 고통 중에서도 굶주리는 고통이 가장 견디기 어렵다는 뜻.

비슷한 속담

🎵 굶어보아야 세상을 안다. [한국]
  : 굶주림을 겪어보지 못한 사람은 인생을 안다고 할 수 없다.

🎵 어떤 고통도 잊을 수 있으나 음식 고통만은 사라지지 않는다.
                                                    [아프가니스탄]

🎵 배고픈 자에게 신앙심은 없다. [이란]

🎵 굶주린 곰은 춤추지 않는다. [터키, 마케도니아]
  : 배가 고프면 기력도 떨어지고 만사에 흥미가 없다.

🎵 빈 자루는 똑바로 서지 못한다.
  (Empty sacks will never stand upright.) [영국, 미국, 프랑스]
  : 배가 고프면 제대로 일도 할 수 없고 무기력하다.

🎵 모자에 붙은 깃털보다 가방 안의 빵이 낫다. [스위스]
  : 화려한 치장보다 배고픔 해결이 우선이다.

🎵 배가 비면 마음에 기쁨이 없다. [스페인]

🎵 인생은 빵 없는 고생이 가장 괴롭다. [이탈리아]

🎵 배고픈 암말은 새끼를 잊는다. [루마니아]
  : 굶주리면 우선 자기 배를 채우는 일 외에는 다른 생각이 없다.

04 | 근면

16. 근면을 이기는 가난 없다.
: 부지런히 일하면 못살 리가 없다는 뜻.

비슷한 속담

👌 거지도 부지런하면 더운밥 얻어먹는다. [한국]
: 부지런히 일하면 복 받고 잘살 수 있다.

👌 땀 한 방울 더 흘리면 양식 한 알 더 거둔다.
(多流一滴汗, 多收一粒粮.) [중국]

👌 손발이 부지런하면 입이 호강한다. [티베트, 캄보디아]
: 부지런히 일하면 가난 걱정은 없다.

👌 괭이를 둘러멘 거지는 오지 않는다. [일본]

👌 거친 손은 부자로의 길. [필리핀]

👌 땀이 흐르면 혼이 남는다. [우즈베키스탄]
: 일을 열심히 하면 재산도 모으고 성공할 수 있다.

👌 근면은 권태, 죄악, 결핍의 세 가지 악을 물리친다. [프랑스]

👌 개미는 설교하지 않으나 많은 것을 가르친다. [콩고]
: 개미의 부지런함을 배우라.

17. 부지런한 물방아는 얼 새도 없다.
: 무슨 일이든지 열심히 하면 실수가 없고 순조롭다는 뜻.

비슷한 속담

⑥ 부지런한 사람은 아플 새도 없다. [한국]
: 일에 열중하면 고민할 시간도, 다른 생각을 할 여유도 없다.

⑥ 사람은 얼굴이 고운 것이 아니라 일이 곱다. [한국]
: 곱게 차리고 빈둥거리는 사람보다 부지런히 일하는 사람이 진정 아름답다.

⑥ 얼어 죽은 파리는 있어도 피곤해서 죽은 꿀벌은 없다.
(只有凍死的蒼蠅, 沒有累死的蜜蜂.) [중국]

⑥ 늘 쓰는 열쇠는 언제나 번쩍인다.
(The used key is always bright.) [영국, 미국]

⑥ 더러워진 신발은 마음을 즐겁게 한다.
(A black shoe makes a blithe heart.) [영국, 미국]
: 일을 많이 했으니 당연히 수입이 늘어나 편안하고 즐겁다.

⑥ 구르는 돌에는 이끼가 끼지 않는다.
(A rolling stone gathers no moss.) [영국, 미국]
: 쉬지 않고 계속 움직이면 신선하고 발전한다.

⑥ 쓰는 호미는 빛이 나고 고여 있는 물은 썩는다. [독일]

⑥ 날고 있는 까마귀는 언제나 무엇인가를 물고 있다. [남아공]

18. 첫새벽에 문을 열면 오복(五福)이 들어온다.

: 게으름을 피우지 말고 일찍 일어나 부지런히 일하라는 뜻.

(비슷한 속담)

⚮ 삼일을 일찍 일어나면 하루 일을 더한 셈이다.
  (早起三朝當一工.) [중국]

⚮ 앞서면 남을 제압한다. [일본]
  : 일찍 일어나면 얻는 것이 많고 유리하다.

⚮ 일찍 일어난 새가 벌레를 잡는다.
  (The early bird catches the worm.) [영국, 미국]
  : 부지런하면 남보다 빨리 일을 성취할 수 있다.

⚮ 맨 앞 개가 토끼를 잡는다.
  (The foremost dog caches the hare.) [영국, 미국]

⚮ 먼저 도착한 자가 먼저 먹는다.
  (First comes, first served.) [영국, 미국, 프랑스]

⚮ 아침 시간은 입에 황금을 가져온다. [프랑스, 독일, 이탈리아]
  : 부지런하면 부자가 된다.

⚮ 좋은 평판을 얻으려면 얼굴에 해가 비친 뒤에 일어나서는 안 된다. [스페인]

⚮ 일찍 온 자가 일찍 가루를 빻는다. [슬로베니아]
  : 부지런하면 남보다 유리하게 일을 처리할 수 있다.

05 | 절약, 저축

> ## 19. 강물도 쓰면 준다.
>
> : 재물이 넉넉하다고 헤프게 쓰지 말라는 뜻.

비슷한 속담

⚬ 있을 때 아껴야지 없으면 아낄 것도 없다.
  (It is too late to spare when the bottom is bare.) [한국, 영국, 미국]

⚬ 언제나, 있는 날에는 없는 날을 생각하라.
  (常將有日, 思無日.) [중국]

⚬ 일 원을 비웃는 자는 일 원에 운다. [일본]
  : 잔돈도 소홀히 하지 마라.

⚬ 떡장수 떡 안 먹는다. [일본]

⚬ 돈과 흑설탕 덩어리는 쪼개면 그만이다. [파키스탄]
  : 큰돈이라도 잔돈으로 바꿔 쓰기 시작하면 금방 없어진다.

⚬ 우물물이 마른 후에 물의 가치를 안다.
  (When the well's dry we know the worth of water.) [영국, 미국]

⚬ 절약이 최대의 수입이다.
  (Thrift is a great revenue.) [영국, 미국]

⚬ 빗물이 많다고 인공 용수를 소홀히 하지 마라. [독일, 스페인]

20. 굳은 땅에 물이 고인다.

: 땅이 단단해야 물이 고이듯 아끼고 절약해야 재산을 모은다는 뜻.

비슷한 속담

🔥 소같이 벌어서 쥐같이 먹어라. [한국]
   : 부지런히 일해서 돈을 모으되 쓸 때는 아껴서 쓰라.

🔥 구리 그릇 사기 전에 사기 그릇 깨지 마라.
   (沒有買好銅碗, 先別打碎瓷碗.) [중국]
   : 살림살이를 아끼고 귀하게 여겨라.

🔥 돈 벌 생각보다 쓰지 않을 생각을 해라. [일본]

🔥 절약은 부자의 시작이고 낭비는 빚의 시작. [인도네시아]

🔥 모자는 빨리 벗되 지갑은 천천히 열라. [덴마크]
   : 남에게 친절하고 겸손하되 돈은 아껴 쓰라.

🔥 예쁜 바구니도 새를 안 기른다. [프랑스]
   : 좋은 집에 살아도 괜한 사치를 하지 않는다.

🔥 옷도 수선하면 또 한 해를 넘긴다. [독일, 스페인]

🔥 필요한 것을 사지 말라. 필요 불가결한 것을 사라. [독일]

🔥 빵이 남지 않는 자는 개도 키우지 마라. [스페인]
   : 불필요한 지출은 삼가라.

🔥 검소는 노년을 산다. [세르비아]

21. 티끌 모아 태산.

: 돈은 아끼는 만큼 모이게 된다는 뜻.

비슷한 속담

◊ 개미 금탑 모으듯. [한국]
   : 쉬지 않고 부지런히 벌어서 재산을 늘려나간다.

◊ 한 푼을 아끼면 한 푼이 모인다.
   (A penny saved is a penny gained.) [한국, 영국, 미국, 독일]
   : 푼돈도 귀하게 여겨라.

◊ 방울방울의 물이 대해를 이룬다. [위구르]
   : 작은 것이라도 아끼고 모으면 값진 재산이 된다.

◊ 가벼운 벌이도 지갑을 무겁게 만든다.
   (Light gains make heavy purses.) [영국, 미국]
   : 적은 수입이라도 꾸준히 모으면 큰돈이 된다.

◊ 저축에서 재산이 나온다.
   (From saving comes having.) [영국, 미국]
   : 재산을 늘리는 것은 스스로 아끼고 모으는 것이 최선의 방법이다.

◊ 돈은 나무에서 자라지 않는다. [핀란드]
   : 돈은 스스로 노력해서 모아야 한다.

◊ 잔돈도 모으면 보물 곳간이 된다. [모로코]

◊ 한 마리씩 잡은 메뚜기가 자루를 채운다. [부르키나파소]

03

행복의 조건

1. 복 중에는 건강 복이 제일이다.
: 제 몸 건강한 것이 최고의 행복이라는 뜻.

(비슷한 속담)

⚬ 무병이 장자(長者)다.
(健康是最大的財富.)
(Health is better than wealth.) [한국, 중국, 영국, 미국, 프랑스]
: 아프지 않고 건강하게 사는 것이 곧 부자로 사는 것이다.

⚬ 건강한 자는 모든 희망을 안고, 희망을 가진 자는 모든 꿈을 이룬다. [아라비아]
: 건강은 무엇이든 이루어낼 수 있는 기본이 된다.

⚬ 병든 왕은 건강한 거지보다 가련하다. [네덜란드]
: 건강을 잃으면 부귀영화도 아무런 의미가 없다.

⚬ 건강한 사람이 성공한 사람이다. [프랑스]
: 건강은 재산이나 명예보다 더 가치가 있다.

⚬ 환자에게 금 침대가 무슨 소용인가. [루마니아]

⚬ 재산은 건강을 가져오지 않고 오히려 건강을 가지고 사라진다.
[불가리아]
: 돈이 많은 사람은 나쁜 것을 즐겨 결국 건강을 잃게 된다.

02 | 편안, 만족

2. 걱정도 팔자다.
: 하지 않아도 될 걱정을 찾아서 하는 소심한 사람이라는 뜻.

비슷한 속담

🌀 집집마다 읽기 어려운 경전이 한 권씩 있다.
　(家家都有一本難念的經.) [중국]
　: 어느 가정이나 나름의 걱정거리는 있다.

🌀 걱정을 해서 걱정이 없어지면 걱정이 없겠네. [티베트]

🌀 내일은 내일의 바람이 분다. [일본]
　: 내일은 어떻게 될지 모르니 미리 걱정할 필요가 없다.

🌀 왕실도 걱정이 많다.
　(Crowns have cares.) [영국, 미국]
　: 남 보기에는 좋아 보여도 실은 말 못 할 사정도 많다.

🌀 아프기 전에는 울지 마라.
　(Don't cry before you are hurt.) [영국, 미국]
　: 미리 앞일을 걱정하지 말아라.

🌀 걱정은 치료가 아니다.
　(Care is no cure.) [영국, 미국]
　: 걱정은 어려움을 해결하는 데 아무런 도움이 되지 않는다.

3. 마음이 평온한 사람에게 백 가지 복이 저절로 모여든다.

: 평온한 마음으로 모든 일을 순리적으로 받아들이면 일도 순조롭고 몸도 건강하게 된다는 뜻.

비슷한 속담

6 마음이 즐거우면 발도 가볍다. [한국]
　: 걱정 없이 즐겁게 사는 사람은 몸도 좋아진다.

6 물이 맑으면 달이 깃든다. [일본]
　: 깨끗하고 즐거운 마음으로 살면 복이 저절로 찾아든다.

6 깨끗한 마음은 잠이 잘 드는 부드러운 베개다. [이란]

6 그 날 밤의 꿈이 편안할 수 있도록 하루를 보내라. [인도]

6 마음이 평화로우면 어디에 가서든 축제처럼 즐겁다. [인도]

6 마음의 기쁨은 얼굴을 아름답게 한다.
　(The joy of the heart makes the face fair.) [영국, 미국]
　: 밝고 즐거운 마음을 가지면 얼굴도 맑고 아름다워진다.

6 즐거운 사람에게는 풀도 꽃으로 보이고 주눅이 든 사람에게는 꽃도 풀로 보인다. [핀란드]

6 그날그날을 가장 좋은 날로 생각하라. [헝가리]

6 몸은 늙어 둔할지라도 마음만은 늘 저 푸른 하늘을 날아오르라.

[세네갈]

4. 만족할 줄 아는 사람은 항상 넉넉하다.

: 현실에 만족하는 사람은 언제나 마음의 여유가 있고 행복하다는 뜻.

비슷한 속담

и 만족은 행복이다.
  (Content is happiness.) [한국, 영국, 미국, 독일]

и 최대의 부자는 적은 것으로 만족하는 자이다.
  (The greatest wealth is contentment with a little.)
  [티베트, 미얀마, 영국, 미국]

и 일어나면 다다미 반 장, 자면 다다미 한 장. [일본]
  : 필요 이상으로 재물을 탐할 필요가 없다.

и 있기만 하면 적어도 풍족하다. [인도네시아, 말레이시아]

и 병에 반만 차 있다고 투덜대지 말고 병 속에 아직 반이나 남아 있
  는 것을 기뻐하라. [인도]

и 만족한 마음은 왕관이다.
  (A contented mind is a crown.) [영국, 미국]
  : 모든 일이 만족스러우면 부귀공명도 부럽지 않다.

и 작은 새는 작은 둥지에 만족한다.
  (A little bird is content with a little nest.) [영국, 미국]

и 스스로 행복하다고 생각하는 사람만큼 행복한 사람은 없다.
  [프랑스, 독일]

5. 죽사발이 웃음이요 밥사발이 눈물이라.

: 가난하게 살더라도 걱정 없이 사는 것이 행복하다는 뜻.

비슷한 속담

𖠋 거지는 모닥불에 살찐다. [한국]

　: 아무리 가난한 사람일지라도 무엇인가 작은 부분에서 살아가는 즐거움
　을 느낀다.

𖠋 남에게 신세 안 지고 빚 없이 자녀 3명. [일본]

　: 남의 도움 없이 스스로 일구어 사는 것이 행복한 삶이다.

𖠋 행복의 조건으로는 첫째가 건강, 둘째가 하얀 스카프*, 셋째가 열
　마리 양. [카자흐스탄]

　: 건강과 아내 그리고 최소한의 기본 재산만 있으면 충분하다.

𖠋 사람은 누구나 자기 행복의 개척자다.

　(Every man is the founder of his own fortune.) [영국, 미국]

𖠋 행복한 사람은 속옷이 없다. [프랑스]

　: 가난해도 즐거운 마음으로 살면 오히려 행복하다.

𖠋 행복한 1시간은 슬픈 1년을 잊게 한다. [독일]

　: 즐겁게 사는 사람이 바로 행복한 사람이다.

𖠋 작은 새는 옥수수의 그루터기 위에 있어도 행복을 느낀다.

[수리남]

　: 행복의 척도는 상대적인 것이다.

---

* 하얀 스카프: 착한 아내를 의미한다(카자흐스탄).

Ⅱ. 인간의 본질과 세태 (世態)

인간 내면의
속성과 행동

01

인간의 본성, 성격, 심리

1. 개꼬리 삼 년 묻어도 황모(黃毛) 못 된다.

: 개꼬리를 아무리 오래 두어도 족제비 꼬리털이 되지 않는다는 말로, 타고난 천성은 변하지 않는다는 뜻.

비슷한 속담

🐚 강아지는 방에서 키워도 개가 된다. [한국]
  : 아무리 좋은 환경에서 자라도 그 본성은 변하지 않는다.

🐚 원숭이가 설령 통치마를 입었다 해도 여전히 원숭이다.
  (母猴就是穿了統裙, 它也還是猴子.) [중국, 스페인, 남아공]

🐚 까마귀는 아무리 씻어도 흰색으로 변하지 않는다.
  (烏鴉就是再洗, 也絕不會變白.)
  (A crow is never the white for washing.) [중국, 영국, 미국]

🐚 예루살렘에 마흔 번 가도 당나귀는 당나귀. [아르메니아]
  : 본바탕이 나쁜 사람은 좋은 조건에서도 달라지지 않는다.

🐚 이리는 아무리 길러도 숲 쪽을 본다. [러시아]
  : 본바탕이 나쁘면 교육을 받고 노력해도 제 본성을 못 버린다.

🐚 늑대는 제 털을 바꿔도 그 본성은 잊지 않는다. [알바니아]

🐚 악어도 알을 낳지만 닭은 아니다. [자메이카]

2. 보리로 담근 술 보리 냄새가 안 빠진다.

: 무엇이나 제 본성은 그대로 지니고 있다는 뜻.

비슷한 속담

6 걸레는 빨아도 걸레라. [한국]

: 본성이 나쁜 사람은 도저히 좋아질 수 없다.

6 나무 접시 놋접시 될까. [한국]

: 아무리 하여도 좋게 될 수 없는 사람이다.

6 돌은 갈아도 옥이 되지 않는다. [한국]

: 근본이 좋지 않으면 아무리 애를 써도 변하지 않는다.

6 강산은 쉽게 바꿀 수 있어도 사람의 본성은 쉽게 고칠 수 없다.

(江山易改, 本性難移.)

(It is harder to change human nature.) [중국, 영국, 미국]

: 인간의 타고난 성품은 바꾸기 어렵다.

6 금 손잡이라도 부지깽이는 부지깽이. [카자흐스탄]

: 겉은 화려해도 제 본질은 변하지 않는다.

6 숯을 우유에 담가도 희어지지 않는다. [스리랑카]

: 본성이 나쁜 사람은 아무리 타일러도 좋아지지 않는다.

6 포도주가 들어있는 술통에는 어김없이 포도주의 냄새가 나는 법이다. [스페인]

: 자기가 가지고 있는 본래의 성품은 변하지 않는다.

3. 한 어미 자식도 아롱이다롱이.

: 모든 사람은 그 모양이나 성격 등 저마다 다른 특성이 있다는 뜻.
: 세상에 똑같은 것은 없다는 뜻.

비슷한 속담

6 같은 손가락에도 길고 짧은 것이 있다. [한국]
  : 같은 조건에 처해 있어도 차이가 있고 각자 특색이 있다.

6 열 사람은 열 개의 색깔이 있다.
  (十人十樣子.) [중국, 일본, 콩고]
  : 사람마다 성격·취미·생각이 다르다.

6 종마라고 해서 다 좋은 말은 아니다. [몽골]
  : 능력이 있는 부류의 사람이라도 다 똑같지 않다.

6 닭은 추우면 나무에 오르고 오리는 추우면 물에 들어간다. [일본]

6 한 그루의 대나무도 그 마디의 길이는 다르다. [라오스]

6 어떤 새나 자기 소리로 지저귄다. [러시아]
  : 사람은 누구나 독특한 개성을 가지고 있다.

6 누구나 제 나름의 즐거움이 있다.
  (Every man has his delight.) [영국, 미국, 이탈리아]

6 산을 바라는 자 있고 바다를 바라는 자 있다. [아이슬란드]
  : 사람마다 각양각색이어서 일괄적으로 평가할 수 없다.

4. 값도 모르고 쌀자루 내민다.
: 일의 속사정도 모른 채 무턱대고 덤비기만 한다는 뜻.

비슷한 속담

ⓒ 값도 모르고 흥정 붙인다. [한국]
: 돌아가는 정황도 모르고 무조건 일을 도모하려고만 한다.

ⓒ 성급한 사람 술값 먼저 낸다. [한국]
: 성미가 급한 사람은 손해를 보기 마련이다.

ⓒ 수염의 불 끄듯. [한국, 일본]
: 어떤 일을 깊이 생각하지 않고 아주 급하게만 서두른다.

ⓒ 마음이 급하면 뜨거운 두부를 먹을 수 없다.
(心急吃不了熱豆腐.) [중국]

ⓒ 어둠 속에 총 쏘기. [일본]
: 효과나 의미가 없는 일에 무턱대고 덤빈다.

ⓒ 자루를 뚫고 속을 본다. [스리랑카]
: 너무 조급하게 행동한다.

ⓒ 아침 일찍 지저귀는 새는 고양이가 데려간다. [독일]
: 너무 서두르거나 나대는 사람은 낭패를 당할 수 있다.

5. 떡 줄 사람은 꿈도 안 꾸는데 김칫국부터 마신다.
: 해줄 사람은 생각도 않는데 일이 다 된 것처럼 기대한다는 뜻.

비슷한 속담

🖌 남의 밥 보고 장 떠먹는다. [한국]
: 아무 상관도 없는 남의 일에 공연히 서둘러 좋아한다.

🖌 땅벌 집 보고 꿀 돈 내어 쓴다. [한국]
: 일이 되기도 전에 거기서 나올 이익부터 생각하여 미리 돈을 앞당겨 쓰
는 사람처럼 무모하고 성미가 급하다.

🖌 곰도 잡기 전에 가죽부터 팔려고 한다.
(未捉到熊, 倒先賣皮.)
(To sell the bear's skin before one has caught the bear.)
[중국, 러시아, 영국, 미국, 프랑스, 폴란드, 이탈리아]
: 불확실한 사실을 믿고 일을 처리하려고 한다.

🖌 돈도 벌기 전에 속셈. [일본]
: 돈이 내 손에 들어오지도 않았는데 미리 쓸 계산부터 한다.

🖌 안기도 전에 발부터 뻗는다. [인도네시아, 말레이시아]
: 당연한 것으로 믿고 너무 기대한다.

🖌 새는 아직 숲에 있는데 구이 꼬챙이를 깎는다. [라트비아]
: 확실하지 않은 일을 다 된 것처럼 예측하고 너무 좋아한다.

🖌 급히 서두르는 일은 가치가 없다. [체코, 슬로바키아]
: 무슨 일이든지 급하게 하다보면 실수가 많다.

6. 우물에 가 숭늉을 찾는다.

: 일의 이치와 순서를 생각하지 않고 급하게 덤비기만 한다는 뜻.

비슷한 속담

⎰ 냇물은 보이지도 않는데 신발부터 벗는다. [한국]
  : 살펴보지도 않고 일을 너무 서두른다.

⎰ 돼지 꼬리 잡고 순대 먹자 한다. [한국]
  : 모든 일에는 절차가 있는 법인데 서두르기만 한다.

⎰ 아이도 낳기 전에 포대기 장만한다.
  (孩子還沒生下, 就做好子搖籃.) [한국, 중국, 일본]
  : 준비가 빠르거나 일을 너무 서두른다.

⎰ 오동나무 보고 춤춘다. [한국]
  : 오동나무를 보고 오동나무로 만들어진 거문고를 연상하며 춤을 출만큼
    성미가 급하여 너무 서두르기만 한다.

⎰ 콩밭에 가서 두부 찾는다. [한국]

⎰ 아침에 나무를 심고 저녁에 나무 그늘을 바란다.
  (早晨栽下樹, 到晚要乘凉.) [중국]

⎰ 하늘의 천둥소리를 듣고 물독의 물을 버린다. [캄보디아]
  : 너무 성급하게 결정한다.

⎰ 차가운 얼음 밑에서 뜨거운 물 찾는다.
  (To seek hot water under cold ice.) [영국, 미국]

03 | 겉과 속마음

7. 물은 건너봐야 알고 사람은 지내봐야 안다.

: 사람은 오래 지내면서 실제로 겪어보아야 알 수 있다는 뜻.

비슷한 속담

🔹 뒷간에 갈 적 마음 다르고 올 적 마음 다르다. [한국]
: 자기에게 필요할 때는 다급하게 굴다가 저 할 일을 다하면 마음이 변하여 태도가 달라진다.

🔹 말은 좋은 말을 타고 하인은 못난 놈을 써야 한다. [한국]
: 말은 좋아야 잘 달리고 하인은 어수룩해야 순종한다는 말로, 사람의 진심을 알기 어려움을 이른다.

🔹 사람의 마음은 하루에도 열두 번씩 바뀐다. [한국]
: 사람의 마음은 사정에 따라 쉽게 변한다.

🔹 사람의 마음처럼 간사한 것이 없다. [한국]
: 자기에게 이익이 있는 일이면 그때마다 마음이 바뀐다.

🔹 열 길 물속은 알아도 한 길 사람의 속은 모른다. [한국]
: 사람의 마음을 헤아리는 것은 몹시 어려운 일이다.

🔹 한집 살아보고 한 배 타봐야 안다. [한국]
: 사람은 오래 사귀면서 어려운 일도 함께 해봐야 그 참모습을 알 수 있다.

🔹 사람을 안다는 것은 얼굴만 알지 그의 마음은 모른다.
(知人知面不知心.) [중국]

🔥 사람을 쓰기는 쉽지만 그를 알기는 어렵다.
(用人容易識人難.) [중국]

🔥 길이 멀어야 말의 힘을 알 수 있고 세월이 흘러야 사람의 마음을
알 수 있다.
(路遙之馬力, 日久見人心.) [중국, 몽골]

🔥 호랑이의 줄무늬는 밖에 있고 인간의 줄무늬는 안에 있다.
[티베트, 인도]
: 인간의 속마음은 쉽게 파악하기 어렵다.

🔥 음식은 먹어보아야 알고 사람은 사귀어봐야 안다. [베트남]

🔥 달에는 눈길을 보내고 별은 거들떠보지도 않는다. [터키]
: 더 좋은 것을 보고 나면 지금까지 좋아하던 것은 쳐다보지도 않는 것이
인간의 마음이다.

🔥 돌의 무게는 돌이 떨어진 곳이 안다. [카자흐스탄]
: 직접 겪어봐야 그 사람의 마음을 제대로 알 수 있다.

🔥 사람의 마음은 흐린 거울이다.
(A man's mind is a mirk mirror.) [영국, 미국]
: 사람의 마음은 좀처럼 알 수 없다.

🔥 사람의 마음은 증오와 우정에 따라 수시로 변한다.
(Men's mind are given to change hate and friendship.)
[영국, 미국]
: 사람의 마음은 감정과 이해관계에 따라 어이없이 변한다.

🔥 냄비 속에 무엇이 들어있는지 아는 것은 국자 뿐. [몰타]
: 사람의 마음은 그 사람 가까이에서 지내본 사람이 잘 안다.

🔥 사람의 마음은 돌이 아니라 나무의 진과 같다. [마다가스카르]
: 사람의 마음은 견고하지 않고 나무의 진액처럼 유동적이다.

8. 속 검은 놈일수록 흰 체한다.
: 심보가 못된 사람일수록 겉으로는 착한 것처럼 꾸민다는 뜻.

비슷한 속담

🔥 봇짐을 내어 주면서 하룻밤 더 묵으라 한다. [한국]
: 속마음은 전혀 다르면서도 말로만 그럴듯하게 인사치레 한다.

🔥 심사는 좋아도 이웃집 불붙는 것 보고 좋아한다. [한국]
: 성격이 착한 것 같지만 실제 속 마음은 그렇지 않다.

🔥 울만큼 붙잡다가 돌아가면 기뻐한다. [일본]

🔥 앞에서 하는 말, 돌아서서 하는 말. [파키스탄]
: 면전에서는 순종하는 척하고 돌아서서는 다른 말을 한다.

🔥 수염 기른 사람 모두가 철학자는 아니다.
(It is not the beard that makes the philosopher.) [영국, 미국]
: 외모만으로 그 사람을 올바르게 판단할 수 없다.

🔥 개는 털로 보는 것이 아니다. [핀란드]

🔥 사람과 책은 겉모양으로 판단하지 마라. [아일랜드]

🔥 목엔 염주를 걸고 마음엔 악마를 채운다. [스페인]

🔥 낙타의 혓바닥은 늘어져 있어도 떨어지지 않는다. [세네갈]
: 겉모습에 속지 마라.

02

교활, 편협, 옹졸

1. 공것은 써도 달다.
: 공짜로 먹는 것은 쓴 것도 달게 느껴질 만큼 좋아한다는 뜻.

(비슷한 속담)

⚬ 공술 한 잔 보고 십 리 간다. [한국]
  : 공짜로 먹을 수 있다면 힘들고 귀찮아도 마다하지 않는다.

⚬ 공짜라면 당나귀도 잡아먹는다. [한국]
  : 공짜라면 무엇이든 닥치는 대로 거두어들인다.

⚬ 공짜라면 배가 터져도 먹는다. [한국]
  : 공짜라면 아무리 해가 되는 것이라도 욕심을 낸다.

⚬ 공짜라면 양잿물도 큰 것으로 먹는다. [한국]
  : 공짜라면 무엇이든 좋아한다.

⚬ 안 주어서 못 받지 손 작아서 못 받으랴. [한국]
  : 공짜라면 무엇이나 사양하지 않는다.

⚬ 공짜는 여름도 솜옷. [일본]
  : 공짜라면 여름에 솜옷도 입을 만큼 가리지 않는다.

⚬ 주는 사람 손은 피로하지만 받는 사람 손은 피로하지 않다.
  [핀란드]

2. 남의 군불에 밥 짓는다.
: 제힘을 들이지 않고 남의 것을 이용하여 제 이익을 챙긴다는 뜻.

(비슷한 속담)

🔥 곗술에 낯내기. [한국]
: 계의 모임에서 쓰는 술을 가지고 제가 생색을 내는 것처럼 공동의 것으로 자기 면목을 세우는 얌체짓을 한다.

🔥 남의 떡에 설 쇤다. [한국]
: 남의 것으로 제 일을 치른다.

🔥 남의 바지 입고 춤춘다. [한국, 일본]
: 제 것은 쓰지 않고 남의 것으로 제 일을 한다.

🔥 남의 팔매에 밤 줍는다. [한국]

🔥 태수 덕에 나팔 소리 들었다. [한국]
: 남의 덕택으로 제가 하고 싶은 일을 이룬다.

🔥 남의 재물로 선심 쓴다.
(慷他人之慨.) [중국]

🔥 장인의 것으로 동서를 대접한다. [일본]

🔥 남의 송아지로 밭 갈기.
(Plough with another's heifer.) [영국, 미국]

🔥 남이 처논 그물에서 그물질한다. [네덜란드]

3. 남이 장에 간다고 하니 거름 지고 나선다.

: 일의 내용도 모르고 줏대 없이 남이 하는 대로 따라 한다는 뜻.

비슷한 속담

♨ 남이 치는 장단에 엉덩춤 춘다. [한국]
: 자기와 상관없는 일에 덩달아 나선다.

♨ 맞장구친다. [한국, 일본]
: 주관 없이 남의 말에 호응하거나 동조한다.

♨ 개 한 마리가 짖으면 개 백 마리가 따라 짖는다.
(一犬吠形, 百犬吠聲.) [중국]

♨ 남의 말 뒤에 탄다. [일본]
: 남의 언동을 무비판적으로 받아들이고 추종한다.

♨ 한 마리 말이 미치면 천 마리 말도 미친다. [일본]
: 군중심리로 많은 사람이 선동되어 움직인다.

♨ 유행이라면 눈병이라도 좋다. [일본]
: 자기 주관 없이 남이 하는 대로 무조건 동조하고 따른다.

♨ 유행이라면 개가 교회에 따라가듯이 따라 한다.
(For fashion's sake, as dos go to church.) [영국, 미국]

♨ 염소 한 마리가 도랑을 뛰어넘으면 나머지 모두가 따른다.
(If one sheep leaps over the ditch, all the rest will follow.)
[영국, 미국]

4. 내 건너간 놈 지팡이 팽개치듯 한다.

: 자기가 필요할 때는 가까이하며 귀하게 여기다가 소용이 없어지면 거들 떠보지도 않는다는 뜻.

비슷한 속담

🔥 토끼를 다 잡으면 사냥개를 잡는다.
  (After catching the hare, you kill the hunting dog.)

  [한국, 일본, 영국, 미국]

  : 제가 필요해서 소중하게 여기던 것도 이용 가치가 없어지면 미련없이 없애버린다.

🔥 헌신짝 버리듯 한다.
  (Thrown away like an old shoe.) **[한국, 영국, 미국]**
  : 요긴하게 쓰고 난 뒤에는 아무 거리낌 없이 내버린다.

🔥 비가 개면 삿갓은 잊어버린다. **[일본]**
  : 자기에게 필요하지 않으면 아무런 관심도 없다.

🔥 고기가 잡히면 그물을 치워 버린다.
  (When the fish is caught the net is laid aside.) **[영국, 미국]**

🔥 내가 돈이 있었을 적에는 형제라고 불렀다. **[폴란드]**
  : 아쉬울 적에는 아첨을 떨다가 아쉽지 않으니 외면한다.

🔥 두레박줄처럼 한 번 사용하면 잊어버린다. **[멕시코]**

🔥 그대를 사랑하는 자가 그대를 울게 할 것이다. **[아르헨티나]**
  : 가장 믿었던 사람으로부터 갑자기 배신당할 수 있다.

5. 눈 감으면 코 베어 먹는다.

: 세상인심이 험악하고 사나워서 마음을 놓을 수 없다는 뜻.

비슷한 속담

ᕳ 나무에 오르라 하고 흔드는 격. [한국]
  : 솔깃한 말로 꾀어서 위험하거나 불행한 처지로 빠뜨린다.

ᕳ 병 주고 약 준다. [한국]
  : 해를 입힌 뒤에 달래거나 감싸주는 체한다.

ᕳ 술 먹여 놓고 해장 가자 부른다. [한국]
  : 일을 못되게 망쳐 놓고 도와주는 체한다.

ᕳ 자는 입에 콩가루 떨어 넣기. [한국]
  : 좋은 일을 하는 듯 보이지만 실은 곤경에 빠뜨리는 일이다.

ᕳ 우물에 빠진 사람에게 돌을 던지고 불난 집에서 도둑질을 한다.
  (落井下石, 趁火打劫.) [중국]
  : 세상은 야비하고 잔인하다.

ᕳ 쓰다듬고 꼬집는다. [일본]
  : 부드럽게 대하는 듯하면서도 뒤로는 해를 입힌다.

ᕳ 상처에 소금 뿌리기. [방글라데시]

ᕳ 악마는 산에 있고 그 소행은 들판에 있다. [그리스]
  : 나쁜 일에 주모자는 뒤에 숨어서 교묘한 방법으로 조종한다.

6. 달면 삼키고 쓰면 뱉는다.

: 제게 이로우면 가까이하고 불리하면 멀리한다는 뜻.

: 옳고 그름이나 신의를 돌보지 않고 자신의 이익만 찾는다는 뜻.

비슷한 속담

6 간에 붙었다 쓸개에 붙었다 한다. [한국]
: 제게 이익이 되면 체면도 없이 누구에게나 아첨한다.

6 있는 놈한테 붙는다. [한국]
: 권력이나 돈이 있으면 사람들이 몰려든다.

6 젖만 있으면 아무에게도 엄마라고 부른다.
(有奶便是娘.) [중국]

6 황금이 땅에 떨어졌다면 누구나 허리를 굽힌다.
(黃金抛地, 老少折腰.) [중국]
: 이익이 있다고 생각되면 자존심도 팽개친다.

6 밥통이 있는 데에는 돼지가 온다. [러시아]
: 이득이 있는 곳에는 체면도 염치도 없이 찾아온다.

6 시체가 있는 곳마다 까마귀가 몰려온다.
(Whatsoever the carcass is, there will the ravens be gathered together.) [영국, 미국]
: 이득이 있는 곳에는 가리지 않고 뭇사람들이 모여든다.

6 파리가 꿀에 모이듯. [스페인, 니카라과, 모로코]
: 이권을 따라 이리저리 움직인다.

7. 대감 죽은 데는 안가도 대감 말 죽은 데는 간다.

: 세도가 없어지면 따르던 사람들도 무척 냉담해진다는 뜻.
: 세상인심이 정이나 의리보다 실리를 더 중히 여긴다는 뜻.

비슷한 속담

◊ 깊던 물도 얕아지면 오던 고기도 안 온다. [한국]
: 권세 있던 사람이 몰락하면 전에 찾아오던 사람도 발걸음이 멀어지고 관심조차 보이지 않는 것이 세상인심이다.

◊ 떠오르는 해에 절하는 사람은 있어도 지는 해에 절하는 사람은 없다. [일본, 프랑스]
: 처지가 보잘것없게 되면 사람들은 무시하고 냉대한다.

◊ 재판관 집 나귀가 죽으면 슬피 우는 사람이 많아도 재판관이 죽으면 장례식에도 가지 않는다. [아라비아]

◊ 피리가 그치면 춤도 그친다.
(No longer pipe no longer dance.) [영국, 미국]
: 이익이나 도움이 없으면 돌아보지도 않는다.

◊ 넘치는 접시에 손님이 모이고 빈 접시에 손님이 돌아간다.

[라트비아]

: 잇속만 차리는 야박한 세상이다.

◊ 빵 없는 집은 개도 도망간다. [스페인]

◊ 꽃이 피지 않는 풀숲에는 메뚜기도 안 온다. [베네수엘라]
: 세도가 좋았던 사람도 곤경에 처하면 사람들이 외면한다.

8. 도둑이 매를 든다.

: 책망을 받아야 할 자가 도리어 잘한 사람을 꾸짖는다는 뜻.

비슷한 속담

👌 낯가죽이 두껍다.

(厚顔無恥.) [한국, 중국, 일본, 이탈리아]
: 부끄러움을 모르는 뻔뻔스럽고 염치없는 사람이다.

👌 도둑질을 하고도 사모바람에 거드럭거린다. [한국]
: 못된 벼슬아치들이 온갖 나쁜 짓을 다 하고도 권세를 믿고 더 큰소리치
며 우쭐댄다.

👌 방귀 뀐 놈이 성낸다. [한국, 일본]
: 자기가 잘못하고도 도리어 남에게 화를 낸다.

👌 잘못한 놈이 먼저 소송을 낸다.

(惡人先告狀.) [중국]
: 나쁜 놈이 선수를 친다.

👌 큰 도둑은 작은 도둑을 교수형에 처한다.

(A man who steals a trifle is put in prison.) [영국, 미국]
: 부패한 권력자들과 재벌들이 좀도둑을 처단하는 상황이다.

👌 악마가 죄를 비난한다.

(The devil rebukes sin.) [영국, 미국]
: 잘못한 자가 제 잘못은 숨겨두고 오히려 다른 사람을 책망한다.

👌 구린 녀석이 남을 더 의심한다. [이탈리아]

9. 무는 말(馬) 있는 데 차는 말 있다.

: 나쁜 사람이 있는 곳에는 그와 비슷한 패거리들이 있다는 뜻.

비슷한 속담

⚭ 도인의 능력은 한 자이지만 마귀의 능력은 열 자나 된다.
　(道高一尺, 魔高一丈.) [중국]
　: 사악한 세력이 정의의 뒤에서 세상을 어지럽히고 있다.

⚭ 집에는 쥐, 나라에는 도둑. [일본]
　: 가정이나 국가나 해를 끼치는 자들이 있게 마련이다.

⚭ 잡초가 곡식보다 무성하게 자란다.
　(Ill weeds overgrow the corn.) [영국, 미국, 프랑스, 독일, 몰타]
　: 나쁜 사람들이 착한 사람들보다 더 잘 규합하고 활발하다.

⚭ 더러운 막대기가 오래 지탱한다.
　(The loath stake stands long.) [영국, 미국]
　: 부패하고 무능한 자가 오랫동안 그 자리에서 버틴다.

⚭ 나쁜 사람을 대처하는 최선책은 거리를 두는 것이다.
　(The best remedy against ill man is much ground between.)
　　　　　　　　　　　　　　　　　　　　　　　　　　[영국, 미국]

⚭ 물과 악은 없어지지 않는다. [세르비아]
　: 악의 씨는 없어지지 않고 오히려 번성한다.

⚭ 마른 나뭇가지는 눈에 띈다. [콩고]
　: 나쁜 자들은 잘 살펴보면 바로 식별할 수 있으니 처음부터 멀리하라.

10. 물에 빠진 놈 건져 놓으니까 내 봇짐 내라 한다.

: 남의 은혜에 고마움도 모르고 오히려 생트집을 잡는다는 뜻.

비슷한 속담

🔥 머리 검은 짐승은 남의 공을 모른다. [한국]
: 남의 은공을 모르는 짐승만도 못한 인간들이 많다.
: 은혜를 모르는 인간은 사람으로 칠 가치가 없다.

🔥 삼 년 먹여 기른 개가 주인 발등을 문다.
(The mad dog bites his master.) [한국, 일본, 영국, 미국]
: 오랫동안 은혜를 입은 사람이 도리어 그 은인을 해친다.

🔥 은혜를 원수로 갚는다. [한국, 일본, 인도네시아]
: 은혜를 보답해야 할 사람에게 도리어 해를 끼친다.

🔥 호랑이를 길러 우환을 남긴다.
(養虎遺患.) [중국]
: 평소 잘 도와주고 믿었는데 오히려 화를 당한다.

🔥 나무 그늘에 있으면서 가지를 꺾는다. [일본, 미얀마]
: 남의 은혜를 입고 있으면서 그에게 해를 끼친다.

🔥 그물에서 풀어준 개에게 물린다. [인도네시아, 말레이시아]
: 은혜에 감사할 줄 모르고 도리어 배신을 한다.

🔥 제집에서 운 암탉이 남의 집에서 알을 낳는다. [러시아]

🔥 은혜를 모르는 것은 가장 큰 죄다. [이집트]

11. 사촌이 땅을 사면 배가 아프다.
: 남이 잘되면 기뻐해주기보다 시기하거나 질투한다는 뜻.

비슷한 속담

🔥 이웃에 곳간이 서면 이편에서 화가 난다. [일본]
 : 남의 부귀를 질투하는 마음은 이웃 사람에게 더 심하다.

🔥 삼촌이 소를 사면 소화제를 사라. [말레이시아]
 : 가까운 친척이 잘되면 남보다 더 시기심이 생긴다.

🔥 거지조차 다른 거지를 샘낸다. [이란]
 : 비슷한 처지에 있는 사람이 잘되면 더 질투한다.

🔥 시기심은 명성의 동반자다.
 (Envy is the companion of honour.) [영국, 미국]
 : 유명해지면 시기하는 사람이 많이 나타나게 마련이다.

🔥 시기심 많은 사람은 이웃 살찌는 것 보고 마른다.
 (An envious man waxes lean with the fatness of his neighbours.)
 　　　　　　　　　　　　　　　　　　　[영국, 미국]
 : 너그럽지 못한 사람은 남이 잘되는 것을 못 본다.

🔥 남이 실패했을 때의 웃음은 더할 나위 없는 웃음. [핀란드]
 : 시기심이 많은 사람은 남이 잘못되었을 때 겉으로는 동정과 위로를 표하
   지만 내심으로는 좋아한다.

🔥 열매 맺은 나무만이 돌을 맞는다. [프랑스]
 : 남보다 우수하면 질투를 받아 시기와 모함의 대상이 된다.

12. 아저씨 아저씨 하고 떡 짐만 지운다.

: 겉으로는 존경하는 체하면서 이용만 한다는 뜻.

비슷한 속담

෴ 떡 다 건지는 며느리 없다. [한국]
  : 도와주는 체하면서 자기의 실속은 다 차린다.

෴ 아주머니 아주머니 하면서 외상 술 달랜다. [한국]
  : 필요 이상으로 아부를 떠는 사람은 나름대로 꿍꿍이속이 있다.

෴ 형님 형님 하면서 뒤에서는 가재도구를 집어낸다.
  (口里喊哥哥, 背後摸家伙.) [중국]

෴ 선생이라 부르면서 재떨이 버리게 한다. [일본]

෴ 정중함이 가득하면 술책도 가득하다.
  (Full of courtesy full of craft.) [영국, 미국]
  : 지나치게 공손한 행동은 흑심을 감추려는 나쁜 의도가 있다.

෴ 혓바닥에 꿀 있는 자는 마음에 거머리 있다. [라트비아]
  : 남에게 알랑거리는 자는 남을 이용하려는 교활한 사람이다.

෴ 바보스런 공손은 거짓과 속임수의 일종. [스페인]
  : 지나치게 공손하면 먼저 그 저의를 살펴볼 필요가 있다.

෴ 누가 울어줄 것인가를 알기 위해 때때로 죽은 척한다.
  [아르헨티나]
  : 누가 가장 자기를 위하는 사람인지 알아보기 위해 비겁한 수단을 이용
  한다.

13. 재주는 곰이 넘고 돈은 왕 서방이 다 챙긴다.
: 일한 사람은 따로 있는데 보수는 다른 사람이 챙긴다는 뜻.

비슷한 속담

🔥 먹기는 발장(撥長)이 먹고 뛰기는 말더러 뛰란다. [한국]
   : 이익은 제가 다 차지하고 일은 만만한 사람에게 시킨다.

🔥 곰이 춤추고 돈은 집시가 받는다. [러시아]

🔥 당나귀가 운반한 밀을 말이 먹는다.
   (Asses carry the oats and horses eat them.) [영국, 미국]
   : 그 일과 아무런 관련이 없는 사람이 이익을 차지한다.

🔥 바보는 물을 푸고 약빠른 사람이 고기를 잡는다.
   (Fools lade the water and a wise man catch the fish.) [영국, 미국]
   : 교활한 사람이 거저 이익을 차지한다.

🔥 바보가 계란을 부치고 눈치 빠른 자가 먹는다.
   (Set a fool to roast eggs and a wise man to eat them.) [영국, 미국]

🔥 한 사람이 덤불을 두들기고 딴 사람이 새를 잡는다.
   (One beats the bush another catches the bird.)
                                              [영국, 미국, 프랑스, 독일]
   : 힘든 일은 내가 하고 이익은 엉뚱한 사람이 차지한다.

🔥 작은 개가 쫓은 토끼를 큰 개가 잡는다. [스페인]
   : 열심히 일한 사람은 아랫사람인데 이익은 윗사람이 챙긴다.

14. 파리도 여윈 말에 더 붙는다.

: 만만하게 여기는 자에게는 누구나 덤벼들고 괴롭힌다는 뜻.

비슷한 속담

⚓ 쓰러져 가는 나무를 쓰러뜨린다. [한국]
  : 어려움을 겪고 있는 사람을 더욱 곤란하게 만든다.

⚓ 죽은 호랑이는 누구도 때린다.
  (死老虎人人打.)
  (Even hares pull a lion by the beard when he is died.)
                                         [중국, 영국, 미국]
  : 권세를 잃으면 하찮은 사람한테도 무시당한다.

⚓ 코끼리가 역경에 처하면 개구리조차도 코끼리를 걷어차 버리려
  한다. [인도]
  : 막강하던 사람도 쇠락하면 상상하지 못한 수모를 당한다.

⚓ 나무가 쓰러지면 제각기 가지를 향해서 달려간다. [프랑스]
  : 부자가 망하면 사람들이 이득을 얻고자 사정없이 달려든다.

⚓ 기울어진 나무에는 염소도 덤벼든다. [폴란드]
  : 권문세가도 몰락하면 누구나 함부로 대한다.

⚓ 재가 식으면 개도 눕는다. [자메이카]
  : 권력자도 세력을 잃으면 누구나 그를 우습게 여긴다.

⚓ 쓰러진 나무는 누구든지 도끼로 찍는다. [에티오피아]

15. 머리카락 뒤에서 숨바꼭질한다.

: 얕은꾀를 써서 남을 속이려 한다는 뜻.

(비슷한 속담)

⚬ 귀 막고 방울 도둑질한다.
   (掩耳盜鈴.) [한국, 중국]
   : 방울을 훔칠 때 방울 소리가 들리지 않게 하려고 제 귀를 막는 것처럼 뻔히 알 만한 어설픈 수를 쓴다.

⚬ 닭 잡아먹고 오리발 내놓는다. [한국]
   : 나쁜 짓을 저질러놓고 엉뚱한 변명을 한다.

⚬ 양 머리를 걸어놓고 개고기를 판다.
   (挂羊頭賣狗肉.) [중국, 일본]
   : 겉모습을 좋게 하고 내용을 달리하여 속이려 한다.

⚬ 양가죽을 쓴 늑대.
   (A wolf in sheep's clothing.) [일본, 영국, 미국, 독일 스페인]
   : 어설픈 방법으로 겉모습만 바꾼다.

⚬ 눈먼 자는 옥상 문을 닫고 아무도 모른다고 한다. [아라비아]

⚬ 악어가 눈물을 흘린다. [프랑스]
   : 얄팍한 술수를 쓴다.

16. 생일날 잘 먹으려고 이레를 굶는다.
: 어떻게 될지도 모를 일에 미리부터 지나치게 바란다는 뜻.

비슷한 속담

🔥 잔칫날 기다리다 굶어 죽는다. [한국]
: 훗날 있을 일만 믿고 막연히 기다리다 결국 낭패를 당한다.

🔥 나중에 꿀 한 식기보다 당장 엿 한 가락이 낫다. [한국]
: 지금의 작은 이득이 불확실한 장래의 큰 이득보다 낫다.

🔥 오늘은 내일의 일을 알 수 없다.
(今日不知明日事.) [중국]

🔥 내일의 백보다 오늘의 오십. [일본]

🔥 오늘은 당신의 것, 내일은 다른 사람의 것. [필리핀]

🔥 내일의 공작새 두 마리보다 오늘 비둘기 한 마리가 낫다. [인도]

🔥 오늘의 한 시간은 내일의 두 시간 만큼 값지다.
(One hour today is worth two tomorrow.) [영국, 미국]

🔥 다 나은 것이 뒤에 오는 일은 드물다.
(Seldom comes a better.) [영국, 미국]

🔥 오늘은 오늘일 뿐 내일을 말하는 사람은 거짓말쟁이다. [탄자니아]

🔥 오늘의 샅바는 내일의 바지보다 낫다. [부르키나파소]

17. 약빠른 고양이가 밤눈 어둡다.

: 똑똑하고 약은 사람도 실수를 하거나 약점이 있다는 뜻.

비슷한 속담

🔥 약은 참새가 방앗간 지나친다. [한국]
: 약게 굴다가 판단을 그르쳐 좋은 기회를 놓친다.

🔥 참새가 왕거미줄에 걸린 것 같다. [한국]
: 똑똑한 체하던 사람이 뜻하지 않은 수에 걸려들었다.

🔥 총명하지만 총명 때문에 망한다.
(聰明反被聰明誤.) [중국, 일본]
: 재주가 있는 사람은 자기 재주를 너무 믿다가 실패한다.

🔥 여우가 병아리를 훔치러 가서 덫에 걸린다. [러시아]
: 아무리 약고 영리한 사람도 실수할 수가 있다.

🔥 자신이 가장 확실하다고 생각하는 사람은 속는 일이 많다.
(He that thinks himself surest is often deceived.) [영국, 미국]

🔥 사기꾼은 속임의 덫에 빠지는 일이 잦다.
(The deceitful man falls oft into the snares of deceit.)

[영국, 미국]

🔥 영리한 여우도 함정에 빠진다. [에스토니아]

🔥 지나치게 영리한 것은 오히려 어리석은 것만 못하다. [독일]
: 너무 약게 굴다가 일을 그르치게 만든다.

03 | 거짓말, 핑계, 미루기

18. 거짓말은 새끼를 친다.

: 거짓말을 습관적으로 하면 언젠가는 더 큰 거짓말을 하게 된다는 뜻.
: 거짓말이 점점 불어난다는 뜻.

비슷한 속담

🖋 남의 거짓말은 나의 거짓말. [일본]
   : 남이 하는 거짓말을 그대로 옮기면 자기가 거짓말을 한 것과 같다.

🖋 거짓말 하나를 지키려면 스무 개의 거짓말이 필요하다.
   (A lie needs twenty more to prop it.) [영국, 미국]
   : 이미 한 거짓말이 탄로 나지 않도록 계속 거짓말로 포장한다.

🖋 소문은 거짓말쟁이다.
   (Fame is liar.) [영국, 미국]

🖋 거짓말할 때마다 이가 하나씩 빠진다면 이가 성한 사람은 하나도
   없을 것이다. [스웨덴]

🖋 거짓말에는 세금이 붙지 않는다. 그러므로 온 나라가 거짓말이
   넘쳐나고 있다. [독일]
   : 사람들이 죄책감 없이 뻔뻔스럽게 거짓말을 쏟아낸다.

🖋 말이 많은 자는 많은 것을 알고 있으나 거짓말도 많이 한다.
                                                   [슬로베니아]

19. 거짓말쟁이는 참말을 해도 믿지 않는다.
: 거짓말쟁이로 낙인이 찍히면 사람들이 멀리한다는 뜻.

비슷한 속담

🜁 입술에 침이나 바르지. [한국]
: 속이 빤히 들여다보이는 거짓말을 천연스럽게 꾸며댄다.

🜁 거짓말쟁이의 초대는 먹고 나서 믿어라. [네팔]
: 거짓말을 잘하는 사람의 선심은 빈말이 많아 그가 하는 말을 믿을 수가 없으니 일단 지나고 나서 평가하는 것이 확실하다.

🜁 한 번 거짓말쟁이가 되면 언제나 거짓말쟁이.
(Once a liar, always a liar.) [영국, 미국]
: 거짓말쟁이로 소문이 나면 처신하기 어렵다.

🜁 작은 거짓말도 또한 거짓말. [스웨덴]

🜁 거짓말쟁이의 대접은 대문까지. [핀란드]
: 거짓말쟁이는 대문 밖에 나가면 아무도 상대해주지 않는다.

🜁 개가 짖는 것과 거짓말쟁이가 거짓말하는 것은 못 말린다.
[프랑스]

🜁 거짓말쟁이는 진실을 말해도 권위가 서지 않는다. [스페인]
: 거짓말쟁이로 알려지면 사람들이 일단 의심부터 한다.

🜁 쉽게 맹세하는 자는 거짓말을 한다. [루마니아]
: 어디서나 자신 있는 것처럼 말하는 사람은 믿음이 가지 않는다.

20. 핑계 없는 무덤 없다.

: 무슨 일이든지 핑계를 대려면 핑곗거리가 있기 마련이라는 뜻.

비슷한 속담

6 술도 핑계가 있어야 마신다. [한국]

: 사람들은 무슨 일을 하든 그럴듯한 이유를 댄다.

6 여든에 죽어도 핑계에 죽는다. [한국]

: 여든 살을 살다 죽어도 제명에 죽지 못했다고 핑계를 댄다는 말로, 이 세상에는 핑계를 대지 못할 일이 없다.

6 핑계와 고약은 어디에도 붙는다. [일본]

: 핑계를 대려고 마음먹으면 무슨 일에도 가능하다.

6 도둑도 할 말이 있다. [일본]

: 어떤 나쁜 일이라도 변명을 하려고 하면 할 수 있다.

6 타조는 짐을 나르라 하면 새라 하고 하늘을 날라고 하면 낙타라 한다. [터키]

6 무엇인가 하고 싶은 사람은 방법을 찾아내고 아무것도 하기 싫은 사람은 구실을 찾아낸다. [독일]

6 개를 때리려고 하는 자는 항상 지팡이를 찾는다.

[체코, 슬로바키아]

: 남을 추궁하려는 자는 반드시 그 이유나 핑계를 찾는다.

6 정당화되지 않은 나쁜 짓은 없다. [남아공]

: 나쁜 짓을 한 사람도 그것을 정당화하려고 이유를 붙인다.

21. 하루 물림이 열흘 간다.
: 어떤 일을 한번 미루기 시작하면 자꾸 뒤로 미루게 된다는 뜻.

비슷한 속담

○ 간다 간다 하면서 아이 셋 낳고 간다. [한국]
: 그만두겠다고 하면서도 정작 그만두지 못하고 질질 끈다.

○ 솥 떼어 놓고 삼 년이라. [한국]
: 준비는 이미 다 해놓고도 우물쭈물 망설이며 실행을 못 한다.

○ '이번에는'과 도깨비는 만난 일이 없다. [일본]
: '이번에는'이라는 약속은 지켜진 적이 없듯이 약속을 뒤로 미루는 것은
거의 실현되기 어렵다.

○ 내년 가을의 예정은 8년 후에. [러시아]
: 미래의 약속은 불확실하여 믿을 수 없다.

○ '근일 중'은 근일 중 아무것도 없다는 것이다.
(One of these day's is none of these day's.) [영국 미국]
: 며칠 안에 한다고 미루는 사람은 결국 아무 것도 못하게 된다.

○ 미루는 것은 위험하다.
(Delays are dangerous.) [영국, 미국]
: 일을 자꾸 미루면 그 일은 성사되기 어렵다.

○ 연기가 중지로 된다. [네덜란드, 벨기에]

○ 연기한 것은 폐물. [슬로베니아]

04 | 참견, 간섭

> ### 22. 남의 잔치에 감 놓아라 배 놓아라 한다.
> : 자기와 무관한 남의 일에 공연히 참견한다는 뜻.

(비슷한 속담)

6 남의 싸움에 칼 빼기. [한국]
 : 자기와 관계없는 일에 공연히 뛰어들어 관여한다.

6 서 홉에도 참견, 닷 홉에도 참견. [한국]
 : 서 홉도 많다 적다 하고 닷 홉도 이러쿵저러쿵 참견하는 것처럼 부질없
 이 아무 일에나 참견하고 나선다.

6 아는 게 많아서 먹고 싶은 것도 많겠다. [한국]
 : 이것저것 많이 아는 체를 하면서 참견하기를 좋아한다.

6 콩 심어라 팥 심어라 한다. [한국]
 : 갈피를 잡을 수 없는 말로 이러니저러니 관여한다.
 : 대수롭지 않은 일을 가지고 지나치게 간섭한다.

6 개가 쥐를 잡는 일에 쓸데없이 관여한다.
 (狗拿的耗子多管閑事.) [중국]
 : 자기와 아무 상관이 없는 일에 공연히 참견한다.

6 동네에는 동네 시어머니가 있다. [일본]
 : 세상은 어디에나 참견 잘하는 잔소리꾼이 있다.

23. 다 된 농사에 낫 들고 덤빈다.

: 일이 다 끝난 뒤에 쓸데없이 나타나 그 일에 참견하고 시비를 한다는 뜻.

비슷한 속담

δ 꽹과리 치고 나선다. [한국]
  : 무슨 일이든 앞에 나서서 설친다.

δ 사돈네 남의 말 한다. [한국]
  : 자기의 일은 제쳐두고 남의 일에만 참견한다.

δ 산신 제물에 메뚜기 뛰어들듯. [한국]
  : 자기에게는 당치도 않은 일인데도 나타나 간섭한다.

δ 약국집 맷돌인가. [한국]
  : 약국에서 두루 쓰이는 맷돌처럼 어디에나 나타난다.

δ 약방에 감초. [한국]
  : 항상 비치되어 있는 한약방의 감초처럼 어떤 일에든지 빠지지 않고 참견
  한다.

δ 오지랖이 넓다. [한국]
  : 자기와 상관없는 일에까지 주제넘게 참견한다.

δ 치마가 열두 폭인가. [한국]
  : 남의 일에는 가리지 않고 끼어든다.

δ 부탁받지 않은 경문을 읽는다. [일본]
  : 공연히 남의 일에 나서서 이러쿵저러쿵 군소리를 늘어놓는다.

24. 사공이 많으면 배가 산으로 간다.
: 무슨 일이든 주관하는 사람이 많으면 일이 제대로 안 된다는 뜻.

비슷한 속담

§ 목수가 많으면 집이 기울어진다.
(木匠多盖歪房.) [한국, 중국, 몽골]
: 같은 일을 여럿이 하면 의견이 너무 많아 일을 망친다.

§ 며느리가 많으면 시어머니가 밥을 짓는다.
(媳婦多了, 婆婆作飯.) [중국]

§ 백정이 많으면 소가 썩는다. [아프가니스탄]

§ 며느리 일곱 명 있는 집에 쓰레기가 무릎까지. [타지키스탄]
: 서로 미루다 일을 해결하지 못한다.

§ 요리사가 많으면 국을 망친다,
(Too many cooks spoil the broth.) [영국, 미국, 독일]

§ 누구나 주인이면 세계는 파멸한다.
(Where every man is master the world goes to wrack.)

[영국, 미국]
: 지도자가 너무 많으면 세상이 혼란에 빠진다.

§ 주인 많은 개는 굶주린다. [자메이카]
: 주관하는 사람이 많으면 서로 미루다가 일을 그르친다.

§ 사람이 많으면 우물 하나 제대로 팔 수 없다. [소말리아]

25. 가까운 무당보다 먼 데 무당이 용하다.
: 가까운 사람보다 멀리 있는 사람을 더 좋게 생각한다는 뜻.

비슷한 속담

🕯 사람과 산은 멀리서 보는 게 낫다. [한국]
: 가까운 사람보다 먼 곳의 사람이 더 좋아 보인다.

🕯 이웃집 며느리 흉도 많다. [한국]
: 잘 아는 사이일수록 그 결점이 더 많이 눈에 뜨인다.

🕯 먼 곳에서 온 중이 경을 읽을 줄 안다.
(外來的和尚會念經.) [중국]
: 외국 사람이나 외국 문물을 선호한다.

🕯 먼 데 것은 꽃향기, 가까운 것은 똥 구린내. [일본]
: 옆에 있는 사람보다 멀리 있는 사람이 더 잘나 보인다.

🕯 언덕 너머 북소리는 멋지다. [이란, 러시아]

🕯 유명한 것은 먼 곳의 종, 가까이에서는 작은 소리. [핀란드]
: 유명하다고 알려진 사람도 자기 고향에서는 그다지 유명하다고 인정받지
못한다.

🕯 멀리서는 금 냄비, 가까이에서는 흙 냄비. [스페인]

26. 고운 사람 미운 데 없고 미운 사람 고운 데 없다.

: 한번 좋게 보면 그 사람이 하는 일은 다 좋게만 보이고 한번 밉게 보면 그 사람이 하는 일은 다 밉게만 보인다는 뜻.

비슷한 속담

🖋 **달밤에 삿갓 쓰고 나온다. [한국]**

: 달밤에 쓸 필요가 없는 삿갓을 쓰고 나오는 것처럼 가뜩이나 미운 사람이 더 미운 짓을 한다.

🖋 **미운 놈이 술 사 달란다. [한국]**

: 미운 자가 염치도 없이 미운 짓만 골라서 한다.

🖋 **사랑하는 사람은 미움이 없고 미워하는 사람은 사랑이 없다.**

[한국]

: 사랑과 미움, 어느 한쪽에 치우쳐 다른 면은 보지 못한다.

🖋 **검은 안경을 끼고 흰 눈을 보면 희지 않다.**

(戴上黑鏡, 看雪不白.) [중국]

: 선입견으로 사람을 대하면 그 실체를 파악하기 힘들다.

🖋 **증오는 애정과 마찬가지로 맹목적이다.**

(Hatred is blind, as well as love.) [영국, 미국]

: 좋아하는 것과 미워하는 것은 일방적이고 비합리적이다.

🖋 **안경이 두꺼우면 두꺼울수록 진실은 희미해진다. [독일]**

: 사랑, 미움이 한쪽에 치우치면 바르게 평가할 수 없다.

🖋 **사랑과 미움은 판단력을 흐리게 한다. [헝가리]**

27. 못살면 조상 탓.

: 제가 잘못하거나 능력이 모자라 일에 실패하면 반성은 하지 않고 조상을
원망한다는 말로, 제가 잘못한 책임을 남에게 전가한다는 뜻.

(비슷한 속담)

🔥 씨름에 진 놈이 말이 많다. [한국]
: 일을 잘못하여 놓고 변명하거나 다른 사람에게 책임을 돌린다.

🔥 제 얼굴엔 분 바르고 남의 얼굴엔 똥 바른다. [한국]
: 잘된 일은 자기의 공로로, 잘못된 일은 남의 책임으로 넘긴다.

🔥 집안이 망하면 집터 잡은 사람만 탓한다. [한국]
: 무슨 일이건 잘못되면 남의 탓으로 돌린다.

🔥 잘되면 내가 했고 못되면 남의 탓. [몽골]

🔥 도둑이 새끼줄을 원망한다. [일본]
: 자기 잘못은 제쳐놓고 남의 탓만 한다.

🔥 능력이 없는 것을 운명 탓으로 돌린다. [미얀마]
: 실패하면 제 능력을 탓하지 않고 운이 없다고 툴툴거린다.

🔥 서툰 산파가 난산을 갓난아기 탓으로 돌린다. [멕시코]
: 어리석은 자는 항상 다른 데서 변명거리를 찾는다.

28. 서투른 무당이 장구만 나무란다.

: 자기 기술이 부족한 줄은 모르고 도구나 조건만 탓한다는 뜻.

비슷한 속담

⚅ 소경 개천 나무란다. [한국]
 : 제 잘못은 생각하지 않고 애꿎은 사람이나 조건만을 탓한다.

⚅ 쟁기질 못하는 놈이 소 탓만 한다.
 (The bad workman always blames his tool.)
 [한국, 일본, 캄보디아, 영국, 미국]

⚅ 제 얼굴 더러운 줄 모르고 거울만 나무란다.
 (面相醜陋的人, 常常抱怨鏡子.) **[중국]**

⚅ 고기 썰 줄 모르면서 괜히 칼 무딘 것을 탓한다. **[티베트]**
 : 서투른 기술자가 연장을 탓한다.

⚅ 땅이 기울어서 춤 못 춘다. **[일본, 방글라데시, 스리랑카]**

⚅ 머리 모양이 나쁜데 모자를 나무란다. **[라오스]**
 : 자신의 약점이나 잘못을 남의 탓으로 돌린다.

⚅ 개는 돌을 던진 사람보다는 그 돌을 물어뜯는다.
 (The dog bites the stone, not him that throws it.) **[영국, 미국]**
 : 잘못이 없는 엉뚱한 사람을 책망하거나 벌을 준다.

⚅ 글씨 못 쓰는 자 펜 탓으로 돌린다. **[루마니아]**
 : 제 능력 부족을 도리어 남에게 전가한다.

29. 숯이 검정 나무란다.
: 제 허물은 깨닫지 못하고 남의 허물만 들추어낸다는 뜻.

비슷한 속담

🔥 가랑잎이 솔잎더러 바스락거린다고 한다. [한국]
: 제 허물이 큰 줄은 모르고 남의 작은 허물을 탓한다.

🔥 그슬린 돼지가 달아맨 돼지 타령한다. [한국]
: 이미 검게 탄 돼지가 아직 그 지경이 안 된 매달린 돼지를 비웃는 것처럼 저보다 오히려 형편이 나은 사람을 흉본다.

🔥 외눈박이가 두눈박이를 나무란다. [한국]
: 큰 단점이 있는 사람이 오히려 자기보다 나은 사람을 비웃는다.

🔥 제 머리숱 없음은 못 보고 남의 대머리를 가리킨다. [몽골]

🔥 다른 사람 얼굴의 더러움은 곧 알아차리지만 자기 얼굴의 거미집은 깨닫지 못한다. [필리핀]

🔥 숯이 주전자더러 검은 바보라고 한다.
(Kettle calls the pot black ass.) [영국, 미국]

🔥 당나귀가 노새 귀 길다 한다. [스페인]

🔥 걸레가 누더기 흉을 본다. [이탈리아]

🔥 사람은 자신의 어리석은 결점은 보려고 하지 않는다.
[마다가스카르]

30. 제 흉 열 가진 놈이 남의 흉 한 가지를 본다.

: 자신의 결점은 보지 못하고 다른 사람의 작은 결점만 흉본다는 뜻.

비슷한 속담

⚲ 남의 흉은 홍두깨로 보이고 제 흉은 바늘로 보인다. [한국]
: 남의 허물은 크게 보이고 제 허물은 하찮은 것으로 보인다.

⚲ 똥 묻은 개가 겨 묻은 개 나무란다. [한국]
: 자기는 더 큰 흉이 있으면서 도리어 남의 작은 흉을 본다.

⚲ 남의 말하는 입은 있고 자기를 말하는 입은 없다.
(有嘴說人, 無嘴說己.) [중국]

⚲ 자신의 결점은 보이지 않고 남의 작은 결점은 산처럼 보인다.

[캄보디아, 미얀마]

⚲ 자기 방귀는 사향처럼 달콤하다고 여긴다.
(He thinks his fart as sweet as musk.) [영국, 미국]
: 사람들은 대체로 자기 결점에 대해서는 관대하다.

⚲ 남의 눈 속에 있는 티끌은 보면서 제 눈 속의 대들보는 보지 못한다.
(You can see a more in another's eye, but cannot see a beam in your eye.) [영국, 미국, 스페인, 프랑스]

⚲ 절름발이를 비웃으려면 사지가 온전해야 한다.
(He that mocks a cripple ought to be whole.) [영국, 미국]
: 남을 비웃거나 흉보려면 자신이 깨끗하고 떳떳해야 한다.

31. 거지끼리 자루 찢는다.
: 서로 도와야 할 사람들이 작은 이익 때문에 서로 싸운다는 뜻.

(비슷한 속담)

🜂 파도는 아무리 높아도 겁나지 않지만 노를 가지런히 젓지 않으면
 겁난다.
 (不怕巨浪再高, 只怕划槳不齊.) [중국]
 : 외부 세력보다 내부 구성원의 분열이 더 무섭다.

🜂 세 사람 여행에 한 명은 걸식. [일본]
 : 셋이서 한 가지 일을 하면 일이 원만하게 이루어지지 않는다.

🜂 한 칼집에 두 개의 칼을 넣을 수 없다. [파키스탄, 몰타]
 : 같은 실력을 가진 사람들이 함께 있으면 싸우게 된다.

🜂 한 송이 옥수수에 앉은 두 마리 참새는 화합을 못한다.
 (Two sparrows on one ear of corn cannot agree.) [영국, 미국]

🜂 벼룩은 한 사람보다 두 사람일 때 잡기 어렵다. [아이슬란드]
 : 서로 자기의 주장만 내세우면 일을 제대로 처리하지 못한다.

🜂 게 바구니. [프랑스]
 : 게를 한 바구니에 넣어 놓으면 서로 발을 잡아당기는 것처럼 같은 입장
 에 처해 있으면서도 서로 헐뜯고 싸운다.

32. 못 먹는 감 찔러나 본다.
: 제가 하지 못하는 일을 남도 하지 못하게 훼방을 놓는다는 뜻.

비슷한 속담

ᕌ 닫는 데 발 내민다. [한국]
  : 뛰어가는 사람 앞에 발을 내밀어 넘어지게 하는 것처럼 남이 일에 열중
  하고 있는데 중간에서 비열한 방법으로 방해한다.

ᕌ 부조는 않더라도 제상(祭床)이나 치지 마라. [한국]
  : 도와주지도 않으면서 방해만 한다.

ᕌ 잡으라는 쥐는 안 잡고 씨암탉만 죽인다. [한국]
  : 하라는 일은 안하고 사고만 저지르면서 손해를 보게 한다.

ᕌ 일을 이루는 데는 부족하고 일을 망치는 데는 충분하다.
  (成事不足, 敗事有餘.) [중국]
  : 일을 잘되게 할 수는 없어도 잘못되게 하기는 쉽다.

ᕌ 물을 붓는다. [일본]
  : 뜨거운 것에 찬물을 부어 미지근하게 하듯이 어떤 일에 관여해서 그 일
  을 더 나쁘게 만든다.

ᕌ 손으로 노를 젓기는커녕 다리로 방해한다. [태국]
  : 열심히 노를 저을 때 다리를 물에 내밀어 배의 속도를 늦추게 하는 것처
  럼 일을 도와주기는커녕 오히려 방해만 한다.

ᕌ 차바퀴 안에 막대기를 찔러 넣는다. [프랑스]
  : 일부러 조작하여 남의 일을 잘못되게 한다.

33. 오십보백보.*
: 정도의 차이는 있으나 본질적으로는 거의 같다는 뜻.

(비슷한 속담)

⚓ 도토리 키 재기.
　(伯仲之間.) [한국, 중국, 일본]
　: 정도가 고만고만한 사람끼리 서로 우열을 다툰다.

⚓ 참새가 크냐 작으냐 한다. [한국]
　: 별 차이가 없는데 다르다고 시비하거나 따진다.

⚓ 오십 보가 백 보를 비웃는다.
　(五十步笑百步.) [중국]
　: 사소한 차이로 우열을 다투는 것은 의미가 없다.

⚓ 조금 빗나간 것이나 많이 빗나간 것이나 마찬가지다.
　(A miss is as good as a mile.) [영국, 미국]
　: 실패한 점에서는 다를 바 없다.

⚓ 열아홉이나 스물이나 마찬가지.
　(As good twenty are nineteen.) [영국, 미국]

---

* 오십보백보(五十步百步): 중국 양(梁)나라 혜왕이 정치에 관해서 맹자(孟子)에게 묻자 맹자가 "전쟁에서 패하여 어떤 자는 백 보를, 어떤 자는 오십 보를 도망하였다고 할 때, 백 보를 후퇴한 사람이나 오십 보를 후퇴한 사람이나 도망한 것에는 양쪽에 아무런 차이가 없다"고 한 말에서 유래되었다.

09 | 옹졸함, 어리석음

34. 바늘 끝으로 우물 판다.
: 마음 씀씀이가 아주 옹졸하다는 뜻.

비슷한 속담

🎵 길로 가라니까 뫼로 간다. [한국]
: 편하고 유리한 방법을 가르쳐 주었는데도 듣지 않고 굳이 제 고집대로만 한다.

🎵 독 안에서 푸념한다. [한국]
: 남몰래 불평이나 하고 있듯이 하는 짓이 옹졸하고 답답하다.

🎵 미련한 놈 가슴에 고드름 안 녹는다. [한국]
: 못난 사람이 한번 앙심을 품으면 좀처럼 누그러지지 않는다.

🎵 벼룩의 등에 육간대청(六間大廳)을 짓겠다. [한국]
: 작은 벼룩의 등에 여섯 칸의 넓은 마루를 지으려고 하는 것처럼 하는 일이 이치에 맞지 않고 도량이 좁아 답답하다.

🎵 접싯물에 자맥질 한다.
(碟子里扎猛子.) [중국]

🎵 조개껍데기로 바닷물을 잰다. [일본]

🎵 곧은 손가락으로 버터기름을 꺼낼 수 없다. [파키스탄]
: 융통성이 없으면 고생한다.

35. 우물 안 개구리.
: 세상이 넓은 줄을 모르고 저만 잘난 줄 아는 사람이라는 뜻.

비슷한 속담

ⵣ 바늘구멍으로 하늘 본다.
  (一孔之見.) [한국, 중국, 일본]
  : 소견이나 식견이 좁다.

ⵣ 벼룩의 눈에는 사람의 손가락이 하나밖에 안 보인다. [한국]
  : 견문이 좁은 사람은 폭넓게 생각하기 어렵다.

ⵣ 황해 바다 고기는 동해 바닷물 맑은 줄 모른다. [한국]
  : 세상 넓은 줄을 모르는 소견 좁은 사람이다.

ⵣ 여름 날벌레는 얼음에 대하여 말할 수 없다.
  (夏虫不可以語氷.) [중국]

ⵣ 우리 밖으로 나가지 않은 양은 영원히 산에 못 오른다.
  (不出圈的羊羔, 永遠不會登山.) [중국]
  : 좁은 생활 무대를 벗어나지 못하면 넓은 세상을 알 수 없다.

ⵣ 마을에만 있는 사람은 언덕 너머에 뭐가 있는지 모른다.
  (He that stays in the valley shall never see what's over the hill.)
  [영국, 미국]

ⵣ 제 종대(鐘臺)밖에 못 봤다. [프랑스]
  : 자기가 가지고 있는 종대가 제일 높다고 생각하는 것처럼 식견이 편협하
  여 세상 물정을 모른다.

36. 제 털 뽑아 제 구멍 막는다.

: 성미가 너무 고지식하여 융통성이 없다는 뜻.

비슷한 속담

- 동녘이 훤하면 세상인 줄 안다. [한국]
  : 세상 물정이나 변함을 모른다.

- 우물 옆에서 목말라 죽겠다. [한국]
  : 도량이 좁고 상황 판단이 더디어 답답하고 옹색하다.

- 머리가 나쁘면 손발이 고생한다.
  (腦袋不靈手脚苦.) [중국]

- 입속에 넣은 치즈를 혀로 밀어낸다. [몽골]

- 생각이 모자라면 죽을 때까지 암담하다. [캄보디아]

- 산 위로 물을 흐르게 한다. [인도네시아, 말레이시아]
  : 자연을 역행하려고 시도하는 것은 미련한 짓이다.

- 강 옆에 우물을 판다.
  (Hard by the river he digs a well.) [영국, 미국]

- 한 개의 구멍밖에 모르는 쥐는 머지않아 고양이에게 잡힌다.
  [스페인]

- 완고한 자는 완고함 속에 죽는다. [남아공]
  : 둔하고 고루한 자는 사회에 적응하기 어렵다.

37. 하나만 알고 둘은 모른다.

: 사소한 것만 알고 큰 것은 모르는 어리석은 사람이라는 뜻.
: 소견이 좁은 사람은 자기가 아는 것만 믿으려 한다는 뜻.

비슷한 속담

🔥 감출 줄은 모르고 훔칠 줄만 안다. [한국]
　　: 사물의 한 측면만 보고 두루 보지 못한다.

🔥 어리석은 사람은 그가 보는 것만 믿는다. [한국]
　　: 식견이 좁아 넓게 생각하지 못한다.

🔥 바보는 언제나 앞으로 튀어나온다.
　　(A fool always rushes to the fore.) [영국, 미국]
　　: 어리석은 사람은 남보다 먼저 나서서 설친다.

🔥 바보는 프랑스로 유학 보내면 바보인 채로 돌아온다.
　　(Send a fool to France and fool will come back.) [영국, 미국]

🔥 나무만 보고 숲은 보지 못한다.
　　(You cannot see the wood for trees.) [영국, 미국]

🔥 어리석은 자는 달콤한 말에 기뻐한다. [아이슬란드]

🔥 어리석은 사람은 자기가 하려고 마음먹은 것을 말한다. [프랑스]

🔥 예순이 되어도 앞이 보이지 않는 자는 어리석다. [스페인]

🔥 대머리는 모자를 자랑하고 어리석은 자는 힘을 자랑한다.
　　　　　　　　　　　　　　　　　　　　　　　　　[세르비아]

03

교만, 허세, 무관심

01 | 무모, 교만, 오만

1. 개미가 정자나무 건드린다.
: 미약한 자가 큰 세력에 맞서 무모하게 덤빈다는 뜻.

비슷한 속담

6 계란으로 바위를 친다.
  (以卵擊石.) [한국, 중국, 캄보디아]
  : 불가능하고 무모해 보이며 도저히 승산이 없는 경우다.

6 물인지 불인지 모른다. [한국, 일본]
  : 위험한 상황인 줄도 모르고 무모하게 돌진한다.
  : 사리를 분간하지 못하거나 따져 보지 않고 마구 행동한다.

6 하루살이 불 보고 덤비듯 한다. [한국]
  : 저 죽을 줄 모르고 미련하게 함부로 달려든다.

6 하룻강아지 범 무서운 줄 모른다.
  (Fools rush in where angels fear to tread.) [한국, 티베트, 영국, 미국]
  : 세상 물정 모르는 어린아이처럼 함부로 덤빈다.

6 사마귀가 도끼를 들고 큰 차에 대든다. [일본]

6 담벼락에 박치기. [네덜란드]
  : 너무 무모한 짓을 한다.

2. 맛없는 국이 뜨겁기만 하다.
: 사람답지 못한 자가 교만하고 까다롭게만 군다는 뜻.

비슷한 속담

🐚 못된 송아지 엉덩이에서 뿔이 난다. [한국]
: 되지 못한 것이 교만하고 엇나가는 짓만 한다.

🐚 아무 것도 못하는 놈이 만 높다. [한국]
: 무능한 사람이 신분 높은 것만 앞세워 아니꼽게 군다.

🐚 교만한 자는 오래가지 못한다.
(驕者不久.) [중국]

🐚 턱으로 사람을 부린다.
(To hold up one's nose at anything.) [일본, 영국, 미국]
: 방자한 태도로 사람을 다룬다.

🐚 작은 팔을 가진 자여, 산을 안으려 하지 마라. [캄보디아]
: 재주가 있다고 지나치게 뽐내지 마라.

🐚 무지, 권력, 교만은 가장 치명적 배합이다. [아라비아]
: 무지한 자가 권력을 잡으면 교만해지고 사회는 혼란스러워진다.

🐚 교만은 말 타고 집을 나가 걸어서 돌아온다. [이탈리아]
: 어떤 일에든 교만하면 반드시 실패한다.

🐚 쇠뿔에 앉은 개미는 자기 때문에 쇠머리가 흔들린다고 생각한다.
[마다가스카르]

3. 잘못은 경솔하고 오만한 데서 온다.

: 실수나 잘못은 대체로 경솔하고 신중하지 못한 결과라는 뜻.

비슷한 속담

ᘐ 총은 머리를 내민 새를 우선 쏜다.
(槍打出頭鳥.) [중국]
: 남보다 모나게 행동하는 사람은 먼저 제재를 받는다.

ᘐ 자만한 의사에 양약 없다.
(驕傲的醫生沒有藥.) [중국]
: 너무 오만하면 자주 실수하는 일이 생긴다.

ᘐ 물이 차면 넘쳐나듯이 사람도 자만하면 실패한다. [티베트]

ᘐ 오만한 콧대. [일본]
: 잘난 척하며 거드름을 피운다.

ᘐ 거북은 아무도 몰래 수천 개의 알을 낳지만 암탉이 알을 하나 낳을 때면 온 동네가 다 안다. [말레이시아]

ᘐ 산을 볼 때까지 낙타의 오만함은 안 없어진다. [인도]
: 낙타가 자기가 가장 멀리 본다고 우쭐거리다가 높은 산을 보고서야 온순해지듯이 식견이 좁아 오만에 빠지면 그 틀에서 쉽게 벗어나지 못한다.

ᘐ 속 빈 벼 이삭은 고개를 높이 든다. [러시아]
: 실속 없는 인간일수록 우쭐거린다.

ᘐ 교양이 적을수록 자만심이 많다. [독일]

4. 가난한 집 족보 자랑하기다.

: 제 조상 자랑만 늘어놓으면서 실속 없이 허세를 부린다는 뜻.

(비슷한 속담)

🔥 못난 놈이 잘난 체, 모르는 놈이 아는 체, 없는 놈이 있는 체한다. [한국]

: 겉으로 번지르르하게 꾸미고 허세만 부린다.

🔥 빈 수레가 더 요란하다.
(滿甁不響, 半甁叮當.)
(Empty vessels make the most sound.)
[한국, 중국, 몽골, 일본, 인도네시아, 말레이시아, 영국, 미국, 루마니아]
: 지식도 교양도 부족한 사람이 아는 체하고 떠든다.

🔥 가짜 무사가 칼 만지작거리기. [일본]

: 실력 없는 자가 허세를 부린다.

🔥 얕은 시내가 가장 요란하다.
(Shallow streams make most din.) **[영국, 미국]**

🔥 짖는 사냥개는 좋은 사냥개가 되지 못한다.
(A barking dog was never a good hunter.) **[영국, 미국]**
: 일에는 무능한 사람이 말로만 떠든다.

5. 빛 좋은 개살구.

: 겉은 그럴듯하나 그에 맞는 내용이나 실속이 없다는 뜻.

비슷한 속담

♭ 소문난 잔치에 먹을 것 없다. [한국]
: 소문에 비하여 실속이 없거나 실제와 일치하지 않다.

♭ 희고도 곰팡 슨 놈. [한국]
: 외모는 번듯하나 지식도 없고 실속도 없는 사람이다.

♭ 겉은 기와집이요, 안은 잡초다.
(外表大瓦房, 里面是雜草.) [중국]

♭ 아름다운 꽃에 좋은 열매 안 열린다. [일본]
: 잘생겼다고 해서 일을 잘하고 능력이 있는 것은 아니다.

♭ 겉은 익었으나 속은 텅 비었다. [태국]
: 겉은 훌륭하나 실상은 빈약하다.

♭ 반짝이는 것이 모두 금은 아니다.
(All is not gold that glitters.) [러시아, 영국, 미국, 프랑스, 독일]

♭ 보석은 상자로 평가되지 않는다.
(The jewel is not to be valued for the cabinet.) [영국, 미국]
: 외관은 화려해 보이지만 실제로는 보잘것없다.

♭ 빈 지갑은 가죽일 뿐. [스페인]
: 머릿속이 비어 있는 사람은 돈이 없는 지갑처럼 쓸모가 없다.

6. 자랑 끝에 쉬슨다.

: 그 음식은 깨끗하다고 자랑하는데 파리 알이 슬었다는 말로, 너무 자기 자랑만 하면 되레 일을 그르치게 된다는 뜻.

비슷한 속담

◊ 입찬말은 무덤 앞에 가서 하라. [한국]
: 자기 자랑이나 장담은 죽을 때까지 하지 마라.

◊ 돈 있다고 마음대로 써서는 안 되며 공 있다고 스스로 자랑해서는 안 된다.
(有錢不可亂花, 有功不可自夸.) [중국]
: 자기를 스스로 자랑하거나 잘난 체하지 마라.

◊ 다른 사람이 실수할 때 즐거워하지 말고 다른 사람이 네게 존경을 보인다고 서둘러 그것을 자랑하지 마라. [캄보디아]

◊ 자신을 칭찬하는 것은 자신을 모독하는 것이다.
(He that praise himself, spatters himself.) [영국, 미국]
: 스스로 자랑을 하면 남들은 돌아서서 그 사람을 경멸한다.

◊ 자신의 칭찬은 추천서가 아니다.
(Self-praise is no recommendation.) [영국, 미국]
: 자신의 능력을 자랑삼아 떠들어도 누구에게나 인정받지 못한다.

◊ 말(馬)은 다음 날 칭찬하고 아들은 수염이 난 후에 칭찬하고 딸은 시집간 다음에 칭찬하라. 그러나 자기 자신은 죽을 때까지 칭찬하지 마라. [핀란드]
: 가족이나 자신에 대한 자랑을 늘어놓지 마라.

7. 아는 것이 병이다.

: 알기는 해도 정확하지 못한 지식이 오히려 걱정거리가 된다는 뜻.

(비슷한 속담)

☙ 선무당이 사람 잡는다.
  (A little knowledge is a dangerous thing.) [한국, 영국, 미국]
  : 솜씨나 기술이 능숙하지 못한 사람이 아는 체하여 오히려 일을 크게 그
  르쳐 놓는다.

☙ 어설픈 약국이 사람 죽인다. [한국]
  : 잘 알지도 못하면서 아는 체하여 화를 당하게 한다.

☙ 모르는 것이 걱정이 아니라 아는 척하는 것이 걱정이다.
  (不怕不懂, 就怕裝懂.) [중국]

☙ 어설픈 병법은 모르는 것만 못하다. [일본]
  : 어중간한 지식이나 기술은 잘못을 저지르는 원인이 된다.

☙ 서툰 자에게 사공을 맡기면 마른 갠지스강에서도 빠져 죽는다.
  　　　　　　　　　　　　　　　　　　　　　　　　　　　[방글라데시]
  : 실력이 없는 사람에게 일을 맡기면 재난을 당하게 된다.

☙ 나쁜 지식이라면 없는 편이 낫다. [스페인]
  : 지식은 풍부할수록 좋으나 잘못된 지식이라면 모르는 것만 못하다.

8. 동네 송아지는 커도 송아지라.

: 항상 접하고 있는 것은 특별한 관심을 기울이지 않아 그 변하는 모습을 알아차리기 힘들다는 뜻.

비슷한 속담

⚓ 강 건너 불구경. [한국, 일본]
: 자기에게 관계없는 일이라고 하여 무관심하게 방관한다.

⚓ 닭 소 보듯 소 닭 보듯. [한국]
: 서로 덤덤하게 대하거나 상대방의 하는 일에 관심이 없다.

⚓ 머슴살이 삼 년에 주인 성 묻는다. [한국]
: 사람이 무심하여 당연히 알만한 것도 모르고 지낸다.

⚓ 밤새도록 울고 누가 죽었는지 모른다.
(哭了半天, 還不知道是誰死了.) [한국, 중국]
: 애써 일을 하면서도 그 일의 내용이나 영문도 모르고 맹목적으로 한다.

⚓ 한집에 있어도 시어미 성을 모른다. [한국]
: 가깝고 손쉬운 것은 무심하게 지나쳐 도리어 잘 모른다.

⚓ 물고기 눈에 물 안 보이고 사람 눈에 하늘 안 보인다. [일본]

⚓ 마음에 없으면 보아도 보이지 않는다.
(The eye is blind if the mind is absent.) [영국, 미국]

9. 수박 겉핥기.

: 일의 내용이나 참뜻도 모르고 건성으로 일을 한다는 뜻.

비슷한 속담

૾ 개 멱 감기듯. [한국]
: 일을 대충대충 해치운다.

૾ 소경 단청 구경하듯. [한국]
: 어떤 사물의 참된 모습이나 내용을 모르고 대충 넘어간다.

૾ 주먹구구에 박 터진다. [한국]
: 일을 어림짐작으로 대충대충 하다가는 나중에 봉변을 당한다.

૾ 통째로 먹은 놈은 맛도 모른다. [한국]
: 일을 건성으로 하는 사람은 그 일의 깊은 의미를 모른다.

૾ 눈 하나를 뜨고 하나를 감는다.
(睜一只眼, 閉一只眼.) [중국]
: 모른 척하고 일을 적당히 마무리한다.

૾ 장갑 낀 고양이는 쥐를 못 잡는다.
(A cat in gloves catches no mice.) [영국, 미국]
: 안이한 자세로는 소기의 목적을 이룰 수가 없다.

૾ 허술하게 뿌린 씨앗은 잘 자라지 않는다. [아이슬란드]

૾ 불성실은 자신을 망하게 한다. [독일]
: 일을 적당히 처리하면 그로 인해 반드시 화를 당한다.

Ⅲ. 욕망과
    집착

악의 근원

01

소유욕, 탐욕

01│돈, 돈과 인간관계

1. 돈만 있으면 개도 멍첨지가 된다.

: 돈만 있으면 멍멍 짖는 개도 첨지 벼슬을 할 수 있다는 말로, 천한 사람도 돈만 있으면 남들이 높이 대접해준다는 뜻.

비슷한 속담

◊ 돈 있으면 가는 곳마다 상전 노릇한다. [한국]
  : 돈이 있는 사람은 어디를 가나 후한 대접을 받는다.

◊ 돈이 있으면 삼십에도 어르신 소리를 듣지만 돈이 없으면 팔십에
  도 수레를 밀며 뛰어야 한다.
  (有錢三十稱老年, 無錢八十赶推車.) [중국]

◊ 돈이 있으면 바보도 주인님.
  (Money makes the man.) [일본, 영국, 미국]

◊ 돈은 더러운 누더기를 입고와도 환영 받는다.
  (Money is welcome, though it come in dirty clout.) [영국, 미국]
  : 돈만 있으면 미천한 사람도 높이 대우 해준다.

◊ 돈은 세계의 여왕이다. [독일]
  : 돈이 많으면 모든 사람이 좋아하고 따른다.

◊ 황금 구두를 신으면 세계 끝까지도 갈 수 있다. [에티오피아]
  : 돈이 있으면 무슨 일이든지 즐기면서 살 수 있다.

2. 돈만 있으면 염라대왕 문서도 고칠 수 있다.
: 돈으로 안 되는 일이 없다는 뜻.

비슷한 속담

⚭ 돈만 있으면 귀신도 부릴 수 있다.
(有錢能使鬼推磨.)
(Money makes the mare to go.) [한국, 중국, 영국, 미국, 독일]

⚭ 지옥의 재판도 돈 나름. [일본]

⚭ 돈이 말하면 세상은 침묵한다.
(Where gold speaks every tongue is silent.)
[영국, 미국, 독일, 스페인, 이탈리아, 불가리아]
: 돈이 작용하면 진실도 묻혀버린다.

⚭ 부자는 죄가 없다.
(Rich men have no faults.) [영국, 미국, 콜롬비아]
: 돈이 많으면 재판도 잘해서 무죄가 되도록 한다.

⚭ 황금 열쇠는 어떤 문이든 열 수 있다.
(A golden key can open any door.) [영국, 미국, 스페인]

⚭ 모든 것은 돈에 굴복한다.
(All things are obedient to money.) [영국, 미국]

⚭ 하늘은 하느님이 다스리고 땅은 돈이 다스린다. [스위스]

⚭ 더러운 돈은 곧은 것도 구부린다. [남아공]
: 부정한 돈이 정의를 굴복시킬 수도 있다.

3. 돈만 준다면 호랑이 눈썹도 뽑아 온다.
: 돈이 생기는 일이라면 아무리 힘든 일이라도 한다는 뜻.

(비슷한 속담)

🎵 돈을 준다면 뱃속의 아이도 기어 나온다. [한국]
   : 사람은 누구나 돈을 좋아한다.

🎵 돈이면 나는 새도 떨어진다. [한국]
   : 돈이면 아무리 어려운 일도 해결할 수 있다.

🎵 돈만 내면 임금님 콧수염 위에서도 북을 칠 수 있다. [이란]
   : 돈만 준다면 어떤 위험한 일이라도 마다하지 않는다.

🎵 돈지갑을 무겁다고 생각하는 사람은 아무도 없다. [이스라엘]

🎵 돈보다 나은 심부름꾼은 없다. [이스라엘]

🎵 돈만 있으면 할머니도 시집갈 수 있다. [이스라엘]

🎵 돈은 힘이다.
   (Money is power.) [영국, 미국]
   : 돈은 가장 강한 지배 수단이 된다.

🎵 여자는 돈 없는 남자보다 남자 없는 돈을 더 좋아한다. [그리스]

🎵 돈은 죽은 자도 살린다. [루마니아]

🎵 돈을 위해서는 개미조차 춤을 춘다. [멕시코, 과테말라]
   : 돈이라면 무슨 짓이라도 한다.

4. 돈은 손에 들어와야 내 돈이다.
: 내 손에 쥐어지는 것만이 실속이 있다는 뜻.

비슷한 속담

δ 내 돈 서푼이 남의 돈 백 냥보다 낫다. [한국]
: 아무리 적은 돈이라도 자기가 소유하고 있는 것이 값지다.

δ 아버지 종도 내 종만 못하다. [한국]
: 작고 보잘것없어도 자기가 가지고 있는 것이 가치가 있다.

δ 제 돈은 주머니를 만져보면서 쓰고 자식 돈은 눈치 봐가며 쓴다.
[한국]
: 자식에게서 타 쓰는 돈은 조심스럽고 불편하다.

δ 부모의 소유 재산도 내 것만 못하다.
(爹有娘有, 不如自己有.) [중국]

δ 자기의 물은 남의 버터보다 낫다. [러시아]
: 하찮은 것이라도 제가 가지고 있는 것이 소용된다.

δ 집의 메마른 빵이 밖의 로스구이보다 낫다.
(Dry bread at home is better than roasted meat abroad.)
[영국, 미국, 독일]

δ 손에 있는 돈은 훌륭한 치료제이다. [프랑스]
: 내 돈은 부담 없이 쓸 수 있으므로 여유와 편안함을 준다.

δ 여관집의 흰 빵보다 내 집 검은 빵. [스위스]

5. 돈은 악해야 번다.

: 돈은 악착같이 벌어야 모을 수 있다는 뜻.

비슷한 속담

ⓢ 돈 벌면서 인심 얻기는 어렵다. [한국]
  : 남에게 후하게 하면서 돈을 벌기는 어렵다.

ⓢ 아주머니 떡도 싸야 사 먹는다. [한국]
  : 아무리 친하더라도 결국은 제 잇속을 따지게 된다.

ⓢ 오 리(五厘)보고 십 리 간다. [한국]
  : 푼돈이라도 벌기 위해 무슨 일이든 가리지 않는다.

ⓢ 참외 장수는 사촌이 지나가도 못 본 척한다. [한국]
  : 가까운 친척이라도 이해관계를 먼저 생각하게 마련이다.

ⓢ 형제들이지만 주머니는 자매가 아니다.
  (親兄弟, 明算帳.)
  (Though they are brothers, their pockets are not sisters.)
  [중국, 영국, 미국]

ⓢ 부부는 일체이지만 지갑은 다르다. [이스라엘]

ⓢ 돈은 계산을 좋아한다. [러시아]

ⓢ 사랑할 때는 형제와 같이, 계산할 때는 적과 같이. [모로코]

ⓢ 돈을 버는 것은 머리 좋은 것과는 별개다. [콩고]

6. 돈은 앉아서 주고 서서 받는다.

: 돈이란 참 묘해서 돈을 빌려줄 때는 편하게 주지만 돌려받을 때는 무척 고생한다는 뜻.

비슷한 속담

ⵖ 내 칼도 남의 칼집에 들어가면 찾기 어렵다. [한국]
: 자기 돈도 남의 수중에 들어가면 제 마음대로 할 수 없다.

ⵖ 앉아서 준 돈 서서도 못 받는다. [한국]
: 남에게 빚을 주면 돌려받지 못하는 경우가 많다.

ⵖ 남의 집에 네 음식이 있어도 네 배는 고프다. [러시아]
: 내 재산이라도 남의 수중에 있으면 내 마음대로 못 쓴다.

ⵖ 빌려준 돈이 웃으며 돌아오는 일은 거의 없다.
(Seldom cometh loan laughing home.) [영국, 미국]

ⵖ 손으로 주고 발로 찾는다. [핀란드]
: 빌려줄 때는 거리낌 없이 주어도 받을 때는 고생한다.

ⵖ 이미 먹어버린 빵값은 받아내기 어렵다. [덴마크]
: 남에게 돈을 빌려주면 돌려받기가 힘들다.

ⵖ 빌리러 갈 때는 하느님, 갚을 때는 악마. [프랑스]
: 돈을 빌릴 때와 돌려줄 때의 마음이 다르다.

ⵖ 내 물건이 남의 손에 들어가면 귀찮은 일의 시작. [소말리아]
: 남에게 빌려준 것을 받으려면 수고로운 일이 많이 생긴다.

7. 돈을 벌면 없던 일가도 생긴다.

: 부자가 되면 모르는 척 외면하던 친척들도 모여든다는 뜻.

비슷한 속담

⚸ 내 돈이 있어야 세상인심도 좋다. [한국]

: 내가 돈이 많으면 남들도 대우를 잘 해주고 따른다.

⚸ 돈 없으면 적막강산이요 돈 있으면 금수강산이다. [한국]

: 돈이 없으면 처량하지만 돈이 넉넉하면 삶이 즐겁다.

⚸ 가난할 때는 번화가에 있어도 보러 오는 사람이 없고 부유할 때
는 산중에 살아도 먼 친척이 찾아온다.

(貧在鬧市無人問, 富在深山有遠親.) [중국]

: 돈이 많으면 저절로 사람들이 찾아와 문전성시를 이룬다.

⚸ 부잣집 대문 앞에는 효자가 많다.

(財主門前孝子多.) [중국]

: 부자에게는 문안을 드리러 오는 사람이 많다.

⚸ 돈이 있으면 숙부의 조카이고 돈이 없으면 숙부의 몸종이다.

[티베트]

: 돈이 많으면 일가친척들도 잘 대접해준다.

⚸ 은이 있으면 아우라 하고 금이 있으면 형이라 한다. [태국]

: 돈이 많을수록 아첨꾼들이 많아진다.

⚸ 돈이 있는 동안은 친구가 많다. [필리핀]

: 돈이 많으면 부르지 않아도 찾아오는 친구가 많다.

8. 돈 있는 집 도련님은 다 똑똑하다고 한다.

: 돈 있는 사람에게는 아부하는 사람들이 많다는 뜻.

비슷한 속담

🔥 부자가 많이 먹으면 식복이 있어서 잘 산다고 하고 없는 놈이 많이 먹으면 많이 먹어서 못산다고 한다. [한국]

: 부자에게는 무슨 일이든 좋게 해석하고 가난한 사람의 일은 다 나쁘게만 본다.

🔥 돈 있는 사람의 거짓말은 참말이 되지만 돈 없는 사람은 참말도 거짓말이 된다.

(有錢人的假話是眞言, 無錢人的眞言成假話.) [중국]

🔥 돈이 있으면 슬픔은 없다. [아프가니스탄]

: 돈이 많으면 사람들이 스스로 찾아와 즐겁게 해준다.

🔥 부자가 넘어지면 재난이라고 말하고 가난한 자가 넘어지면 술에 취했다고 한다. [터키]

🔥 부자의 농담은 언제나 재미있다.

(A rich man's joke is always funny.) [영국, 미국]

: 돈 있는 사람에게는 누구나 알랑거린다.

🔥 돈이 없으면 사람도 아니다. [이탈리아]

: 돈이 없으면 사람대접도 제대로 받지 못한다.

🔥 가난한 집 장난꾸러기는 무례하다고 하고 부잣집 무례한 아이는 장난꾸러기라고 한다. [에티오피아]

9. 천석꾼은 천 가지 걱정이 있고 만석꾼은 만 가지 걱정이 있다.
: 재산이 많으면 그만큼 걱정도 많다는 뜻.

비슷한 속담

💧 돈 있는 곳에 바람 잘 날 없다. [한국]
: 돈이 있는 곳에는 이런 일 저런 일이 끊이지 않는다.

💧 지붕이 넓으면 쌓이는 눈도 많다. [이란]
: 수입이 많아지면 지출도 늘어나서 고민도 그만큼 많아진다.

💧 없음은 한 번의 불행, 있음은 천 번의 불행. [네팔]
: 돈이 많아질수록 하지 않아도 될 고민거리가 생긴다.

💧 풍부는 빈곤을 낳는다.
(Plenty makes poor.) [영국, 미국]
: 재산이 많을수록 더 바라기 때문에 돈 걱정을 더 한다.

💧 부자는 불행한 사람이다.
(A rich man, and a miserable.) [영국, 미국, 프랑스]
: 부자는 재산을 불리고 지키기 위해서 마음고생이 많다.

💧 돈이 많을수록 걱정도 많다.
(Much coin, much care.) [영국, 미국, 독일]
: 돈이 많으면 관리하고 지키는데 신경 쓰는 일이 많다.

💧 큰 배에는 큰 조심. [스페인]
: 부자일수록 가진 재산을 유지하기 위해 마음 편할 날이 없다.

10. 흰 술은 사람의 얼굴을 붉게 하고 황금은 사람의 마음을 검게 한다.
: 사람에게 나쁜 마음이 생기는 것은 항상 돈 때문이라는 뜻.

비슷한 속담

⚘ 돈에 눈이 어두우면 부모 형제도 안 보인다. [한국]
: 돈에 정신이 팔리면 가정과 가족에게는 관심도 없다.

⚘ 돈에 미치면 죽는 줄도 모른다. [한국]
: 돈에 대한 욕심이 지나치면 죽는 곳에도 뛰어들게 된다.

⚘ 눈처럼 하얀 은이 사람의 마음을 검게 한다. [티베트]
: 돈은 사람을 유혹하여 악한 마음을 갖게 한다.

⚘ 오물과 돈은 함께 간다.
(Muck and money go together.) [영국, 미국]
: 돈에는 부정과 부패가 따른다.

⚘ 부자의 돈은 그 자신의 목을 매는 일이 잦다.
(A rich man's money hangs him oftentimes.)

[영국, 미국, 프랑스, 독일]
: 돈을 노리는 자들 때문에 돈이 많으면 몸을 망치는 수가 있다.

⚘ 돈은 많은 사람을 원숭이로 만든다. [아이슬란드]
: 사람들이 돈에 눈이 멀어 어리석은 짓을 많이 한다.

⚘ 황금은 차갑지만 사람을 뜨겁게 한다. [리투아니아]
: 돈 때문에 인간들은 서로 다투고 추태를 부린다.

02 | 욕심, 뇌물

11. 가진 놈이 더 가지려 한다.
: 재산이 있는 사람이 더 많은 재산을 모으려고 욕심을 부린다는 뜻.

비슷한 속담

⚮ 노랑 병아리는 다 제것이라고 한다. [한국]
: 지나친 욕심쟁이다.

⚮ 딸의 굿에 가도 자루 아홉은 가지고 간다. [한국]
: 아무리 남을 위하여 하는 일이라도 제 이익은 다 챙긴다.

⚮ 말 타면 경마 잡히고 싶다. [한국]
: 한 가지를 이루면 다음에는 더 큰 것을 이루려 한다.

⚮ 아흔아홉 섬 가진 사람이 한 섬 가진 사람의 것을 마저 빼앗으려 한다. [한국]
: 자기 재산 늘리는 데 어려운 사람의 형편은 관심 없다.

⚮ 좁쌀 한 섬 두고 흉년 들기를 기다린다. [한국]
: 남의 고통은 생각하지 않고 제 욕심만 채우려 한다.

⚮ 콩 반쪽이라도 남의 것이라면 손 내민다. [한국]
: 남의 것이라면 무엇이나 탐내어 치사한 짓을 한다.

⚮ 그릇 속의 밥을 먹으면서 솥을 본다.
(吃着碗里, 看着鍋里.) [중국]
: 더 가지려 욕심을 부린다.

⚓ 떡 주면 고물 조른다. [일본]
　　: 가지면 기질수록 더 바란다.

 ⚓ 천 석(石)을 가지면 만 석이 부럽다. [일본]

 ⚓ 욕심은 꼭대기가 없다. [일본]

 ⚓ 강이 열 모여도 바다에 미치지 못한다. [캄보디아]
　　: 사람의 욕심은 끝이 없어 이를 채우기가 어렵다.

 ⚓ 개에게서 뼈다귀를 빌린다. [카자흐스탄]
　　: 가난한 자에게서 하찮은 것까지도 얻으려 한다.

 ⚓ 물고기는 한층 깊은 곳을 원하고 사람은 좀 더 나은 생활을 원한
　　다. [러시아]
　　: 사람은 현실에 만족하지 않고 더 잘살려고 욕심을 부린다.

 ⚓ 자기 고기는 감추고 더 찾는다.
　　(He hides his meat and seeks more.) [영국, 미국]

 ⚓ 눈은 배보다 크다.
　　(The eye is bigger than the belly.) [영국, 미국]
　　: 충분히 가졌는데도 부족함을 느낀다.

 ⚓ 욕심은 항상 밑 빠진 그릇 채우기다.
　　(Covetousness is always filling a bottomless vessel.) [영국, 미국]

 ⚓ 많이 가진 자는 많으나 충분히 가진 자는 없다. [네덜란드]

 ⚓ 낭비하는 사람은 미래의 거지이고 욕심 많은 사람은 영원한 거지
　　이다. [폴란드]

 ⚓ 거지의 동냥자루는 결코 가득 차지 않는다. [그리스]

12. 남의 밥에 든 콩이 굵어 보인다.

: 남의 것이 더 좋아 보여 욕심을 낸다는 뜻.

비슷한 속담

◊ 남의 닭이 봉으로 보인다. [한국, 러시아]
  : 제 것보다 남의 것이 더 좋아 보인다.

◊ 나의 것은 겨우 일곱 개, 너의 것은 일곱 개씩이나. [몽골]

◊ 남의 송아지는 황소처럼 보이고 나의 송아지는 양 새끼처럼 보인다. [몽골]

◊ 남의 빵은 맛이 좋다. [일본, 독일, 덴마크, 노르웨이, 불가리아]

◊ 이웃집에는 햇볕도 잘 든다. [이란]

◊ 이웃집 암탉은 거위처럼 보인다. [우즈베키스탄, 터키, 스페인]

◊ 이웃 양은 우리 집 것보다 젖이 더 많이 난다.
  (My neighbor's goat gives more milk than mine.) [영국, 미국]

◊ 덤 건너편의 사과가 가장 달다.
  (The apples on the other side the wall are the sweetest.)
  [영국, 미국]

◊ 울타리 너머 잔디가 더 푸르다. [핀란드]

◊ 옆집 포도는 우리 집 포도보다 달아 보인다. [프랑스]

13. 떼꿩에 매 놓기.
: 꿩이 떼를 지어 모인 곳에 매를 풀어 놓으면 그 매가 어느 것을 잡아야 할지 몰라 결국은 한 마리도 잡지 못한다는 말로, 한꺼번에 많은 이득을 바라다가는 오히려 아무것도 얻지 못한다는 뜻.

(비슷한 속담)

◊ 모두 다 쥐면 모두 다 놓친다.
 (Grasp all, lose all.) [영국, 미국]
 : 욕심을 부려 모든 일을 한꺼번에 다루다가는 다 망친다.

◊ 모든 것을 바라는 자는 아무것도 얻지 못한다.
 (He who wants everything, loses all.) [영국, 미국, 탄자니아]

◊ 많은 일을 시작하면 완성하는 일이 드물다.
 (He who commences many things finishes but few.) [영국, 미국]

◊ 너무 움켜쥐는 것은 잘못 움켜잡는 것이다. [프랑스]
 : 동시에 많은 일을 꾀하다 보면 제대로 되는 것이 하나도 없다.

◊ 크게 안으려는 자는 꽉 안지 못한다. [스페인]
 : 너무 욕심을 부리면 실패하기 쉽다.

◊ 한 번에 많은 토끼를 쫓는 개는 한 마리도 못 잡는다.
[스페인, 그리스]

◊ 많은 것을 껴안은 자는 제대로 가질 수 없다. [콜롬비아]
 : 많은 일을 한꺼번에 하려고 하면 하나도 얻기 어렵다.

14. 물동이 이고 하늘 보기.

: 물동이를 머리에 이고 하늘을 볼 수 없듯이 동시에 두 가지 이득을 취하려 무리한 욕심을 부리면 하나도 얻을 수 없다는 뜻.

(비슷한 속담)

🔥 토끼 둘을 잡으려다가 하나도 못 잡는다.
   (If you run after two hares, you will catch neither.)
                          [한국, 일본, 러시아, 터키, 영국, 미국, 프랑스, 독일]
   : 한꺼번에 두 가지를 다 원하면 하나도 갖지 못한다.

🔥 한 손으로 개구리 두 마리를 잡으려 하지 마라. [티베트]
   : 정도에 지나치면 오히려 일을 그르친다.

🔥 양손으로 각기 다른 물고기를 잡지 마라. [라오스]
   : 이것저것 다 얻으려다 결국 아무것도 얻지 못한다.

🔥 한 번에 두 마리의 말을 탈 수 없다. [필리핀]

🔥 한 손으로 두 개의 수박을 들 수는 없다. [아프가니스탄, 이란]

🔥 두 개의 보트를 붙잡은 자는 물에 빠진다. [카자흐스탄]

🔥 두 의자에 앉으면 엉덩방아 찧는다.
   (Between two stools you fall to the ground.) [영국, 미국]
   : 동시에 두 가지 이득을 차지하려는 자는 낭패를 당한다.

🔥 두 다리가 있어도 두 나무에는 못 오른다. [에티오피아]
   : 두 가지 일을 동시에 이룰 수는 없다.

15. 산돼지를 잡으려다가 집돼지까지 잃는다.

: 더 가지려고 욕심을 부리다 이미 가진 것까지 잃는다는 뜻.

비슷한 속담

🌢 가는 토끼 잡으려다 잡은 토끼 놓친다. [한국]
: 너무 욕심을 부리다 이미 이루어 놓은 일까지 실패로 돌아간다.

🌢 달아나는 노루보고 얻은 토끼 놓았다. [한국]
: 더 좋은 것을 탐내다가 이미 손에 든 것까지 잃는다.

🌢 욕심 많은 놈이 참외 버리고 호박 고른다. [한국]
: 너무 욕심을 부리다가 도리어 손해를 보게 된다.

🌢 반을 버리고 전부를 쫓으면 반마저 놓친다. [파키스탄]
: 지나치게 욕심을 부리면 본전도 못 찾는다.

🌢 산 위의 여우를 보고 검은 새끼 양 가죽의 모자를 던진다.

[러시아]

: 현재의 확실한 이익을 포기하는 어리석은 짓을 한다.

🌢 내 손안에 있는 한 마리 새가 숲속의 두 마리보다 낫다.
(A bird in the hand worth two in the bush.) [영국, 미국]

🌢 지금 갖고 있는 것은 갖게 될지 모르는 것보다 낫다. [독일]
: 현재에 만족하는 것이 좋다.

🌢 확실한 것을 버리고 바람을 쫓는다. [튀니지]
: 불확실한 이익을 위해 허황한 짓을 한다.

16. 야윈 말이 짐 탐한다.

: 제격에 어울리지 않게 더 많은 것을 가지려고 욕심을 낸다는 뜻.

비슷한 속담

⑥ 늙은 말이 콩 더 달란다. [한국]
  : 남처럼 일은 못하면서 명예와 보수는 더 많이 기대한다.

⑥ 뱀이 코끼리를 삼키려고 욕심을 부리듯.
  (人心不足蛇呑象.) [중국]
  : 자기 능력에 걸맞지 않게 지나친 욕심을 부린다.

⑥ 너무 많으면 자루가 찢어진다.
  (Too much breaks the bag.) [영국, 미국, 스페인, 콜롬비아]
  : 지나치게 욕심을 부리다 오히려 손해를 보게 된다.

⑥ 씹을 수 없을 정도로 많은 음식을 입에 넣지 마라.
  (Don't bite off more than you can chew.) [영국, 미국]
  : 항상 제 능력을 생각하면서 처신하는 것이 좋다.

⑥ 탐욕은 결코 나이 들지 않는 유일한 열정이다.
  (Avarice is the only passion that never ages.) [영국, 미국]
  : 나이가 들면 다른 것은 약해지지만 욕망은 더 강하다.

⑥ 집 짓고 파산. [스페인]
  : 자기 형편에 맞지 않게 무리한 욕심을 부리면 실패하기 쉽다.

⑥ 고양이조차도 신발을 탐낸다. [니카라과]
  : 자신의 재능보다 더 높은 지위를 바란다.

17. 욕심이 사람 죽인다.

: 욕심이 너무 지나치면 사리를 분별하지 못하고 위태로운 일까지 거리낌 없이 하게 되어 결국은 제 몸을 망치게 된다는 뜻.

비슷한 속담

👍 허욕이 패가라. [한국]
: 욕심을 부려 헛된 횡재만 바라다가는 반드시 패가망신한다.

👍 사마귀는 매미를 잡으려고 하는데 황새가 그 뒤에 있다.
(螳螂捕蟬, 黃雀在後.) [중국]
: 눈앞의 이익만 탐내고 뒷날의 우환을 생각하지 않는다.

👍 사람은 재물 때문에 죽고 새는 먹이 때문에 죽는다.
(人爲財死, 鳥爲食亡.) [중국]

👍 욕심 많은 매는 발톱이 찢어지는 줄도 모른다. [일본]

👍 단 꿀은 파리를 죽인다. [베트남]
: 재물에 눈이 어두워 욕심이 지나치면 결국 몸을 망친다.

👍 살찐 양의 목숨은 짧다. [우즈베키스탄]
: 지나치게 욕심을 부려 부자가 되면 반드시 화를 당한다.

👍 물고기는 입 때문에 죽는다. [스리랑카]

👍 탐욕에는 죽음이 안 보인다. [소말리아]
: 탐욕스러운 자는 그것이 자신을 망치게 하는 원인이 된다는 것을 모른다.

18. 코 아래 진상이 제일이지.

: 남의 환심을 사려면 돈이나 물건을 주는 것이 효과적이라는 뜻.

비슷한 속담

- 기름 먹인 가죽이 부드럽다. [한국]
  : 뇌물을 써서 두루 통해 놓으면 일이 순조롭게 된다.

- 진상(進上) 되물림 없다. [한국]
  : 갖다 바쳐서 싫어하는 사람은 없다.

- 남의 것을 얻어먹으면 입이 약해지고 남의 선물을 받으면 손이 짧아진다.
  (吃了人家的嘴軟, 拿了人家的手短.) [중국]
  : 뇌물을 받으면 마음이 약해져 일 처리에 구속을 받게 된다.

- 소매 밑. [일본]
  : 뇌물을 은밀하게 건네준다.

- 뇌물에는 맹세를 잊어버린다. [일본]
  : 뇌물을 받게 되면 자신의 본분을 망각하고 배신한다.

- 개에게 뼈를 던져주어라.
  (Fling the dog a bone.) [영국, 미국]
  : 뇌물을 주어 상대방을 매수한다.

- 5만 페소의 대포에 저항할 수 있는 장군이 없다. [멕시코]
  : 지위가 높은 사람이나 청렴결백을 강조하는 사람도 뇌물에는 약해질 수 있다.

> 19. 기와 한 장 아끼다가 대들보 썩힌다.
>
> : 조그마한 것을 아끼다가 오히려 큰 손해를 본다는 뜻.

(비슷한 속담)

 ⚲ 좁쌀만큼 아끼다가 담 돌만큼 해 본다. [한국]
: 미리 쓰는 적은 돈이 아까워 내버려 두었다가 나중에 더 큰 손해를 본다.

 ⚲ 소금 한줌 아끼려다 간장 한 독 다 버린다.
(省了一把鹽, 酸了一缸醬.) [중국]

 ⚲ 한 푼 아까워하는 사람 백을 모른다. [일본]

 ⚲ 한줌의 소금이 아까워서 한 마리의 물소를 썩힌다. [인도네시아]

 ⚲ 페니에는 영리하고 파운드에는 어리석다.
(Penny wise and pound foolish.) [영국, 미국]
: 작은 이익에는 악착같은데 오히려 큰 이익에는 허술하다.

 ⚲ 몇 푼 타르 값을 아끼다가 배를 망친다.
(To spoil the ship for half penny worth of tar.) [영국, 미국]

 ⚲ 계란 한 개를 아끼다가 팬케이크(pancake)를 망친다. [벨기에]

 ⚲ 못 하나 아끼다가 말편자를 잃는다. [몰타]
: 작은 것을 아끼다가 큰 것을 망가뜨린다.

20. 콩 볶아 먹다가 가마솥 깨뜨린다.

: 작은 이익을 챙기려고 하다가 큰일을 저지른다는 뜻.

비슷한 속담

💧 남의 고기 한 점 먹고 내 고기 열 점 준다. [한국]
: 작은 이익을 탐내다가 더 큰 손해를 본다.

💧 손톱 곪는 줄은 알아도 염통 곪는 줄은 모른다. [한국]
: 눈앞의 사소한 이익에는 밝아도 당장 나타나지 않는 큰 손해는 깨닫지 못한다.

💧 한 냥짜리 굿하다가 백 냥짜리 징 깨뜨린다. [한국]
: 작은 이익을 보려다가 오히려 큰 손해를 본다.

💧 참깨 하나 주우려다 수박을 잃어버렸다.
(撿了芝麻, 丟了西瓜.) [중국]

💧 양털을 얻으러 갔다가 털을 깎이고 돌아온다.
(Many go out for wool and come home shorn.)
[영국, 미국, 독일, 스페인, 포르투갈, 이탈리아]

💧 달걀 잡느라 오리알 내놓는다. [네덜란드]
: 작은 것을 얻으려다 더 큰 것을 잃는다.

💧 나무를 넘어뜨려 열매를 따먹지 마라. [프랑스]
: 작은 이익에 눈이 어두워지면 앞날을 크게 그르친다.

💧 양털을 깎되 가죽까지 벗겨서는 안 된다. [루마니아]

04 | 이기심, 인색

21. 같이 우물 파고 혼자 먹는다.
: 노력은 함께하고 이득은 저 혼자 차지한다는 뜻.

비슷한 속담

⚘ 제 논에 물 대기.
 (肥水不落外人田.) [한국, 중국]
 : 남의 사정은 봐주지 않고 자기에게만 이롭게 일을 한다.

⚘ 제 앞에 큰 감 놓는다.
 (Every rakes the fire under his own pot.) [한국, 영국, 미국]
 : 여럿이 하는 일에서 제 욕심만 채우려 한다.

⚘ 사람은 저마다 자기 물레방아에 물을 끌어들인다.
 (Every man miller draws water to his mill.) [영국, 미국]

⚘ 구둣방 사람들이 미사에 가면 양이 죽기만을 기원한다. [스페인]
 : 구둣방을 하는 사람은 양이 많이 죽어 가죽값이 싸지기만을 바라는 것
 처럼 누구나 어떤 경우에도 제 이익을 먼저 생각한다.

⚘ 근처에 불이 나면 우리 집에 물을 뿌려라. [이탈리아, 세르비아]
 : 자기 이익부터 챙긴다.

⚘ 병아리는 모이를 발견하면 무리를 벗어난다. [세네갈]
 : 제 손에 들어온 것은 저 혼자 독차지하려고 한다.

22. 남의 염병이 내 고뿔만 못하다.
: 남의 큰 불행보다도 사소한 제 걱정이 더 절실하다는 뜻.

비슷한 속담

✆ 남의 일은 오뉴월에도 손이 시리다. [한국]
: 이득이 없이 남의 일을 도와주는 데는 쉬운 일도 하기 싫다.

✆ 제 앞에 안 떨어지는 불은 뜨거운 줄 모른다. [한국]
: 제가 직접 당하고 실제로 겪지 않으면 남이 아무리 어렵고 괴로운 일을 당해도 못 느낀다.

✆ 싸움과 화재는 클수록 좋다. [일본]
: 자기와 상관없는 일을 구경하기에는 사건이 클수록 흥미를 느끼듯이 사람은 극히 이기적이고 박정(薄情)하다.

✆ 남의 불행은 눈보다 차갑다. [아프가니스탄]
: 남의 불행에 대해서는 냉정하다.

✆ 남의 집 시체는 자고 있는 것처럼 보인다. [아르메니아]
: 남의 슬픔은 나와 관계없는 일처럼 느낀다.

✆ 남의 불행은 울타리의 막대기. [러시아]
: 남의 불행은 울타리에 있는 막대기처럼 나에게 아무런 영향을 미칠 수 없는 것으로 여긴다.

✆ 남의 불행은 꿈에 불과하다. [프랑스]

✆ 남의 상처는 아프지 않다. [세르비아]
: 남의 어려움이나 고통에 대해서는 태연하다.

23. 상전 제 배부르면 종 배고픈 줄 모른다.

: 권세 있고 잘 사는 사람들은 제 배가 불러 있으니 모두 저와 같은 줄 알고 남의 어려운 사정을 몰라준다는 뜻.

비슷한 속담

6 개구리가 올챙이 적 생각 못한다. [한국]
  : 형편이 좋아진 사람이 지난날 어렵던 때 생각을 않는다.

6 거지가 밥술이나 먹게 되면 거지 밥 한술 안 준다. [한국]
  : 가난하게 살던 자가 형편이 좀 나아지면 더 인색하다.

6 가난한 자는 손발이 검지만 부자는 마음이 검다.
  (窮人手脚黑, 富人心眼黑.) [중국]
  : 부자는 가난한 사람들에게 베풀지 않는다.

6 부자는 인자하지 않고 인자한 사람은 부자가 못된다.
  (爲富不仁, 爲仁不富.) [중국]
  : 부자들은 인색하다.

6 부자는 가난한 자를 불쌍히 여기지 않는다. [러시아]

6 가진 자는 안 가진 자를 이해하지 않는다. [아일랜드]

6 강한 자가 약한 자에게 성실한 적은 없다. [프랑스]
  : 잘 사는 사람들은 자기들 외에는 관심이 없다.

6 자신이 따뜻하면 다른 사람들도 다 그런 줄 안다. [독일]

6 남의 고통을 제 고통처럼 아는 자는 드물다. [스페인]

24. 쉰밥 고양이 주기 아깝다.

: 자기에게는 불필요한 것도 남에게 주기는 싫어한다는 뜻.

비슷한 속담

🔥 나그네 먹던 김칫국도 먹자니 더럽고 남 주자니 아깝다.
  (自己吃怕牙痛, 送給別人又心痛.) [한국, 중국]
  : 자신은 그다지 갖고 싶지 않아도 남에게 주기는 싫다.

🔥 부자와 재떨이는 쌓일수록 더럽다. [한국, 일본]
  : 부자는 재산이 많아질수록 그 마음은 더 추해진다.

🔥 이미를 찔러도 피 한 방을 안 나겠다.
  (He will shave a whetstone.) [한국, 영국, 미국]

🔥 찬밥 두고 잠 아니 온다. [한국]
  : 대단치 않은 것에 미련을 두고 단념하지 못한다.

🔥 부자는 결코 친척을 달가워하지 않는다. [몽골]

🔥 인색함은 마음을 메마르게 한다. [프랑스]
  : 어렵게 돈을 모은 사람은 남을 도와줄 줄 모른다.

🔥 수전노와 돼지는 죽어서야 비로소 도움이 된다. [프랑스, 독일]
  : 수전노(守錢奴)와 돼지는 살아 있을 때는 아무 도움이 안 되고 죽은 다음에야 사람들을 위해 나누어져 도움이 된다.

🔥 개는 제가 얻은 뼈를 물어뜯지 않아도 다른 개에게는 주지 않는다. [폴란드]

02

억압, 착취

01 | 강자와 약자

1. 고래 싸움에 새우 등 터진다.
: 강자끼리 다투는 사이에서 약자가 공연히 끼어 해를 입는다는 뜻.

비슷한 속담

ᕱ 애꿎은 두꺼비 돌에 맞다. [한국]
: 남의 싸움에 끼어 잘못한 것도 없이 뜻밖의 화를 당한다.

ᕱ 절구 굴리는데 애매한 개구리만 죽는다. [한국]
: 자기와 아무런 관련이 없는 엉뚱한 일에 화를 당한다.

ᕱ 용과 호랑이가 싸워서 물고기가 수난을 당한다.
(龍虎相鬪, 池魚遭殃.) [중국]

ᕱ 코끼리가 싸우면 사슴이 끼어 죽는다. [인도네시아, 말레이시아]

ᕱ 말들이 서로 발길질하는 틈에 낀 당나귀는 차여 죽는다. [터키]

ᕱ 부자와 싸우지 말며 뿔 있는 자를 덮치지 마라. [불가리아]
: 힘이 미치지 못하는 상대에게는 저항하지 마라.

ᕱ 바다와 모래밭이 싸워서 손해 보는 것은 게뿐. [브라질]

ᕱ 코끼리가 싸우면 풀이 상한다. [탄자니아]

ᕱ 계란은 돌과 씨름할 수 없다. [세네갈]

2. 독 틈에 탕관(湯罐).

: 작은 약탕관이 큰 독 틈에 끼었다는 말로, 약자가 강자 사이에 끼어 고초를 겪는다는 뜻.

비슷한 속담

6 두부는 칼 앞에서 어쩔 수 없다.
　(豆腐頂不了刀.) [중국]

6 적은 물은 화재를 감당하지 못한다. [태국]
　: 힘이 모자라면 경쟁에서 밀린다.

6 주전자가 돌을 치든, 돌이 주전자를 치든 손해 보는 것은 주전자.
　(Whether the pitcher strikes the stone, or stone the pitcher, it is
　　bad for the pitcher.) [영국, 미국]
　: 싸움이 벌어지면 손해 보는 것은 약자뿐이다.

6 가장 작은 소년이 항상 가장 큰 바이올린을 옮긴다.
　(The least boy always carries the greatest fiddle.) [영국, 미국]
　: 세상은 약한 자가 불리하고 고통을 겪게 마련이다.

6 가장 약한 자가 십자가를 짊어지지 않으면 안 된다. [독일]

6 주인이 돈을 세도록 가난한 자들은 촛불을 켠다. [불가리아]
　: 가난한 자들은 돈과 권세 앞에서 힘들게 살아간다.

6 평민은 진실을 말하기보다 무사함을 택한다. [부르키나파소]
　: 강한 힘 앞에서는 의협심보다 안전을 원한다.

6 환자에게 죽 맛을 묻지 않는다. [케냐]
　: 입장이 약해지면 선택의 여지가 없다.

3. 지렁이도 밟으면 꿈틀한다.

: 아무리 순하고 미천한 사람이라도 상대방이 너무 업신여기면 가만있지 않는다는 뜻.

비슷한 속담

᭰ 쥐도 궁지에 몰리면 고양이를 문다.
   (A baited cat may grow as fierce as a lion.) [한국, 영국, 미국]
   : 약한 사람도 급박한 상황에 몰리면 필사적으로 반격한다.

᭰ 참새가 죽어도 짹 한다. [한국]
   : 아무리 약한 사람이라도 너무 괴롭히면 대항한다.

᭰ 벌레도 머리를 밟으면 꼬리가 움직인다. [몽골]
   : 하찮은 사람이라도 무시를 당하면 반항한다.

᭰ 여윈 팔에도 뼈. [일본]
   : 약하고 가난한 사람에게도 자존심과 기개(氣槪)가 있다.

᭰ 멸치 새끼 이 갈기. [일본]
   : 힘이 모자라는 사람은 장난에도 흥분한다.

᭰ 파리도 비장이 있고 개미도 쓸개가 있다.
   (The fly has her spleen and the ant has her gall.) [영국, 미국]

᭰ 달팽이도 밟으면 뿔을 내민다.
   (Tramp on a snail, and she will shoot out her horns.) [영국, 미국]

᭰ 작은 개미도 밟으면 문다. [루마니아]
   : 작고 약한 것일지라도 무시당하면 저항한다.

02 | 착취, 강요

4. 모기 다리에서 피 뽑는다.
: 작은 이익을 얻으려 약한 사람을 부당한 수단으로 착취한다는 뜻.

비슷한 속담

🔥 마른 나무에 물 내기. [한국]
: 없는 것을 억지로 짜내려 한다.
: 있을 수 없는 불가능한 일을 억지로 짜 맞추려 한다.

🔥 벼룩의 간을 내어 먹는다.
(Skin a flea for its hide.) [한국, 일본, 영국, 미국]
: 극히 적은 이익인데도 부당한 수단을 써서 억지로 얻으려 한다.

🔥 소리개 까치집 뺏듯. [한국]
: 갑자기 남의 것을 강제로 빼앗는다.

🔥 참새 정강이에서 피를 짜내듯. [일본]

🔥 코끼리 다리가 새 주둥이를 밟는다. [라오스]
: 권력 있는 사람이 약한 사람을 핍박하고 착취한다.

🔥 흰 손은 남의 일을 좋아한다. [러시아]
: 흰 손은 귀족을 의미하는 말로, 권세 있는 자가 농민들의 노고를 착취한다.

🔥 강한 것과 잘못에는 논리나 법이 안 통한다. [프랑스]

5. 평안감사(平安監司)도 저 싫으면 그만이다.
: 아무리 좋은 일이라도 당사자가 싫다면 억지로 시킬 수 없다는 뜻.

비슷한 속담

6 말이 물을 마시지 않겠다면 억지로 머리를 누르지 마라.
(馬兒不飮水, 不要硬壓頭.) [중국]
: 좋은 일도 본인이 원하지 않으면 무리하게 강요하지 마라.

6 자기가 원하지 아니하는 바를 남에게 베풀지 마라.
(己所不欲, 物施于人.) [중국, 일본, 프랑스, 스페인]
: 자기는 하기 싫은 것은 다른 사람도 하기 싫은 것이다.

6 원숭이가 춤추는 것은 몽둥이 탓. [인도]
: 협박이나 강요에 의해서 마음에 없는 일을 한다.

6 말을 물가까지 데려갈 수는 있어도 억지로 물을 마시게 할 수는 없다.
(You may take a horse to the water, but you can't make him drink.) [영국, 미국]
: 방향을 제시해 줄 수는 있어도 행동을 강요해서는 안 된다.

6 목마르지 않은 당나귀에게 물을 먹일 수는 없다. [프랑스]

6 물과 조언은 상대방이 원할 때만 해주어라. [베네수엘라]

6 언덕길을 오르는 말과 술자리 친구에게는 무리하게 강요하지 마라. [콜롬비아]
: 누구에게나 그의 의사를 존중하고 배려하여야 한다.

03

자업자득(自業自得)

> ### 1. 구름 없는 하늘에서 비가 올까.
> : 원인 없이 결과가 있을 수 없다는 뜻.

비슷한 속담

🖐 드는 돌에 낯 붉는다. [한국]
: 무거운 돌을 들면 힘이 들어 얼굴이 붉어지는 것과 같이 무슨 일이나 결과에는 그럴만한 원인이 있다.

🖐 소금 먹은 쥐가 물로 간다. [한국]
: 무슨 일이든지 거기에는 반드시 그렇게 된 까닭이 있다.

🖐 아니 땐 굴뚝에 연기 날까.
(No smoke without fire.) [한국, 베트남, 러시아, 영국, 미국, 독일]
: 원인 없는 결과는 있을 수 없다.
: 실제 어떤 일이 있기 때문에 그런 소문이 난다.

🖐 바람이 불지 않으면 나무가 움직이지 않고 배가 움직이지 않으면 물이 흐려지지 않는다.
(風不來木不動, 船不搖水不渾.) [중국]

🖐 아니 친 종은 울리지 않는다. [일본]

🖐 무(無)에서 유(有)가 생기지 않는다. [독일]
: 아무것도 하지 않으면 아무 일도 일어나지 않는다.

2. 썩은 고기에 벌레 난다.

: 좋지 못한 일이 있으면 반드시 좋지 않은 결과가 따른다는 뜻.

비슷한 속담

◌ 쉬 더운 방이 쉬 식는다.
 (Soon hot, soon cold.) [한국, 영국, 미국]
 : 쉽게 이룬 것은 변변치 못하여 오래가지 않는다

◌ 여물 많이 먹은 소 똥 눌 때 알아본다. [한국]
 : 행한 일이나 저지른 잘못은 반드시 드러나게 된다.

◌ 굽은 가지에 굽은 그림자가 생긴다. [일본]
 : 나쁜 결과는 다 나쁜 원인에서 생긴다.

◌ 동물의 시체가 있으면 독수리가 있을 것이다. [말레이시아]
 : 어떤 상황을 보고 그 일의 원인을 판단할 수 있다.

◌ 주위에 파리가 많다면 거기에는 똥도 있기 마련이다. [터키]

◌ 타지 않으면 떨어지지 않는다.
 (Never rode, never fell.) [영국, 미국]
 : 말이나 오토바이 등을 타다 무리하여 사고가 생기듯이 무슨 일이든 실
 패에는 그럴만한 원인이 있다.

◌ 반점이 없다면 그 소를 얼룩소라 하지 않는다. [네덜란드]
 : 사람이 악평을 듣는 것은 그만한 까닭이 있기 때문이다.

◌ 불 있던 곳에 재는 남는다. [베네수엘라]
 : 그러한 원인이 있기 때문에 그러한 결과가 생긴다.

3. 왕대밭에 왕대 나고 쑥대밭에 쑥대 난다.

: 자식은 그 어버이를 크게 닮게 마련이라는 뜻.
: 큰 사람 밑에 큰 사람 나고 못난 사람 밑에 못난 사람이 난다는 뜻.

(비슷한 속담)

◊ 맑은 샘에서 맑은 물 나온다. [한국]
  : 근본이 좋아야 훌륭한 후손이 나온다.

◊ 호랑이 아비에 개자식은 없다.
  (虎父無犬子.) [중국]
  : 훌륭한 아버지에 못난 아들은 없다.

◊ 흰 것을 심으면 흰 것이 나고 검은 것을 심으면 검은 것이 난다.
  [티베트]

◊ 개구리 새끼는 개구리. [일본]
  : 자식은 부모를 닮아 부모가 걸어온 길을 걷는다.

◊ 어미가 얼룩얼룩하면 새끼도 얼룩얼룩하다. [인도네시아]

◊ 좋은 고기에서 좋은 수프가 나오고 훌륭한 부모에게서 훌륭한
  자식이 생긴다. [러시아]

◊ 그 아버지에 그 아들.
  (Like father, like son.) [영국, 미국, 스페인, 마케도니아]

◊ 사과는 사과나무에서 멀리 떨어지지 않는다. [핀란드, 독일]
  : 자식은 부모의 영향을 받아 부모를 닮게 마련이다.

02 | 오해와 의심

> 4. 까마귀 날자 배 떨어지는 격.
> : 아무런 관계도 없는 일이 공교롭게 동시에 일어나 다른 일과 관련이 있는 것처럼 의심을 받을 수 있는 경우라는 뜻.

(비슷한 속담)

◊ 참외 밭에서 신발 끈을 매지 마라.
   (瓜田不納履.) [한국, 중국, 일본]
   : 다른 사람의 오해나 의심을 살만한 행동을 하지 마라.

◊ 일곱 번 찾아보고 남을 의심하라. [일본]
   : 무엇을 잃어버렸을 때는 먼저 여러 번 확인부터 하라.

◊ 고기를 먹지 않았는데 뼈를 목에 걸고 다닌다. [캄보디아]
   : 괜히 의심받을 일을 한다.

◊ 사다리를 남의 집 앞에 걸쳐 놓는 것은 도둑과 다를 바 없다.
   [독일]

◊ 아침에 어느 집에서 나오는 것을 들켰다면 거기서 잤다고 말 들어도 할 수 없다. [루마니아]

◊ 땅에 손을 대는 자는 돌을 갖고 있는 자에게 그 돌을 생각나게 한다. [콩고]
   : 쓸데없이 땅에 손을 대면 돌을 들어 던지는 줄 알고 상대가 먼저 돌을 던질 수도 있으니 남에게 오해받을 행동을 해서는 안 된다.

> 5. 남을 물에 넣으려면 제가 먼저 물에 들어간다.
>
> : 남을 해치려고 하면 제가 먼저 그러한 일을 당한다는 뜻.

(비슷한 속담)

◊ 고자쟁이(告者--)가 먼저 죽는다. [한국]
  : 남의 잘못을 들추고 고자질하는 사람이 먼저 벌을 받는다.

◊ 제 빚은 제가 갚는다. [한국]
  : 자기가 저지른 죄의 대가는 자기가 받게 되어 있다.

◊ 남을 밀어 넣으려고 판 웅덩이에 제가 빠진다.
  (To dig pit for another and fell into it oneself.)
                        [위구르, 러시아, 영국, 미국, 프랑스, 독일, 모로코]

◊ 백 리 온 길은 돌아가는 길도 백 리. [일본]
  : 스스로 저지른 죄에 대해서는 반드시 그 죗값을 받는다.

◊ 남의 눈을 빼앗으려 하는 자는 제 눈을 잃는다. [카자흐스탄]
  : 남을 해치려고 하면 도리어 자기가 해를 입게 된다.

◊ 남의 불행을 원하면 제 불행이 먼저 온다. [방글라데시]

◊ 남의 묘를 파는 자는 남이 자신의 묘를 다른 남에게 파게 한다.
                        [소말리아]

6. 남의 눈에 눈물 내면 제 눈에는 피가 난다.

: 남에게 모질고 악한 짓을 하면 저는 그보다 더한 벌을 받는다는 뜻.

비슷한 속담

⟡ 가는 방망이 오는 홍두깨. [한국]
  : 남을 해치려다 제가 도리어 더 큰 화를 입게 된다.

⟡ 되로 주고 말로 받는다. [한국]
  : 남을 조금 건드렸다가 큰 되갚음을 당한다.

⟡ 사람을 저주하면 무덤이 둘. [일본]
  : 남의 불행을 원하는 사람은 도리어 더 큰 불행이 찾아온다.

⟡ 앙갚음은 세 곱. [일본]

⟡ 남의 집을 파괴하면 제집이 부서진다. [아프가니스탄]
  : 남에게 해를 주면 자기도 그 이상의 해를 입게 된다.

⟡ 바람을 심는 자는 폭풍을 거둔다.
  (He that sows the wind will reap the whirlwind.)
                    [터키, 영국, 미국, 핀란드, 프랑스, 독일, 칠레]
  : 나쁜 짓을 하는 자는 그 몇 배의 벌을 받는다.

⟡ 배신자에게는 두 명의 배신자가 나타난다. [스페인]
  : 남을 배신하면 그 이상의 앙갚음을 당한다.

⟡ 몰래 남의 욕을 하면 큰 메아리. [소말리아]
  : 남에게 욕하면 자기는 그보다 더 심한 욕을 듣게 된다.

7. 돌로 치면 돌로 치고 떡으로 치면 떡으로 친다.

: 남이 나를 대하는 것만큼 나도 그만큼 대한다는 뜻.

비슷한 속담

◊ 그 사람의 방법으로 그에게 갚는다.
   (以其人之道, 還治其身.) [한국, 중국]
   : 상대와 동일한 방법으로 대접하거나 복수한다.

◊ 원한이 있으면 원한을 갚고 원수가 있으면 원수를 갚는다.
   (有冤報冤, 有讐報讐.) [중국]

◊ 눈에는 눈, 이에는 이.
   (以牙還牙, 以眼還眼.)
   (An eye for an eye, a tooth for a tooth.) [중국, 영국, 미국]

◊ 피는 피를 부른다.
   (Blood will have blood.) [영국, 미국]
   : 같은 방법으로 보복을 한다.

◊ 사람은 자기를 기다리게 한 자의 결점을 계산한다. [프랑스]
   : 손해를 끼친 사람에게 그만큼 되돌려 줄 방법을 찾는다.

◊ 네가 단 저울로 상대방도 너를 되단다. [폴란드]
   : 상대방에게 행한 만큼 상대방으로부터 되받게 된다.

◊ 남을 엿보는 자는 이미 남에게 자신을 엿보이고 있다. [모로코]
   : 남을 의심하면 자신도 남으로부터 의심을 받게 된다.

8. 벌집을 건드렸다.

: 내버려 두었다면 괜찮을 것을 공연히 건드려서 큰 골칫거리를 만난다는 뜻.

비슷한 속담

⚲ 긁어 부스럼. [한국]
  : 공연히 건드려서 더 나쁘게 된다.

⚲ 호랑이 주둥이 털 뽑기.
  (老虎嘴上拔毛.) [중국]
  : 쓸데없는 짓을 하여 일을 크게 만든다.

⚲ 덤불을 쑤셔서 뱀을 나오게 한다. [일본, 독일]
  : 하지 않아도 될 일을 해서 재앙을 입는다.

⚲ 싸움 말리다 얻어터진다. [아라비아]

⚲ 지나가는 범에 돌 던지기. [인도]

⚲ 고장 나지 않았다면 고치지 마라
  (Hit ain't broke, don't fix it.) [영국, 미국]

⚲ 모르는 개 꼬리는 밟지 마라. [콜롬비아]
  : 공연히 건드려 화를 자초하지 마라.

⚲ 풀밭에 드러누우면 독사에게 물린다. [모로코]

⚲ 양은 하이에나 싸움판에 가지 않는다. [세네갈]
  : 위험한 일은 가깝게 하지 않는 것이 현명하다.

9. 죄는 지은 데로 가고 덕은 닦은 데로 간다.
: 죄지은 사람은 벌을 받고 덕을 닦은 사람은 복을 받게 된다는 뜻.

비슷한 속담

🔥 죄지은 놈이 서 발을 못 간다. [한국]
   : 죄를 지으면 반드시 얼마 안 가서 밝혀진다.

🔥 한강물이 제 곬으로 흐르게 마련이다. [한국]
   : 죄를 지은 사람은 반드시 벌을 받게 된다.

🔥 응보를 받지 않는 것이 아니라 때가 되지 않았을 뿐이다.
   (不是不報, 日字未到.) [중국]

🔥 착하면 착한 보답이 있고 악하면 악한 보복이 있다.
   (善有善報, 惡有惡報.) [중국, 일본, 태국]

🔥 호주머니에 불을 넣고 다니는 자의 옷이 타지 않을 리 없다.
                                                    [네팔]
   : 알면서도 나쁜 짓을 하는 사람은 더 중한 벌을 받는다.

🔥 나쁜 짓을 하지 마라. 그러면 불행에 대한 걱정은 없다. [러시아]

🔥 징벌은 한쪽 발을 질질 끌면서도 찾아온다. [프랑스]
   : 나쁜 짓을 하면 벌을 피할 수 없다.

🔥 사람에게는 저마다의 계산서가 날아온다. [프랑스]
   : 자신이 행한 잘잘못된 행동에 대하여는 그에 합당하는 벌이나 상을 받
   게 되어 있다.

10. 침 뱉은 우물물 다시 먹는다.

: 다시는 신세를 지지 않을 듯 막된 행동을 하고 돌아섰다가 자신의 사정이 급하게 되자 다시 찾아와 아쉬운 소리를 한다는 뜻.
: 누구에게든 업신여기거나 함부로 하지 말고 좋게 대하라는 뜻.

비슷한 속담

◌ 다시 긷지 않는다고 이 우물에 똥을 눌까. [한국]
: 제가 신세 졌던 사람한테서 벗어난다고 하여 함부로 대하면 머지않아 아쉬울 때가 올 것이다.

◌ 암소의 젖꼭지에 침을 뱉지 마라. [아르메니아]
: 못된 짓을 하면 곧 자기가 그대로 받게 된다.

◌ 소금을 먹거든 소금통을 부수지 마라. [타지키스탄]
: 도움을 받은 상대에게 못된 짓을 해서는 안 된다.

◌ 바람을 향해 침 뱉으면 자기 얼굴에 떨어진다.
(Who spits against the wind, it falls in his face.) [영국, 미국]

◌ '샘이여, 네 물은 마시지 않겠다'고 말하지 마라. [프랑스]
: 어떠한 경우든 끝장을 보듯 말을 해서는 안 된다.

◌ 자신이 먹은 접시에 침을 뱉지 마라. [포르투갈]
: 한 번 신세를 지고 난 후에도 다시 부탁할 일이 생길 것이다.
: 무슨 일이든 자기가 받은 은혜에 감사할 줄 알아야 한다.

◌ 너를 데려다준 카누의 뱃전에 발길질하지 마라. [마다가스카르]

: 제가 가진 것을 과신하고 나대다가 화를 당하게 된다는 뜻.

비슷한 속담

⚷ 사나운 개 콧등 아물 날 없다. [한국]
  : 성질이 나쁘면 늘 싸움만 하여 몸이 온전한 데가 없다.

⚷ 싸움 잘하는 놈치고 골병 안 든 놈 없다. [한국]
  : 남을 때리면 저도 얼마간은 맞게 되므로 그것이 쌓여 상처가 깊어진다.

⚷ 칼날이 제 몸에서 녹이 난다. [한국]
  : 위세가 있는 사람이 제 잘못으로 인해 몰락하게 된다.

⚷ 사냥개는 수풀 속에서 죽고 악인은 총부리 앞에서 죽는다.
  (獵狗死在樹林里, 惡人死在槍口內.) [중국]
  : 악한 사람은 남을 해치다가 결국은 자신도 비참하게 당한다.

⚷ 칼로 죽이는 자는 칼에 죽을 것이다. [일본, 러시아]
  : 남을 해치는 자는 반드시 그만한 화를 당하게 된다.

⚷ 칼을 가지고 놀면 손을 다칠 날이 있다. [베트남]

⚷ 뱀 부리는 사람이 뱀 때문에 죽는다. [태국]
  : 자기가 자랑할 만한 기능 때문에 화를 입게 된다.

⚷ 사나운 개는 언제나 한쪽 귀가 찢어져 있다. [프랑스]
  : 남과 다투기를 좋아하면 저 자신도 상처를 입게 마련이다.

IV. 위기 대처 및 도전

자신감

01

방심, 후회, 신중, 결단

01│방심, 소홀, 후회

> ### 1. 공든 탑도 개미구멍으로 무너진다.
> : 작은 잘못을 소홀히 한 것이 원인이 되어 큰일을 망친다는 뜻.

비슷한 속담

◊ 큰 과오를 피하는 길은 작은 과오를 조심하는데 있다. [한국]
  : 사소한 일을 얕보지 말고 꼼꼼히 처리하라.

◊ 반딧불 같은 작은 불이 평야를 태워버릴 수가 있다.
  (星星之火, 可以燎原.)
  (Of a little spark a great fire.) [중국, 영국, 미국, 독일]

◊ 작은 구멍이 큰 배를 가라앉게 한다.
  (A small leak will sink a great ship.) [일본, 영국, 미국]

◊ 세상의 큰 사고는 언제나 작은 일에서 비롯된다.
  (From small beginnings come great thing.) [영국, 미국]

◊ 방심은 최대의 적이다.
  (Security is the greatest enemy.) [영국, 미국]

◊ 백 가지의 사소한 일이 당나귀를 지치게 한다. [체코, 슬로바키아]

◊ 사소한 일밖에 없는 날을 무시하지 마라. [남아공]
  : 언제나 방심하지 말고 철저히 확인하고 챙겨라.

2. 닭 잡아 겪을 나그네 소 잡아 겪는다.

: 적은 비용으로 쉽게 해결할 수 있는 일을 게을리하여 크게 손해를 보게 된다는 뜻.

비슷한 속담

🔥 호미로 막을 것을 가래로 막는다. [한국]
   : 미리 손을 썼더라면 쉬울 일을 때를 놓쳐 큰 힘이 들어간다.

🔥 제때의 한 바늘은 후에 아홉 바늘을 덕 본다.
   (一針不補, 十針難縫.)
   (A stitch in time saves nine.) [중국, 영국, 미국]

🔥 쓰레기 더미에서 누각 첨탑이 불탄다. [미얀마]
   : 작은 일을 게을리하면 후에 큰 손해를 보게 된다.

🔥 작은 먼지를 그대로 두면 네 눈에 들어간다. [타지키스탄]

🔥 낙타의 등을 부러뜨리는 것은 마지막 지푸라기다.
   (It is the last straw that breaks the camel's back.) [영국, 미국]

🔥 작은 그루터기가 커다란 수레를 뒤집는다. [체코, 슬로바키아]

🔥 벽 갈라진 틈새를 막지 않으면 새로 집을 짓게 된다. [스페인]
   : 작은 흠이라고 게을리하지 말고 미리 손을 쓰라.

🔥 못 한 개가 없어서 말굽이 없어지고, 말굽이 없어 말이 잘못되고, 말이 잘못되어 탄 사람이 목숨을 잃는다. [베네수엘라]

3. 도둑맞고 사립문 고친다.

: 일을 당하고 나서야 뒤늦게 대비를 해도 소용없는 일이라는 뜻.

비슷한 속담

🔖 사또 떠난 뒤에 나팔 분다. [한국]
: 마땅히 해야 할 시기가 지난 뒤에야 서두른다.

🔖 소 잃고 외양간 고친다.
(亡羊補牢.)
(Mend the barn after the horse is stolen.)
[한국, 중국, 일본, 태국, 영국, 미국, 이탈리아]

🔖 죽은 뒤에 약방문.
(Prescription after death.) **[한국, 아프가니스탄, 영국, 미국]**
: 죽은 뒤에 약을 처방하는 것은 이미 늦은 대책이다.

🔖 싸움 끝난 뒤 몽둥이. [일본]

🔖 도둑을 잡고 나서 새끼줄을 꼰다. [일본]
: 뒤늦게 소용없는 일을 한다.

🔖 폭풍우 뒤에 빗장을 채운다. [필리핀]

🔖 말이 죽으면 풀은 도움 되지 않는다. [필리핀]

🔖 집에 불붙고 나서 우물 판다. [네팔]

🔖 송아지 빠진 뒤에 우물 메운다. [네덜란드, 벨기에]

4. 미련은 먼저 나고 슬기는 나중 난다.
: 일을 그르쳐 놓은 후에야 더 좋은 방법이 생각난다는 뜻.

(비슷한 속담)

👆 굿 뒤에 날장구 친다. [한국]
: 일이 다 끝난 뒤에 이러쿵저러쿵한다.

👆 사후의 제갈량.
(死後諸葛亮.) [중국]
: 어떤 일이 끝난 다음에야 아는 척하고 나선다.

👆 후회는 앞서지 않는다.
(Repentance comes too late.) [일본, 영국, 미국]
: 후회와 반성은 잘못된 일이 일어난 다음에 뒤따른다.

👆 바보는 식사 후에 좋은 지혜가 떠오른다. [카자흐스탄]
: 일이 끝난 뒤에야 이런저런 의견을 내놓는다.

👆 일이 끝나고 나서는 누구나 현명하다.
(It is easy to be wise after the event.) [영국, 미국, 독일]

👆 지난 일은 돌이킬 수는 없고 뉘우칠 수 있을 뿐이다.
(Things past can't be recalled but may be repented.) [영국, 미국]

👆 배가 가라앉은 후에야 배를 구할 방법을 알았다. [이탈리아]

👆 또다시 시집갈 수 있다면 이번에는 잘할 텐데. [마케도니아]

5. 쑨 죽이 밥이 될까.

: 이미 그르친 일은 되돌리기 어렵다는 뜻.

비슷한 속담

🔥 한번 엎지른 물은 다시 주워 담지 못한다.
(覆水難收.)
(It is no use crying over spilt milk.) [한국, 중국, 영국, 미국]

🔥 썩은 나무에는 새길 수 없다.
(朽木不可雕也.) [중국]
: 일이나 정세가 파국에 빠지면 다시 전환하기 어렵다.

🔥 새가 물어간 씨는 다시 돌아오지 않는다. [파키스탄]

🔥 불 꺼진 숯은 불지마라. [러시아]

🔥 주사위는 던져졌다.
(The dice is cast.) [영국, 미국]
: 일은 이미 돌이킬 수 없게 되었다.

🔥 휘저어놓은 계란을 되돌릴 수 없다.
(You cannot unscramble eggs.) [영국, 미국]

🔥 쥐가 고양이 앞발 속에서 후회할 때는 너무 늦은 일이다.
(Too late does the rat repent in the cat's paws.) [영국, 미국]

🔥 이미 끝난 일에 치료 약은 없다. [프랑스]

🔥 한번 흘러간 물은 물레방아를 돌릴 수 없다. [이탈리아]

> ### 6. 남의 흉이 제 흉이다.
> : 남의 잘못을 보거든 자기 자신을 비추는 거울로 삼으라는 뜻.

비슷한 속담

♧ 남의 잘못은 훌륭한 스승이다.
  (前人之失, 後人之鑑.)
  (The fault of another is a good teacher.) [중국, 영국]
  : 다른 사람의 잘못을 보고 가르침을 얻으라.

♧ 앞차의 전복은 뒤차에 대한 경고. [일본]
  : 앞사람의 실패는 나의 좋은 교훈이다.

♧ 이웃은 자기 자신의 거울이다.
  (Every man's neighbour is his looking grass.) [영국, 미국]
  : 남의 행동을 거울삼아 자신의 결점을 고쳐나가라.

♧ 남의 어리석음을 통하여 지혜를 배워라.
  (Learn wisdom by the follies of others.) [영국, 미국]

♧ 코를 때리는 몽둥이는 눈도 때린다. [나이지리아]
  : 남의 불행은 나에게도 닥칠 수 있으니 남의 일을 잘 새겨두어라.

♧ 남의 찢어진 옷을 빤히 쳐다보지 마라. [마다가스카르]
  : 남의 결점을 보고 자신의 언행을 반성하라.

7. 급할수록 돌아가라.

: 급한 일이라도 서두르지 말고 차근차근 해나가라는 뜻.

비슷한 속담

§ 급히 먹는 밥에 목이 멘다. [한국]
: 바쁘다고 서둘러 일을 하면 일이 잘못될 수 있다.

§ 급한 불로는 죽을 끓일 수 없다.
(急火熬不成粥.) [중국]
: 급하게 서둔다고 해서 일이 빨리 해결되는 것이 아니다.

§ 당황하는 게는 구멍을 못 찾는다. [일본]

§ 5분 먼저 가려다 50년 먼저 간다. [일본]
: 성질이 급하면 단명할 수 있다.

§ 전속력으로 달리게 하는 것보다 천천히 달리게 하라. 목적지에
다다르지 못할 수가 있으니까. [캄보디아]

§ 지름길은 흔히 잘못된 길이다.
(The nearest way is commonly the foulest.) [영국, 미국]
: 서둘러 하다보면 실패하기 쉽다.

§ 벼룩을 잡는 일 외에는 서둘지 마라.
(Do nothing hastily but catching of fleas.) [영국, 미국]

§ 달리면서 맨 띠는 달리면서 풀린다. [에티오피아]
: 성급하게 하는 일은 완벽하지 못하여 허점이 생긴다.

8. 돌다리도 두들겨 보고 건너라.

: 비록 잘 아는 일이라도 세심하게 살펴 실수가 없도록 하라는 뜻.

비슷한 속담

๑ 식은 죽도 불어가며 먹어라. [한국]
  : 틀림없다고 생각되는 일도 잘 알아보고 조심해서 하라.

๑ 아는 길도 물어서 가라. [한국]

๑ 항우(項羽)도 댕댕이덩굴에 넘어진다. [한국]
  : 사소한 일이라도 방심하지 말고 항상 조심하라.

๑ 먼저 물의 깊고 낮음을 본 다음에 신을 벗어라.
  (先看看水的深淺, 然後再去脫皮鞋.) [중국, 아프가니스탄]

๑ 얕은 내도 깊게 건너라. [일본]

๑ 우리는 산이 아니라 돌멩이에 걸려 넘어진다. [인도]
  : 큰 실수는 아주 사소한 일에서부터 시작된다.

๑ 뛰어내리기 전에 보아라.
  (Look before you leap.) [영국, 미국, 독일, 이탈리아]

๑ 재고(再考)하지 않는 사람은 바르게 생각하지 못한다. [프랑스]
  : 순간적인 판단을 피하고 한 번 더 생각한 후에 실행한다.

๑ 통 안에 있는 고양이는 결코 사지 마라. [폴란드]
  : 무슨 일이든 잘 살펴보고 난 후에 결정하여라.

9. 고사리도 꺾을 때 꺾는다.

: 무슨 일이든 해야 할 시기가 있으니 그때를 놓치지 말라는 뜻.

(비슷한 속담)

🔖 쇠뿔도 단김에 빼고 호박떡도 더운 김에 먹으랬다. [한국]
: 무슨 일이든 하려면 제때에 망설이지 말고 실행하라.

🔖 설은 1년에 한 번뿐이다.
(一年沒有几個大年初一.) [중국]
: 기회가 왔을 때 이를 놓치지 말고 잘 활용하라.

🔖 쇠는 뜨거울 때 두드려라.
(鐵要趁熱打.)
(Strike while the iron is hot.) [중국, 일본, 영국, 미국, 독일]

🔖 낙타가 엎드려 있을 때 타지 않으면 늦다. [아르메니아]

🔖 만물은 제때가 있다.
(Everything has its time.) [영국, 미국, 독일]

🔖 햇볕이 있을 때 건초를 마련하라.
(Make hay while the sun shines.) [영국, 미국, 독일]

🔖 신문과 처녀와 생선은 때를 놓치면 시세 폭락한다. [프랑스]

10. 너무 고르다가 눈먼 사위 얻는다.

: 지나치게 신중하다 보면 오히려 나쁜 선택을 할 수 있다는 뜻.

비슷한 속담

🌢 장고(長考) 끝에 악수(惡手). [한국]
: 어떤 처방이나 결정을 내릴 때 너무 깊게 생각하며 저울질하다가 판단을
그르쳐 결국은 나쁜 방법을 택하게 된다.

🌢 지나친 조심은 조심하지 않는 것이다.
(察察而不察.) [한국, 중국]
: 세세한 것에만 신경 쓰다가 정작 중요한 일은 망치는 경우가 있다.

🌢 좋은 기회를 잃으면 모든 것을 잃는다.
(失掉良機, 就等于去了一切.) [중국]

🌢 고르면 고를수록 쓰레기. [일본]
: 너무 좋은 것만 차지하려고 망설이다가 나쁜 결과를 맞게 된다.

🌢 너무 고르는 자가 가장 나쁜 것을 갖는다.
(He who chooses take the worst.) [영국, 미국]
: 너무 신중하면 오히려 결과가 좋지 않을 수 있다.

🌢 지나친 조심은 손실이다.
(Too much taking heed is loss.) [영국, 미국. 프랑스]
: 조심이 지나치면 좋은 기회를 놓치게 될 수 있다.

🌢 시기를 놓친 선은 악으로 변한다. [크로아티아]
: 선행이라도 시기를 못 맞추면 역효과를 낼 수 있다.

11. 오래 앉으면 살을 맞는다.

: 이롭다고 한곳에 오래 있으면 화를 당할 수 있다는 뜻.

비슷한 속담

⚬ 재미나는 골에 범 난다. [한국]
: 이익이 있다고 위험한 일을 계속하지 마라.

⚬ 결단할 때 결단하지 않으면 그로 인하여 혼란을 당한다.
(當斷不斷, 反受其亂.) [중국]

⚬ 식욕이 아직 있을 때 자리에서 일어난다.
(To rise with an appetite.) [영국, 미국]
: 즐거운 일도 아쉬울 때 그만두는 것이 현명한 결정이다.

⚬ 놀이가 제일 재미있을 때가 떠나야 할 때다.
(When play is best, it is time to leave.) [영국, 미국]
: 일이 가장 잘 될 때, 인기가 절정일 때 그만두어야 명성이 오래 남는다.

⚬ 왕궁이 너를 버리기 전에 네가 먼저 떠나라.
(Leave the court before the court leaves you.) [영국]

⚬ 머뭇거리다 잃는다.
(He who hesitates is lost.) [영국, 미국]
: 그만두어야 할 때 결단하지 못하고 망설이면 큰 손해를 볼 수 있다.

⚬ 유혹을 피하는 이는 죄도 피한다. [스페인]
: 해야 할 때와 그만둘 때를 알고 이를 행하면 평안하다.

02

경계, 대비

01 | 냉정(冷靜), 경각심

> ## 1. 김 안 나는 숭늉이 더 뜨겁다.
> : 공연히 떠벌리는 사람보다 조용히 침묵을 지키는 사람이 더 무섭게 행동
> 한다는 뜻.

비슷한 속담

◊ 소리 없는 벌레가 벽을 뚫는다. [한국]
  : 말이 없는 사람이 큰일을 저지른다.

◊ 짖는 개 사람 물지 않고 사람 무는 개 짖지 않는다.
  (吠狗不咬人, 咬人狗不吠.)
  (Dumb dogs are dangerous.) [중국, 태국, 영국, 미국, 독일]
  : 조용히 있는 사람을 유심히 살펴보라.

◊ 잠자코 있는 사람에게 마음 놓지 마라. [일본]

◊ 겁 많은 호랑이가 으르렁거리고 겁 많은 사람이 화를 낸다.

[미얀마]

◊ 고요한 시냇물이 다리를 망가뜨린다. [이탈리아]
  : 순진하게 보이는 사람이 위험한 인물이 될 수도 있다.

◊ 눈을 감고 있다고 해서 반드시 잠자고 있는 것은 아니다.

[크로아티아]

  : 어수룩하게 보인다고 함부로 얕잡아봐서는 안 된다.

2. 믿는 도끼에 발등 찍힌다.
: 믿고 있던 사람에게서 해를 입거나 배신당한다는 뜻.

비슷한 속담

δ 믿었던 돌에 발부리 채었다. [한국]
 : 친숙하게 지내던 사람이 뜻밖에 해를 입힌다.

δ 행랑을 빌려주고 안방까지 빼앗긴다. [일본]
 : 호의를 베풀었는데 배신당하고 손해도 본다.

δ 도둑놈 잡고 보니 우리 집 아이. [일본]
 : 가장 가깝게 지내며 믿었던 사람이 배신한다.

δ 소금이 벌레가 된다. [태국]
 : 믿고 있던 동료가 배신한다.

δ 제 몸에서 구더기가 나온다. [미얀마]
 : 집안이나 측근에게서 배신자가 나온다.

δ 신뢰는 배반의 길을 터준다.
 (Trust makes way for treachery.) [영국, 미국]
 : 배신은 언제나 믿음이 깊은 데서 생길 수 있으니 사람을 너무 믿어서는
 안 된다.

δ 인간은 가까운 친척에게만 배신당한다. [프랑스]

δ 까마귀를 기르면 눈을 쪼인다. [프랑스]

δ 쉽게 믿는 사람은 속기 쉽다. [독일]

3. 설마가 사람 잡는다.

: 설마 그럴 리야 없겠지 하고 마음을 놓는 데서 탈이 생길 수 있으니 항상 냉정하게 판단하고 조심하라는 뜻.

비슷한 속담

🔥 십 리가 모래밭이어도 눈 찌를 가시가 있다. [한국]
   : 안심할 만한 곳에서 우환을 만날 수 있다.
   : 친한 벗 가운데도 배신자가 있을 수 있다.

🔥 평지에서 낙상한다. [한국]
   : 안전하다고 믿는 곳에서 뜻밖의 실패를 하게 된다.

🔥 즐거울 때 주의하라. 기쁠 때에는 아무하고도 약속을 하지 마라.
   [티베트]

🔥 배고프다고 덥석 먹지 말고 졸린다고 잠들지 마라. [캄보디아]

🔥 가까이 있는 개가 도리어 물어뜯는다. [러시아]
   : 친한 사이라도 나의 약점을 알면 그것을 이용하려 한다.

🔥 배는 폭풍 때보다 안갯속에서 좌초한다. [라트비아]

🔥 보지 않고 마시지 말며 읽지 않고 서명하지 마라. [스페인]

🔥 자고 있던 새우가 잠을 깨니 냄비 속. [수리남]
   : 설마 하다가 죽을 수도 있으니 매사에 신중히 처신하여야 한다.

🔥 야윈 말이 세게 찬다. [남아공]

4. 앞에서 꼬리치는 개 뒤에서 문다.

: 앞에 와서 좋은 말만 하고 살살 비위를 맞추기에 급급한 사람일수록 보이지 않는 데서는 험담을 하고 모해(謀害)한다는 뜻.

비슷한 속담

⑤ 호랑이 개 어르듯 한다. [한국]
　: 겉으로 위하는 척하면서 속으로는 딴생각을 하고 있다.

⑤ 맛있는 음식 주는 사람을 경계하라. [일본]
　: 이유 없이 잘해 주는 사람은 저의가 있으므로 주의하라.

⑤ 이겨도 투구 끈을 더욱 조여 매라. [일본]
　: 경쟁에서 이겼다 해도 결코 방심해서는 안 된다.

⑤ 높은 사람한테서 칭찬받을 때는 조심하라. [미얀마]

⑤ 여우가 설교할 때에는 거위를 잘 지켜라.
　(When the fox preaches beware the geese.) [영국, 미국]
　: 교활한 사람이 착한 척하면서 일을 벌일 때에는 다른 의도가 있을지 모르니 재삼 숙고하고 경계하여야 한다.

⑤ 강은 자지만 적은 자지 않는다.
　(Water sleeps, the enemy wakes.) [영국, 미국, 그리스]

⑤ 지나치게 호의를 베푸는 자를 경계하라. [프랑스]

⑤ 개와 친하게 지내되 손에서 몽둥이를 놓지 마라. [마케도니아]
　: 사람과 친하게 지내되 너무 방심해서는 안 된다.

5. 웃음 속에 칼이 있다.

: 겉으로는 친절하지만 속으로는 해칠 생각을 하고 있다는 뜻.

비슷한 속담

✎ 고양이 쥐 생각. [한국]
  : 동정해주는 척하면서 속으로는 해치려 한다.

✎ 독사가 입으로 연꽃을 뱉는다.
  (毒蛇口中吐蓮花.) [중국]
  : 음험한 사람이 겉으로는 상냥하다.

✎ 부처의 얼굴에 검은 뱃속. [라오스]

✎ 붉은 사과와 적의 우정은 믿지 마라. [타지키스탄]
  : 겉만 보고 쉽게 믿음을 주지 마라.

✎ 하얀 이, 검은 마음. [러시아]

✎ 입에는 꿀이 있고 허리띠에는 면도칼 있다.
  (He has honey in his mouth and the razor at his girdle.) [영국, 미국]
  : 겉으로는 달콤하고 부드럽지만 속에는 매서움이 있다.

✎ 성인(聖人)의 얼굴에 고양이 발톱. [스페인]
  : 겉모습은 고상하고 인자하지만 속마음은 교활하다.

✎ 이빨을 보인다고 모두 웃는 것은 아니다. [수리남]
  : 겉으로는 부드러워도 속내는 앙큼한 사람도 있다.

6. 한 번 걷어챈 돌에 두 번 다시 채지 않는다.

: 같은 실수를 두 번 거듭하지 아니한다는 뜻.

비슷한 속담

◊ 개도 얻어맞은 골목에는 가지 않는다.
   (Once bite, twice shy.) [한국, 영국, 미국]
   : 실패한 경험이 있는 사람은 같은 잘못을 반복하지 않는다.

◊ 앞의 일을 교훈 삼지 않으면 뒷일은 또 실패한다.
   (事前不戒, 後事復覆.) [중국]
   : 지난날의 실수나 잘못을 반성하고 유념하여야 한다.

◊ 한 번은 실수고 두 번은 고의로 한다.
   (一時誤, 二時故.) [중국]
   : 두 번째의 실수는 실수로 보지 않는다.

◊ 뒷지혜가 최고다.
   (After wits are best.) [영국, 미국]
   : 한 번 실패하고 난 후 얻은 교훈은 가치가 있다.

◊ 헛디뎌 비틀거림이 낙상을 막을 수 있다.
   (A stumble may prevent fall.) [영국, 미국]
   : 작은 실패를 거울삼아 큰 실패를 모면한다.

◊ 여우는 같은 그물에 두 번 잡히지 않는다.
   (A fox is not caught twice in the same share.) [영국, 미국]

◊ 당나귀도 같은 돌에 두 번은 넘어지지 않는다. [이탈리아]

7. 그물코가 삼천이면 걸릴 날이 있다.
: 여러 가지로 미리 준비해두면 좋은 결과를 얻을 수 있다는 뜻.

비슷한 속담

⚘ 가까운 데를 가도 점심밥을 싸 가지고 가거라. [한국]
: 무슨 일이든지 준비를 든든히 하여 실수가 없게 한다.

⚘ 솥 씻어 놓고 기다리기. [한국]
: 모든 것을 사전에 준비해 놓는다.

⚘ 교활한 토끼는 굴을 세 개 파놓는다.
(狡兎三窟.) [중국]
: 만약의 재난을 방지하기 위해 여러가지 방안을 강구한다.

⚘ 맑은 날에도 삿갓을 준비하고 비 오는 날에도 마실 물을 준비해
야 한다.
(晴天要准備雨帽, 雨天要准備吃水.) [중국]

⚘ 병사를 천 일 동안 훈련시킨 것은 하루아침의 일을 위한 것이다.
(養兵天日, 用在一朝.) [중국]
: 큰일을 위해서는 차질이 없도록 철저히 대비하여야 한다.

⚘ 울타리를 튼튼히 해놓으면 여우는 들어오지 못한다.
(籬芭扎得緊, 狐狸鉆不進.) [중국]

⚮ 구멍 뚫린 배로는 멀리 갈 수 없다. [러시아]

⚮ 모든 바람에 돛을 올린다.
(To set up one's sail to every wind.) [영국, 미국]
: 어떤 상황이 닥쳐도 대처할 수 있도록 한다.

⚮ 햇볕이 날지라도 외투를 집에 두고 외출하지 마라.
(Although the sun shines leave not your cloak at home.)
[영국, 미국, 스페인]

⚮ 제 갈 길을 매끄럽게 해놓은 사람은 쉽게 여행할 수 있다.
(Who greases his way travels easily.) [영국, 미국]
: 미리 준비하여 갖추어놓으면 어려운 일을 당하지 않는다.

⚮ 준비가 잘 되어 있으면 성공은 틀림없다. [아일랜드]

⚮ 목마를 때를 대비해서 배 한 개를 남겨두어야 한다. [프랑스]
: 항상 만약의 사태를 대비하여 준비하는 습관을 가져야 한다.

⚮ 문 없는 집 없고 바람 불지 않는 겨울 없다. [알바니아]
: 재난은 언제나 찾아올 수 있다.

⚮ 칼이 없는 자는 거북이를 먹을 수 없다. [베네수엘라]
: 무슨 일이든 성과를 얻기 위해서는 사전 준비가 필요하다.

⚮ 도끼를 가진 자 땔감 걱정 없다. [케냐]

⚮ 다리가 하나뿐인 귀뚜라미는 건기 때부터 구멍을 파기 시작한다.
[나이지리아]
: 도와줄 사람이 없는 사람은 미리부터 점검하고 대책을 세워야 한다.

⚮ 지팡이를 든 사람은 개에게 물리지 않는다. [나이지리아]

8. 여름에 먹자고 얼음 뜨기.
: 앞으로 소용될 것에 대비하여 미리 준비한다는 뜻.

비슷한 속담

◊ 가물에 돌 친다. [한국]
  : 예상되는 재난을 예방한다.

◊ 뒤에 볼 나무는 그루를 돋우어라. [한국]
  : 뒷일을 생각하여 미리부터 보살핀다.

◊ 봄의 일은 겨울에 준비하고 겨울의 일은 가을에 준비하라.
  (春天的準備在冬天, 冬天的準備在秋天.) [중국]

◊ 인생에서의 두 가지 보물은 손과 머리다.
  (人生兩件寶, 雙手與大腦.) [중국]
  : 항상 멀리 내다보고 만반의 준비를 다한다.

◊ 목이 마르기 전에 우물을 파라. [필리핀]

◊ 예견된 기근은 오지 않는다.
  (Dearth foreseen come not.) [영국, 미국]
  : 예측을 하고 대처하면 걱정할 것이 없다.

◊ 새해가 되기 전에 베를 짜지 않은 사람은 설이 닥치면 한숨짓는
  다. [스위스]
  : 무슨 일이든 미리 대비하지 않으면 뒤에 고생한다.

◊ 겨울에는 모자를, 여름에는 모피 외투를 사라. [불가리아]

03

시련, 희망, 도전

01 | 실수, 시련

1. 광주리에 담은 밥도 엎어질 수 있다.
: 틀림없을 듯한 일도 실수하여 그르칠 때가 있다는 뜻.

비슷한 속담

𖠿 원숭이도 나무에서 떨어질 때가 있다. [한국]
　: 익숙하여 잘하는 일이라도 때로는 실수한다.

𖠿 네발짐승도 넘어질 때가 있다.
　(馬有失蹄.)
　(A horse may stumble on four feet.) [중국, 영국, 미국, 프랑스]

𖠿 밥을 먹으면서 밥알을 흘리지 않는 사람은 없다.
　(吃飯沒有不掉飯米兒的.) [중국]

𖠿 헤엄 잘 치는 놈 물에 빠지고 말 잘 타는 놈 떨어진다.
　(善水者溺, 善騎者墜.) [중국, 몽골, 일본, 스페인]

𖠿 소방관 집에도 화재. [일본]
　: 유능한 사람도 실수할 때가 있다.

𖠿 황제의 찻잔에도 파리는 빠진다. [아르메니아]
　: 누구나 실수는 한다.

𖠿 최고의 요리사도 콩을 태운다. [멕시코]

2. 높은 가지가 부러지기 쉽다.

: 높은 나뭇가지는 바람을 더 타기 때문에 부러지기 쉽듯이 지위가 높을수록 그 자리를 오래 보전하기가 어렵다는 뜻.

비슷한 속담

🌙 곧은 나무 먼저 꺾인다.
(直木先伐.) [한국, 중국]
: 쓸 만하고 뛰어난 사람은 적이 많다.

🌙 높은 벼슬은 위험이 많고 큰 나무는 바람을 많이 탄다.
(官大有險, 樹大招風.)
(A great tree attracts the wind.) [중국, 영국, 미국]
: 지위가 높아질수록 위험과 시련이 많다.

🌙 빨간 사과에 돌 던지는 자 끊이지 않는다. [터키]

🌙 벼락은 높은 나무에 떨어진다. [러시아]
: 높은 지위에 있으면 예측하지 못한 일이 생길 수 있다.

🌙 높은 언덕에 억센 바람이 분다.
(Huge winds blow on high hills.) [영국, 미국]

🌙 가장 좋은 비단이 먼저 더러워진다.
(The finest lawn will be the soonest stained.) [영국, 미국]
: 높은 지위에 있는 사람은 모함과 시기를 받기 쉽다.

🌙 가장 높은 가지가 가장 안전한 휴식처는 아니다.
(The highest branch is not the safest roost.) [영국, 미국]
: 높은 자리라고 가장 편하고 안전한 곳은 아니다.

3. 비 온 뒤에 땅이 굳어진다.

: 비에 젖은 흙이 마르면서 더 단단해지듯 고난을 겪고 나면 더 강해진다는 뜻.

비슷한 속담

🌢 소대한(小大寒)에 얼어 죽지 않는 놈이 우수 경칩에 얼어 죽을까.

[한국]

: 큰 시련을 극복해 낸 사람은 어떤 일이든 해나갈 수 있다.

🌢 역경 하나 넘어보면 지혜 하나 늘어난다.

(經一塹, 長一智.) [중국]

: 어려운 일을 겪으면 그만큼 현명해진다.

🌢 고뇌는 사람을 교육한다. [러시아]

🌢 부러진 뼈를 잘 맞추면 더 강해지다.

(Broken bones well set become stronger.) [영국, 미국]

: 고통을 겪고 나면 더 지혜롭고 굳건해진다.

🌢 고난은 사람의 참된 값어치를 시험하는 시금석이다.

(Calamity is man's true touchstone.) [영국, 미국]

🌢 바람 속에서 자란 나무뿌리는 튼튼하다. [라트비아]

🌢 눈물로 씻은 눈만이 세상을 바로 볼 수 있다. [그리스]

: 고난을 겪은 후에는 더 냉철하고 강해질 수 있다.

🌢 서리에 견딘 사람은 폭풍우도 견딘다. [칠레]

4. 참새 무리가 어찌 대붕(大鵬)의 뜻을 알랴.

: 평범한 사람은 큰 뜻을 가진 인물을 헤아려 알기 어렵다는 뜻.

비슷한 속담

❧ 참새가 아무리 떠들어도 구렁이는 움직이지 않는다. [한국]
: 뜻이 굳은 사람은 변변찮은 사람들이 뭐라 해도 의연하다.

❧ 바닷물을 말(斗)로 헤아릴 수 없다.
(海水不可斗量.) [중국]
: 낮은 식견으로는 큰 뜻을 품은 인물을 가늠할 수 없다.

❧ 고양이는 호랑이 마음을 모른다. [일본]
: 소인배는 높은 뜻을 가진 사람이 생각하는 것을 알 수 없다.

❧ 바람은 불어도 산은 움직이지 않는다. [일본]
: 뜻이 굳은 사람은 주위의 소동이나 변화에 동요하지 않는다.

❧ 개가 짖어도 달은 상관하지 않는다. [아라비아, 러시아, 프랑스]

❧ 개가 수만 번 짖어도 코끼리는 느긋하게 걷는다. [인도]
: 소신이 확고한 사람은 많은 비방에도 자기 일에만 열중한다.

❧ 파리의 저주로 젊은 수소는 안 죽는다. [네팔]
: 자기 뜻이 분명한 사람은 중상모략에 크게 마음 쓰지 않는다.

5. 큰 고기는 작은 냇물에서 놀지 않는다.

: 포부가 큰 사람은 좁은 무대에서는 활동하지 않는다는 뜻.

비슷한 속담

⚜ 산이 높아야 골이 깊다.

(The higher the mountain, the lower the valley.) **[한국, 영국, 미국]**
: 품은 뜻이 높아야 가지는 생각도 크고 훌륭하다.

⚜ 좋은 새는 높은 가지에 앉는다.

(好鳥占高枝.) **[중국]**
: 포부가 큰 사람은 사소한 것에 집착하지 않고 멀리 본다.

⚜ 뜻이 높은 사람에게는 푸른 하늘도 낮아 보인다.

(心高的人眼里, 藍天也顯得低.) **[중국]**

⚜ 솥이 작으면 소머리를 익힐 수 없다.

(鍋小煮不爛牛頭.) **[중국]**
: 포부가 작은 사람은 큰일을 할 수 없다.

⚜ 사자의 성격은 똥개에 안 맞는다. **[몽골]**

: 훌륭한 인물은 하찮은 사람과 잘 어울리지 않는다.

⚜ 포부는 훌륭한 사람을 만든다.

(Great hopes make great men.) **[영국, 미국]**

⚜ 큰 배는 깊은 바다가 필요하다.

(A great ship asks deep waters.) **[영국, 미국]**

03 | 자신감, 희망

6. 넘어진 나무에서도 움이 돋는다.

: 실패한 사람도 재기하여 성공할 수 있다는 뜻.

비슷한 속담

🔥 가라앉을 때가 있으면 뜰 때도 있다. [일본]

🔥 오늘 넘어져도 내일이면 다시 일어날 수 있다.
(He that falls today may rise tomorrow.) [영국, 미국]

🔥 세상은 올라가는 사람도, 내려가는 사람도 있는 사다리다.
(The world is a ladder for some to go up and some down.)
[영국, 미국]

🔥 자신감은 성공의 열쇠다.
(Confidence is the key to success.) [영국, 미국]

🔥 많은 인생의 실패자들은 포기할 때 자신이 성공에서 얼마나 가까이 있었는지 모른다.
(Many of life's failures are those who didn't know close they were to success when they gave up.) [영국, 미국]

🔥 실패에 가슴을 펴라. [스페인]
: 실패한 일에 신경 쓰지 말고 성공을 향해 자신감을 가져라.

🔥 사람은 넘어지고서야 일어설 수 있다. [몰타]

7. 태산을 넘으면 평지를 본다.
: 어렵고 괴로운 일을 겪고 나면 즐거운 일이 있게 된다는 뜻.

비슷한 속담

◌ 고생 끝에 낙이 온다.
　(有苦在有甘.)
　(No pleasure without pain.) [한국, 중국, 일본, 영국, 미국]

◌ 높은 산에 올라가 보지 않은 자는 평야를 모른다.
　(不登高山, 不知平地.) [중국, 베트남]
　: 세상을 힘들게 살아봐야 편안한 삶의 참맛을 안다.

◌ 밝은 날이 있다면 잠시의 암흑은 겁나지 않는다. [티베트]
　: 행복한 미래를 위해 지금의 고난은 기꺼이 감수한다.

◌ 고생 없는 보물 없다. [이란]
　: 귀한 것은 쉽게 얻을 수 없다.

◌ 궁핍을 경험하지 않은 자는 행복을 모른다. [러시아]

◌ 장미는 가시에서 자란다.
　(Every rose grows from prickles.) [영국, 미국]
　: 성공은 가시밭과 같은 고난을 참고 이겨낸 결과다.

◌ 밤이 가장 어두울 때 새벽이 가장 가깝다.
　(When the night is darkest, the dawn is nearest.) [영국, 미국]

◌ 아침이 오지 않는 만큼 긴 밤은 없다. [핀란드]

8. 하늘이 무너져도 솟아날 구멍이 있다.

: 아무리 큰 재난을 당하더라도 좌절하지 말라는 뜻.

비슷한 속담

🌀 칠년대한(七年大旱)에 비 안 오는 날이 없었고 구 년 장마에 볕 안 드는 날이 없었다. [한국]

: 세상의 어떤 경우라도 어려운 일만 계속되지는 않는다.

🌀 하늘은 사람을 궁지로 몰지 않는다.

(天無絶人之路.) [중국]

🌀 산이 아무리 높다 하더라도 산꼭대기에 이르는 길은 있다.

[아프가니스탄]

🌀 모든 구름은 은빛으로 빛나는 쪽이 있다.

(Every cloud has a silver lining.) [영국, 미국]

: 힘든 일이 생겨도 벗어날 길이 있다.

🌀 끝까지 꿈을 잃지 않으면 꿈을 이룰 수 있다.

(If you hold on to your dream you can do it.) [영국, 미국]

🌀 희망은 가난한 자의 양식이다. [프랑스, 이탈리아]

🌀 해가 아직 지지 않았다. [헝가리]

: 힘들어도 희망을 잃지 마라.

🌀 한쪽 문이 닫히면 다른 쪽이 열린다. [스페인]

🌀 오늘 하지 못한 것은 내일 할 수 있을 것이다. [칠레]

9. 억지가 반 벌충이다.
: 어려움을 당해도 굴하지 않고 꿋꿋이 밀고 나간다는 뜻.

비슷한 속담

◊ 하늘이 열 조각 나더라도. [한국]
: 어떠한 애로가 있어도 반드시 해내겠다고 굳게 결심한다.

◊ 흐느끼며 비감하는 것보다 차라리 주먹을 틀어쥐어라.
(哭泣悲愁, 不如握緊拳.) [중국]

◊ 뜻만 있으면 일은 반드시 성취된다.
(有志者事竟成.) [중국]

◊ 의지가 굳으면 돌도 뚫을 수 있다.
(心堅石也穿.)
(To him who wills, nothing is difficult.) [중국, 영국, 미국]

◊ 뜻이 있는 곳에 길이 있다.
(Where there is will, there is a way.) [영국, 미국, 독일, 스페인]

◊ 의욕 없는 개로는 보잘것없은 토끼밖에 못 잡는다. [네덜란드]

◊ 뽕나무 열매를 따려면 아무리 높아도 올라간다. [남아공]

10. 장마 무서워 호박을 못 심겠는가.

: 해야 할 일은 사소한 방해나 비난을 두려워 말고 추진하라는 뜻.

비슷한 속담

◊ 용맹한 사자는 기어가지 않는다.
(雄獅不會爬着走.) [중국]
: 용감한 사람은 비굴하지 않고 의연하다.

◊ 의(義)를 보고도 실행하지 않으면 용기가 없음이다. [일본]

◊ 메뚜기를 두려워하면 아무것도 수확할 수 없다. [필리핀]

◊ 장미를 얻고자 하는 사람은 가시를 인정해야 한다. [이란]

◊ 물고기를 잡으려면 옷 젖는 것을 꺼리지 마라.
(He who would catch fish, must not mind getting wet.)
[영국, 미국]

◊ 계란을 깨뜨리지 않고 오믈렛을 만들 수 없다.
(You can't make an omelet without breaking eggs.) [영국, 미국]

◊ 대담한 자는 행운의 축복을 받는다. [체코, 슬로바키아]
: 어느 정도 위험은 무릎 쓰고 행동하여야 일을 이룰 수 있다.

◊ 나쁜 이웃 때문에 네 둥지를 허물지 마라. [스페인]
: 나쁜 사람이 두려워 내가 해야 할 일을 못 해서는 안 된다.

◊ 꿀을 원하는 자는 벌을 무서워해서는 안 된다. [남아공]

11. 호랑이 굴에 가야 호랑이 새끼를 잡는다.
: 원하는 것을 성취하기 위해서는 그에 마땅한 일을 하여야 한다는 뜻.

비슷한 속담

🔥 늑대 굴에 들어가지 않고 새끼를 잡기 어렵다. [몽골]

🔥 부딪쳐서 깨져라. [일본]
: 무슨 일이든지 이루려면 먼저 도전해야 한다.

🔥 산으로부터는 오지 않는다. 이쪽에서 산으로 가라. [필리핀]
: 필요하다고 생각되면 적극적으로 찾아 나서라.

🔥 물고기를 먹으려면 물속에 들어가야 한다. [러시아]

🔥 어떤 일이든 해보기 전에는 알 수 없다.
(You never know what you can do till you try.) [영국, 미국]

🔥 모험하지 않으면 아무것도 얻지 못한다.
(Nothing venture, nothing none.) [영국, 미국, 독일]

🔥 처음에 성공하지 못하면 다시 시도하고, 시도하라.
(If at first you don't succeed, try, try again.) [영국, 미국]

🔥 집에 남아 있는 자는 행운을 만나지 못한다. [프랑스]

🔥 바다에 뛰어들지 않으면 바다를 못 건넌다. [베네수엘라]
: 과감하게 일을 추진해야 좋은 결과도 얻을 수 있다.

V. 올바르고
유능한 사회인

자기 계발

01

교육, 인간 형성

> **1. 공부는 늙어 죽을 때까지 해도 다 못한다.**
> : 학문의 길은 끝이 없다는 뜻.

(비슷한 속담)

🕯 배우면서 늙으면 늙는 줄도 모른다.
(學到老, 不會到老.) [중국]

🕯 걸어도 끝이 없는 것이 길이요 읽어도 끝이 없는 것이 책이다.
(走不完全的路, 讀不完全的書.) [중국]

🕯 배우고 난 후에야 자신이 부족함을 안다.
(學然後知不足.) [중국, 독일]

🕯 한걸음에 황하를 건널 수 없듯이 하루 공부해서는 학자가 될 수
없다. [티베트]
: 학문은 단기간에 이루어낼 수 없는 것이다.

🕯 백 년 살고 백 년 배우라. [러시아]

🕯 배움에 나이가 많다는 법은 없다.
(Never too old to learn.) [영국, 미국, 프랑스, 루마니아]

🕯 학문에는 왕도가 없다.
(There is no royal road to learning.) [영국, 미국]
: 학문을 익히는 데 쉽게 습득할 수 있는 방법은 없다.

2. 남의 속에 있는 글도 배운다.
: 밖으로 드러나지 않는 남의 지식도 배울 수 있다는 뜻.
: 남이 하는 행동을 보고 배워 따라 한다는 뜻.

비슷한 속담

🌿 오만한 바위 위에는 지식의 물은 안 흐른다. [티베트]
: 배움을 위해서는 겸허하고 낮은 자세로 임하라.

🌿 늙은 말도 조랑말에게 배운다. [몽골]

🌿 업은 애가 가르쳐주어 얕은 여울을 건넌다. [일본]
: 때로는 자기보다 미숙한 사람에게서도 가르침을 받는다.

🌿 힘은 실질을 귀중히 여긴다. [일본]
: 꾸준히 공부해서 실력을 기르는 것이 중요하다.

🌿 알면 말하고 모르면 기둥에 기대어 듣는다. [베트남]
: 모르면 몸을 낮추어 남의 가르침을 받으라.

🌿 사냥꾼에게 들소가 가르친다. [미얀마]
: 전문가가 아닌 사람에게서도 배워 익힐 것이 있다.

🌿 적으로부터 배우는 것도 정당하다.
(It is lawful to learn from an enemy.) [영국, 미국]
: 적이나 경쟁자라도 그들로부터 좋은 점은 배워야 한다.

🌿 학문은 피와 함께 고통과 함께 들어온다. [스페인]
: 배움에는 끈기와 노력이 있어야 한다.

3. 논 자취는 없어도 공부한 공은 남는다.

: 놀지 않고 힘써 공부하면 훗날 그 공적이 반드시 드러난다는 뜻.

비슷한 속담

ᕋ 똥개도 가르치면 사냥개 된다. [한국]
  : 아무리 시원찮아도 꾸준히 가르치면 제구실을 하게 된다.

ᕋ 거울은 닦을수록 반들거리고 머리는 쓸수록 영리해진다.
  (鏡子越擦越亮, 腦子越用越靈.) [중국]
  : 사람은 배울수록 지혜롭고 훌륭하게 된다.

ᕋ 어릴 때 공부하고 커서는 벼슬길에 나선다.
  (幼而學, 壯而行.) [중국]
  : 열심히 공부해서 나라와 사회에 봉사하라.

ᕋ 지식의 뿌리는 담즙보다 쓰지만 그 열매는 꿀보다 달다. [필리핀]

ᕋ 울면서 배우면 웃음을 얻을 것이다.
  (Learn weeping, and you shall gain laughing.) [영국, 미국]

ᕋ 좋은 상품은 빨리 팔린다.
  (Good ware makes quick markets.) [영국, 미국]
  : 실력을 갖춘 사람은 저절로 알려져 널리 인정을 받는다.

ᕋ 학식 있는 머리는 죽어서도 말을 한다. [독일]
  : 훌륭한 학자는 그가 죽은 후에도 사람들이 따르고 존경한다.

ᕋ 학식이 있는 사람은 네 개의 눈을 가진 것과 같다. [루마니아]
  : 많이 공부한 사람은 세상을 남보다 앞서서 살아간다.

: 책을 많이 읽으면 시공을 넘어 다양한 분야의 지식을 얻을 수 있다는 뜻.

비슷한 속담

⚘ 글이 황금이다. [한국]
: 좋은 글은 황금만큼 값지다.

⚘ 책 속에는 옥과 같은 미인이 있고 황금 같은 집도 있다.
(書中自有顔如玉, 書中自有黃金屋.) [중국]
: 책을 많이 읽으면 부귀공명도 다 거기서 깨우칠 수 있다.

⚘ 반복된 독서는 의미를 뚜렷이 만든다.
(Repeated reading makes the meaning clear.) [영국. 미국]
: 어려운 책도 여러 번 숙독하면 저절로 그 뜻을 알게 된다.

⚘ 목적 없는 독서는 산책이지 공부가 아니다.
(Reading without purpose is sauntering not exercise.) [영국, 미국]

⚘ 독서 하지 않는 자는 눈먼 것과 같다. [아이슬란드]
: 책을 읽지 않는 사람은 지혜의 눈이 먼 것이나 다름없다.

⚘ 책은 말하지 않는 스승이다. [독일]
: 책을 읽으면 직접 말로 가르치지 않지만 스스로 깨우치게 한다.

⚘ 책 없는 집은 정신 없는 육체다. [독일]
: 책을 멀리하는 사람은 인생을 허수아비처럼 사는 것과 같다.

⚘ 아무런 도움이 되지 않는 정도로 나쁜 책은 없다. [스페인]
: 형편없는 책이라도 얻는 것이 있다.

5. 무식한 영웅은 없다.

: 배움이 없어 아는 것이 없으면 처세에 불리하다는 뜻.
: 무식해서는 큰 인물이 될 수 없다는 뜻.

비슷한 속담

⚭ 칼은 갈지 않으면 들지 않고 사람은 배우지 않으면 무식하다.
 　(刀不磨不快, 人不學無知.) [중국]

⚭ 배우지 않은 경문은 읽을 수 없다.
 　(Learn not and know not.) [일본, 영국, 미국]
 　: 평소에 배우지 않고 몸에 익히지 않으면 필요한 때에 활용할 수 없다.

⚭ 비옥한 땅이라도 가꾸지 않으면 잡초가 난다.
 　(Weeds come forth on the fattest soil if it is untilled.) [영국, 미국]
 　: 재주가 있다고 해도 배우지 않으면 쓸모없는 사람이 된다.

⚭ 할 일이 없으면 못된 짓을 배운다. [스웨덴]

⚭ 늙어서 배우는 것은 무지로 죽는 것보다 낫다. [스페인]

⚭ 일하려면 알아야 하고 알려면 배워야 한다. [크로아티아]

⚭ 배움이 있는 하루가 배움이 없는 긴 인생보다 낫다. [쿠바]
 　: 무식하면서 오래 사는 것은 고통스러운 일이다.

⚭ 학교 교육을 못 받은 자는 훈련 받지 못한 사냥개와 같다.

[모로코]

6. 보는 바가 크면 이루는 바도 크다.
: 안목이 높으면 성취하는 것도 그와 같다는 뜻.

비슷한 속담

🦪 나무를 옮기면 죽지만 사람을 옮기면 활력이 생긴다.
(樹挪死, 人挪活.) [중국]
: 사람은 여러 곳을 다녀봐야 경험도 얻고 자신감도 생긴다.

🦪 정원에서 천리마를 달리게 할 수 없고 화분에서 천년송을 길러낼 수 없다.
(庭園里跑不開千里馬, 花盆里育不出千年松.) [중국]
: 큰 뜻을 품고 새로움에 도전할 수 있도록 견문을 넓히도록 한다.

🦪 널리 여행하면 현명해진다.
(He that travels far knows much.) [티베트, 영국, 미국, 독일]
: 여행은 고생스럽지만 그만큼 안목을 길러준다.

🦪 가장 사랑하는 자식에게 여행을 시켜라. [일본, 인도]

🦪 하루의 여행은 한 바구니의 지혜를 얻는다. [베트남]

🦪 집에만 있는 아이는 어리석다. [아이슬란드]

🦪 여행은 젊은이를 성장시킨다. [프랑스]

🦪 여행하는 것은 보기 위한 것이다. [탄자니아]
: 여행은 다양한 분야의 지식을 얻고 국제적인 감각을 익히게 한다.

7. 삼밭의 쑥대는 저절로 곧아진다.

: 쑥이 삼밭에서 자라면 구부러진 쑥도 삼을 닮아 곧게 자라듯이 사람도 좋은 환경에서 자라면 그 영향을 받아 올바르게 된다는 뜻.

비슷한 속담

ꙮ 말을 낳거든 시골로 보내고 아이를 낳거든 공자의 문으로 보내라. [한국]
: 좋은 교육을 받을 수 있는 환경은 아이에게 매우 중요하다.

ꙮ 좋은 사람을 따르면 좋은 사람 되는 것을 배우고 호랑이를 따르면 사람 무는 것을 배운다.
(跟着好人學好人, 跟着老虎學咬人.) [중국]

ꙮ 선악은 친구로 말미암는다. [일본]
: 살아가는 데 친구의 영향은 매우 크다.

ꙮ 사냥꾼 옆에 있으면 사냥꾼, 낚시꾼 옆에 있으면 낚시꾼이 된다.
[미얀마]

ꙮ 교육이 천성보다 중요하다.
(Nurture is above nature.) [영국, 미국]
: 타고난 재질이나 성격보다 교육과 환경이 중요하다.

ꙮ 태어난 곳이 아니라 자라난 곳.
(Not where one is bred but where he is fed.) [영국, 미국]

ꙮ 교육을 받은 상태로 태어난 사람은 아무도 없다. [프랑스]
: 어려서의 교육 환경은 인생을 좌우한다.

8. 엄한 부모 밑에서 효자 난다.

: 부모에게서 엄한 가르침을 받은 자식이 착하게 자란다는 뜻.

비슷한 속담

🔥 귀한 자식 매를 아끼지 말랬다. [한국, 일본]
　: 자식이 귀할수록 엄하고 호되게 가르쳐야 한다.

🔥 막대기 밑에 효자 난다.
　(棒下出孝子.) [중국]

🔥 아이를 응석받이로 키우면 훗날 엄마가 울게 된다. [필리핀]
　: 어릴 때 엄하게 기르지 않으면 훗날 부모가 고통받는다.

🔥 잔가지일 때 굽히는 것이 제일 좋다.
　(Best bend while it is a twig.) [터키, 영국, 미국]
　: 어릴 때부터 바르게 행동하도록 가르쳐야 한다.

🔥 매를 아끼면 아이를 버린다.
　(Spare the rod and spoil the child.) [영국, 미국]
　: 자식을 사랑하는 만큼 훈계와 가르침이 필요하다.

🔥 엄격한 사람에게서 현명한 사람이 태어난다. [스페인]
　: 어릴 때부터 엄하게 가르쳐야 똑똑한 사람으로 길러진다.

🔥 구부러져 자란 나무는 결코 곧게 자라지 못한다. [콜롬비아]

🔥 가르침을 받은 개는 집을 안 더럽힌다. [브라질]
　: 어려서 제대로 가르침을 받은 아이가 올바르게 성장한다.

02 | 정직

9. 정직은 일생의 보배
: 정직함은 삶의 중요한 가치이며 인격 형성에 최우선의 덕목이라는 뜻.

비슷한 속담

δ 거짓말하고 뺨 맞는 것보다 낫다. [한국]
: 좀 무안하더라도 사실대로 솔직하게 말하는 것이 좋다.

δ 하늘은 정직한 자를 지킨다.
(Heaven protects the just.) [일본, 영국, 미국]
: 정직하면 여러 사람의 사랑을 받게 된다.

δ 한쪽으로 기운 짐은 목적지까지 갈 수 없다. [아프가니스탄]
: 정직하지 못한 마음으로는 성공할 수 없다.

δ 진실은 불에도 견딘다. [파키스탄]
: 거짓은 금방 탄로 나지만 정직한 일은 탈 없이 지속된다.

δ 거짓은 40년이 지나도 나타난다. [우즈베케스탄]

δ 정직은 최선의 방책이다.
(Honesty is the best policy.) [영국, 미국, 독일]
: 정직은 세상을 살아가는데 지켜야 할 귀중한 가치다.
: 무슨 일이든지 정직하게 처리하면 실패하지 않는다.

10. 가는 말이 고와야 오는 말이 곱다.

: 남에게 말을 좋게 해야 나에게도 좋은 반응이 돌아온다는 뜻.

비슷한 속담

ぶ 좋은 옷은 몸이 따뜻하지만 좋은 말은 마음이 따뜻하다.
(好衣暖身, 好話暖心.) [중국]

ぶ 말이란 토끼와 같이 부드러울수록 좋다. [티베트]

ぶ 음식 맛은 소금에서 사람 맛은 말에서. [위구르]
: 말은 그 사람의 인격을 나타낸다.

ぶ 묻는 말이 고우면 말대꾸도 곱다. [일본]

ぶ 정중히 부탁하면 낙타도 무릎을 꿇는다. [우즈베키스탄]
: 정중한 말로 대하면 뻣뻣한 사람의 마음도 움직일 수 있다.

ぶ 부드러운 말은 부드러운 길을 연다.
(Smooth words make smooth way.) [영국, 미국, 독일]
: 부드러운 말은 인간관계를 원만하게 하는 지름길이 된다.

ぶ 좋은 말을 한다고 해서 이가 깨지는 건 아니다. [아일랜드]

ぶ 상냥한 말은 철문이라도 연다. [불가리아]

11. 인사에는 선후가 없다.

: 인사는 예절의 가장 기본이니 주저하지 말고 먼저 하라는 뜻.

비슷한 속담

🌡 가는 정이 있어야 오는 정이 있다.
  (One good turn deserves another.) [한국, 영국, 미국]
  : 내가 먼저 남에게 잘 대해주어야 남도 나에게 잘 대해준다.

🌡 맑은 날에 정을 베풀어야 비 오는 날 우산을 빌릴 수 있다.
  (晴天留人情, 雨天好借傘.) [중국]
  : 언제나 남에게 먼저 베푼다는 마음으로 살아가라.

🌡 오는 것만 있고 가는 것이 없으면 예가 아니다.
  (來而不往非禮也.) [중국]

🌡 여행에는 길동무, 세상살이에는 정. [일본]
  : 살아가면서 남에게 온화한 마음을 갖는 것이 중요하다.

🌡 주고받는 정신은 행복을 잉태한다. [미얀마]

🌡 한쪽만의 예의는 오래가지 못한다.
  (Courtesy on one side only lasts not long.) [영국, 미국]

🌡 인사하는 만큼 받게 된다.
  (As you salute, you will be saluted.) [영국, 미국]

🌡 예의는 예의를 낳는다. [스페인]
  : 상대방에게 예의 바르게 대접하면 그 사람 또한 같이 대한다.

12. 절하고 뺨 맞는 일 없다.

: 누구에게나 공손하면 봉변을 당하는 일이 없다는 뜻.

비슷한 속담

🖐 예의는 정성에서 우러나와야 한다. [한국]
: 예의는 상대방을 존중하는 마음에서 시작된다.

🖐 나무는 대패가 다듬고 사람은 예절이 다듬는다.
(木頭用創子修整, 人要靠禮儀調教.)
(Manners maketh man.) [중국, 영국, 미국]
: 사람이 사람다우려면 예절을 알아야 한다.

🖐 예로 시작하여 예로 끝난다. [일본]
: 인간관계에서는 처음부터 끝까지 예의를 갖추어야 한다.

🖐 꼬리를 흔드는 개는 얻어맞지 않는다. [일본]
: 조심하고 싹싹한 사람은 어디에서나 미움받지 않는다.

🖐 생강 먹고 마을에 가고 무 먹고 숲에 간다. [네팔]
: 주위 사람들에게 폐를 끼치지 않도록 항상 배려하고 조심하여야 한다.

🖐 예의를 차리는 데 돈이 들지는 않는다.
(Courtesy costs nothing.) [영국, 미국]

🖐 식사 전에 손을 씻는 아이만이 어른과 함께 밥상에 앉을 수 있다. [코트디부아르]
: 예의 바른 사람은 그에 걸맞은 대우를 받는다.

13. 친절한 동정은 철문으로도 들어간다.

: 진정으로 배려하면 무뚝뚝한 사람의 마음도 열리게 된다는 뜻.

비슷한 속담

⚘ 웃는 얼굴에 침 못 뱉는다.
  (伸手不打笑臉人.) [한국, 중국]
  : 좋은 낯으로 친절하게 대하는 사람에게는 모질게 못한다.

⚘ 한마디의 친절한 말은 겨울철 3개월 동안을 따뜻하게 만든다.
  [일본]

⚘ 빵과 양파, 웃는 얼굴만 있으면 충분하다. [아프가니스탄]
  : 시원찮은 음식이라도 주인이 상냥하고 친절하면 만족스럽다.

⚘ 문을 열면서 표정을 닫는 것은 좋지 못한 대접이다.
  (It is a sin against hospitality, to open your doors and shut up
  your countenance.) [영국, 미국]
  : 사람을 맞이할 때는 늘 상냥한 얼굴로 친절하게 대하여야 한다.

⚘ 친절은 아름다움보다 가치가 있다.
  (Kindness is worth more than beauty.) [영국, 미국]

⚘ 말과 태도가 친절하면 성공한다.
  (Soft and fair goes far.) [영국, 미국]

⚘ 열매가 열리는 팜의 야자나무로 가는 길은 항상 잘 손질되어 있
  다. [코트디부아르]
  : 친절하고 상냥한 사람에게는 찾아오는 사람도 많다.

04|단정, 차림새

14. 보기 좋은 떡이 먹기도 좋다.

: 겉모양이 좋으면 내용도 좋아 보이듯이 단정한 모습은 대인 관계에서도 중요하다는 뜻.

(비슷한 속담)

◊ 아름다운 나무는 그늘도 짙다. [한국]

: 외모가 얌전한 사람은 행동도 얌전하게 보인다.

◊ 향초로 겉을 꾸민다. [라오스]

: 겉모습처럼 내용도 훌륭함을 믿게 한다.

◊ 너를 아는 자는 장점으로 평가하나 모르는 자는 외모로 평가한다. [카자흐스탄]

: 처음 만나는 사람에 대한 평가는 우선 겉모습에 좌우되어 판단하게 된다.

◊ 첫인상이 가장 오래간다.

(First impressions are the most lasting.) [영국, 미국]

◊ 사람들은 보이는 대로 너를 그린다. [폴란드]

: 단정한 모습으로 대하면 좋은 평가를 받을 수 있다.

◊ 좋은 외모는 좋은 소문을 부른다. [크로아티아]

: 인품이 알려지지 않은 동안에는 외모만으로 판단하게 된다.

15. 옷이 날개라.

: 옷을 잘 입으면 인물이 한층 더 훌륭하게 보인다는 말로, 옷은 검소하면서도 품위 있게 입으라는 뜻.

비슷한 속담

⚶ 사람을 보고 요리 접시를 내놓는다.

(看人下菜碟兒.) [중국]
: 우선 옷차림이 좋아야 대접도 받는다.

⚶ 미모의 1/3은 타고난 인물이고 다음 2/3는 차림새이다.

(三分人天性, 七分打衣裳.) [중국]
: 누구나 옷을 잘 입으면 그럴듯한 인물로 보인다.

⚶ 훌륭한 깃털이 훌륭한 새를 만든다.

(Fair feathers make fair fowls.) [영국, 미국, 프랑스]
: 차림에 따라 그 사람의 모습이나 품위가 달라진다.

⚶ 좋은 옷은 모든 문을 연다.

(Good clothes open all doors.) [영국, 미국]
: 옷을 잘 입은 사람은 대접도 잘 받는다.

⚶ 어부 차림으로는 왕후도 구별할 수 없다. [아이슬란드]

: 옷을 깨끗하고 단정하게 입어야 품위 있게 보인다.

⚶ 옷 보고 절한다. [프랑스]

⚶ 음식은 네 입에 맞게 먹고 옷은 남의 기호에 맞게 입어라.

[프랑스]

05 | 습관

---

16. 바늘 도둑이 소도둑 된다.
: 작은 잘못도 버릇이 되면 나중에는 큰 죄를 저지른다는 뜻.

비슷한 속담

6 등겨 먹던 개가 말경에는 쌀 먹는다. [한국]
: 나쁜 짓을 조금씩 하다가 익숙해지면 점점 더 많이 한다.

6 어릴 때 방지하지 않으면 커서 담을 뛰어넘는다.
(小時不防, 大了跳墻.) [중국]

6 두 번 있는 일은 세 번 있다. [일본]

6 숯이 된 나무는 불이 붙기 쉽다. [필리핀]
: 한번 악의 길에 들어가면 또 악의 길로 되돌아가기 쉽다.

6 도둑질은 빵 하나에서부터. [터키]

6 작은 송곳이 큰 송곳을 들어가게 한다.
(The little wimble will let in the great auger.) [영국, 미국]
: 작은 잘못을 저지르다 보면 큰 죄도 범하게 된다.

6 습관은 처음에는 거미줄이지만 마침내는 밧줄이 된다.
(Habits are at first cobwebs, at last cables.) [영국, 미국]
: 몸에 젖은 버릇은 시간이 갈수록 더 굳고 대담해진다.

17. 세 살 적 버릇 여든까지 간다.
: 어릴 때 몸에 밴 버릇은 늙어 죽을 때까지 고치기 어렵다는 뜻.

비슷한 속담

ᘒ 낙숫물은 떨어지던 데 또 떨어진다. [한국]
: 버릇이 들면 늘 그렇게 하게 마련이다.

ᘒ 동냥도 사흘 하면 못 잊는다. [한국]
: 무슨 일이든 버릇이 들면 고치기 힘들다.

ᘒ 개가 똥 먹는 버릇을 고치지 못한다.
(狗改不了吃屎.) [중국]

ᘒ 무는 말은 끝까지 문다. [일본]

ᘒ 병은 지나가지만 버릇은 남는다. [카자흐스탄]
: 버릇이 들면 병보다 고치기 어렵다.

ᘒ 요람에서 배운 것이 무덤까지 간다.
(What is learned in the cradle is carried to the tomb.) [영국, 미국]

ᘒ 나무는 반드시 기울어진 쪽으로 쓰러진다. [프랑스]
: 자신이 평소 하던 버릇에 따라 행동하게 마련이다.

ᘒ 오래된 나무는 쉽게 옮겨 심지 못한다. [남아공]
: 어릴 때부터 몸에 젖은 습관은 고치기 어렵다.
: 버릇이 들면 고치기 어려우니 평소 언행에 각별히 조심하도록 하라.

02

인재(人材)

01 | 큰 인물

> 1. 개천에서 용 난다.
> : 시원찮은 환경이나 변변찮은 집안에서 훌륭한 인물이 나왔다는 뜻.

(비슷한 속담)

6 개똥밭에 인물 난다. [한국]
   : 미천한 집안에서 뛰어난 인물이 나왔다.

6 누더기 속에서 영웅 난다. [한국]
   : 가난하고 보잘것없는 환경을 이겨내고 훌륭하게 되었다.

6 닭 우리에서 봉황새 난다.
   (鷄窩里出鳳凰.) [중국]
   : 미천한 집안에서 태어났어도 훌륭한 사람이 되었다.

6 솔개가 매를 낳는다. [일본]
   : 평범한 부모가 뛰어난 자식을 두었다.

6 검은 암탉이 흰 달걀을 낳는다.
   (It is a case of a black hen laying white eggs.) [영국, 미국]
   : 부모보다 훌륭한 자식을 두었다.

6 역경은 영웅을 만든다. [스페인]
   : 어렵고 힘든 과정을 극복하면서 훌륭한 사람으로 성장한다.

2. 될성부른 나무는 떡잎부터 알아본다.

: 자라서 크게 될 사람은 어릴 때부터 남다르다는 뜻.

비슷한 속담

⌕ 열매 될 꽃은 첫 삼월부터 안다. [한국]
  : 성공할 사람은 어릴 때부터 그 기미가 보인다.

⌕ 용될 고기는 모이철부터 안다. [한국]
  : 큰 인물이 될 사람은 어릴 때부터 남 다른 데가 있다.

⌕ 사람의 됨됨이는 어렸을 때부터 종마의 뛰어남은 망아지 때부터.
  [몽골]

⌕ 좋은 대나무는 나면서부터 곱다. [일본]
  : 잘될 사람은 아이 때 결정된다.

⌕ 건강한 어린 나무에 빛나는 어린 잎. [파키스탄]

⌕ 잘 자랄 나무는 떡잎으로 안다.
  (As the twig is bent, so grows the trees.) [스리랑카, 영국, 미국]

⌕ 가시가 될 것을 일찍부터 찌른다.
  (It early pricks that will be a thorn.) [영국, 미국]
  : 훌륭히 될 사람은 어릴 때부터 징조가 보인다.

⌕ 싹을 보고 열매를 안다. [에스토니아]

⌕ 산의 모양대로 눈이 쌓인다. [스위스]

3. 뭇 닭 속의 봉황이요 새 중의 학 두루미다.

: 평범한 사람 가운데 탁월한 존재라는 뜻.

비슷한 속담

⚷ 닭이 천이면 봉이 한 마리 있다.

　(羊群里頭出駱駝.) [한국, 중국]

　: 사람이 많으면 그중에 뛰어난 사람이 있게 마련이다.

⚷ 하나를 들으면 백을 통한다. [한국]

　: 일부를 보고 전체를 통찰할 만큼 매우 영리하다.

⚷ 모래 속에도 황금이 있듯이 사람들 속에도 현인이 있다.

　(沙子里面有黃金, 人群里面賢人.) [중국]

⚷ 두각을 나타낸다. [일본]

　: 여러 사람 중에 학식이나 재능이 빼어나다.

⚷ 쓰레기장에 학. [일본]

　: 평범한 사람 중에 눈에 띄게 뛰어난 사람이다.

⚷ 현명한 사람은 하나의 암시로 모든 것을 깨닫는다.

　(A word to a wise man is enough.) [아프가니스탄, 영국, 미국, 독일]

　: 영특한 사람은 한 마디만 해도 모든 내용을 파악한다.

⚷ 작은 고기 가운데 트리톤.[*]

　(Triton among the minnows.) [영국, 미국]

　: 평범한 것 가운데 두드러진 재능을 가진 존재다.

---

* 　트리톤(Triton): 그리스 신화에 나오는 바다의 신에 비유하여 위대함을 의미한다.

4. 인왕산 그늘이 강동 팔십 리 간다.

: 한 사람이 잘되어 기세가 좋으면 그의 친척이나 친구들까지도 모두 덕을 입는다는 뜻.

비슷한 속담

⚬ 큰 나무 덕은 못 보아도 큰 사람 덕은 본다.
  (He who leans on a good tree, is well protected by the shade.)

  [한국, 영국, 미국, 스페인]

  : 큰 나무 밑에 있는 작은 나무는 햇볕을 가려 잘 자라지 못하지만 사람은 덕망 있고 권세 있는 사람 밑에 있으면 그 덕을 입는다.
  : 남의 혜택으로 일에 성공한다.

⚬ 명주옷은 사촌까지 덥다. [한국]
  : 가까운 사람이 부귀해지면 그 영향이 일가에게까지 미친다.

⚬ 한 사람이 복이 있으면 온 집안을 끌고 간다.
  (一人有福, 拖帶一屋.) [중국]
  : 한 사람이 잘되면 그 집안사람들이 모두 덕을 입는다.

⚬ 큰 나무 밑에 있는 풀은 서리를 맞지 않는다.
  (大樹之下, 草不占霜.) [중국]
  : 세력이 있는 사람 밑에 있으면 침해를 받지 않는다.

⚬ 황금 옆의 구리가 따라서 빛난다. [몽골]
  : 훌륭한 사람 옆에 있으면 주위 사람도 그 영향을 받는다.

⚬ 훌륭한 나무 한 그루만 있으면 만 마리 새가 머물 수 있다.

  [미얀마]

> ### 5. 먼저 난 머리보다 나중 난 뿔이 무섭다.
> : 후배가 선배보다 우수하다는 뜻.

(비슷한 속담)

⚬ 나중에 심은 나무가 우뚝하다.
   (The younger generation is better prepared.) [한국, 영국, 미국]
   : 뒤에 배운 사람이 먼저 배운 사람보다 훨씬 더 잘한다.

⚬ 먼저 난 눈썹 짧고 나중에 난 수염 길다.
   (尾毛先出短, 胡子後出長.) [중국]
   : 후배가 선배보다 더 낫다.

⚬ 푸른색은 쪽빛에서 나왔으나 쪽빛보다 더 진하다.
   (靑出於藍, 而勝於藍.) [중국]
   : 제자가 스승보다 더 훌륭하다.
   : 후배가 선배보다 더 뛰어나다.

⚬ 아래 세대는 두려워할 만하다.
   (後生可畏.) [중국, 일본]
   : 젊은 후배가 열심히 노력하여 선배를 능가한다.

⚬ 뒤의 기러기가 앞선다. [일본]
   : 후배가 선배를 앞지르는 일이 많다.

⚬ 아이를 존중하면 그가 너를 존경할 것이다. [나이지리아]
   : 아이들을 자신과 동등한 존재로 대하여라.

03

경험, 능력, 장단점

> ### 1. 고기도 먹어 본 사람이 많이 먹는다.
> : 무슨 일이든지 늘 하던 사람이 더 잘하기 마련이라는 뜻.

비슷한 속담

🔥 접시 밥도 담을 탓이다. [한국]
  : 경험이 많은 사람은 조건이 나빠도 일을 잘 처리한다.

🔥 활도 당길 탓. [한국]
  : 경험이 많은 사람은 그 상황에 맞게 일을 처리한다.

🔥 밥을 지을 줄 모르는 사람은 솥을 보지만 밥을 할 줄 아는 사람
  은 불을 본다.
  (不會做飯的看鍋, 會做飯的看火.) [중국]
  : 경험이 많은 사람은 먼저 그 일의 핵심부터 파악한다.

🔥 의사와 된장은 오래된 것일수록 좋다. [일본]
  : 경험이 풍부한 사람이 하는 일은 믿을 수 있다.

🔥 도미도 넙치도 먹어본 사람이 안다. [일본]

🔥 구멍을 잘 뚫는 것은 힘보다는 칼 놀림이다.
  (Sticking goes not by strength, but by guiding of the gully.)
  [영국, 미국]
  : 일에 숙련된 사람은 힘 안 들이고 일을 효율적으로 처리한다.

2. 만고풍상(萬古風霜) 다 겪었다.

: 살아가면서 온갖 어려운 일을 다 겪어보았다는 뜻.

비슷한 속담

🔥 넘어지면서 걷는 것을 배운다.

(從跌跤中學走路.) [중국]

: 무슨 일이든 두려워하지 말고 많이 겪어라.

🔥 바다에 들어가지 않고는 평생 헤엄칠 줄 모른다.

(不下海一生不會遊泳.) [중국]

🔥 천 번의 충고보다 한 번의 재난이 낫다. [터키]

: 재난을 겪으며 고생한 경험은 삶의 귀중한 지혜가 된다.

🔥 평온한 바다에서는 누구나 선장이다.

(In calm sea every man is a pilot.) [영국, 미국]

: 유능한 사람은 힘들고 고통스러운 일을 많이 겪어본 사람이다.

🔥 경험은 바보조차 현명하게 만든다.

(Experience makes even fools wise.) [영국, 미국]

: 어려운 일을 겪고 나면 그만큼 성숙해진다.

🔥 경험은 학문을 능가한다. [프랑스]

🔥 바다에 빠져 본 사람은 비를 무서워하지 않는다. [불가리아]

: 큰 재난을 겪은 사람은 웬만한 일은 능히 헤쳐나갈 수 있다.

🔥 경험이 없으면 지혜가 존재하지 않는다. [수리남]

3. 사람이 오래면 지혜요 물건이 오래면 귀신이다.

: 사람은 오래 살수록 경험이 많아 사물의 이치를 깨닫고 지혜를 얻게 되지만 물건은 오래되면 될수록 쓸데없게 되고 만다는 뜻.

비슷한 속담

🌊 늙은 말이 길을 안다.
  (老馬識道.) [한국, 중국]
  : 나이가 많으면 경험이 풍부하여 일에 대한 이치를 잘 안다.

🌊 늙은 말이 제값 한다. [한국, 일본]
  : 나이가 많은 사람은 경험이 많아 실수하는 일이 적다.

🌊 늙은 소 밤길 가듯. [한국]
  : 어떤 일을 아주 능숙하게 잘한다.

🌊 생강은 오래된 것이 맵다.
  (姜是老的辣.) [중국]
  : 노인은 일 처리가 노련하고 빈틈이 없다.

🌊 진흙에 빠진 늙은 소가 강하다. [몽골]
  : 경험이 많은 사람은 어려운 일을 슬기롭게 잘 해결한다.

🌊 백세가 되어야 백사(百事)를 깨닫는다. [일본]
  : 세상일은 많은 경험을 통해서 배우고 터득하게 된다.

🌊 어른을 따라서 걸으면 개한테도 안 물리는 법이다. [태국]

🌊 늙은 참새는 왕겨로 속일 수 없다. [러시아]

↺ 좋은 충고를 얻고 싶으면 노인을 찾아가라.
   (If you wish good advice, consult an old man.) [영국, 미국]

↺ 좋은 수프는 오래된 냄비가 끓일 수 있다.
   (Good broth may be made in an old pot.) [영국, 미국]
   : 경험이 많을수록 효과적으로 일을 해결한다.

↺ 늙은 여우의 뒤를 따르는 것은 다행이다.
   (It's good to follow the old fox.) [영국, 미국]
   : 경험이 많고 노련한 사람의 인도를 받는 것은 유익하다.

↺ 지혜는 나이에 붙어 가는 것. [아일랜드]

↺ 늙은 개들이 있어야만 사냥이 된다. [프랑스]
   : 경험이 많은 사람이 있으면 일하기가 수월하다.

↺ 늙은 개가 짖을 때는 밖을 살펴라.
   (An old dog barks not in vain.) [영국, 미국, 독일, 스페인, 이탈리아]
   : 노인이 하는 말에 귀를 기울이라.

↺ 늙은 소가 일군 밭이랑은 안 굽는다. [스페인]

↺ 병아리는 닭에 이기지 못한다. [콜롬비아]
   : 경험이 많은 사람한테는 못 당한다.

↺ 의자에 앉은 노인은 서 있는 아이보다 먼 곳을 본다.
                                                    [코트디부아르]
   : 노련한 사람은 어떤 일이든 먼저 전체적인 의미부터 파악한 후에 해결
     방안을 모색한다.

↺ 노파는 이유 없이 밭을 뛰어다니지 않는다. [코트디부아르]
   : 경험이 많은 사람은 시간과 힘을 낭비하지 않는다.

4. 집안엔 늙은이 하나와 걸레 하나는 반드시 있어야 한다.

: 걸레는 집 안을 깨끗이 하고 노인은 풍부한 경험을 바탕으로 집 안팎의 대소사를 지혜롭게 해결하도록 도와준다는 뜻.

비슷한 속담

ᘯ 늙은이 말 들어 손해 가는 일 없다.
(不聽老人言, 饑荒在眼前.) [한국, 중국]
: 집에 노인이 있으면 살아가는 데 많은 도움이 된다.

ᘯ 진주는 늙은 조개 속에서 나온다. [태국]

ᘯ 집에 노인이 있는 것은 그 집에는 길조다. [이스라엘]

ᘯ 집에 노인이 없으면 사서라도 모셔라. [아라비아]

ᘯ 현명한 노인은 물이 가득한 우물. [카자흐스탄]
: 노인은 경험이 풍부하므로 요긴한 물처럼 소중하다.

ᘯ 가장 좋은 술은 오래된 통에서 나온다.
(The best wine comes out of an old vessel.) [영국, 미국]
: 나이가 많은 사람은 일의 판단이 그르지 않도록 방향을 제시해 준다.

ᘯ 노인은 몸속에 역서(曆書)를 가지고 있다. [이탈리아]
: 노인은 지나간 세상일과 집안의 모든 내력을 잘 알고 있다.

ᘯ 한 노인의 죽음은 한 개의 도서관이 타서 없어진 것과 같다. [기니]
: 노인은 한 세대의 굴곡을 겪은 살아 있는 역사의 증인이다.

02 | 무식, 무능

> 5. 무식이 유죄다.
> : 아는 것이 없으면 손해를 보면서 세상을 살아가게 된다는 뜻.

비슷한 속담

🔥 무식하면 손발이 고생한다. [한국]
　: 배우지 못한 사람은 몸만 바쁘게 움직여 힘들게 산다.

🔥 무식한 귀신이 저 죽을 줄 모른다. [한국]
　: 무식하면 제가 하는 짓이 위험한 일인 줄도 모르고 날뛴다.

🔥 무식한 벗은 원수 못지않게 무섭다. [한국]
　: 무식한 자가 제 딴에는 잘해준다고 하는 일이 오히려 친구에게 해를 끼치는 일이 될 수 있다.

🔥 사람에게 무지의 병만큼 나쁜 병은 없다. [이란]
　: 무식한 것은 살아가는 데 큰 약점이다.

🔥 지식이 없으면 아침도 밤. [러시아]
　: 무식한 사람은 세상을 힘들게 산다.

🔥 무식은 큰 짐. [아일랜드]
　: 무식은 세상살이에 매우 불리한 조건이다.

🔥 무식한 주제에 배우려고 하지 않으면 좋지 않다. [크로아티아]

6. 육갑도 모르고 산통 흔든다.
: 가장 기초적인 것도 모르면서 함부로 나서서 아는 척한다는 뜻.

비슷한 속담

◊ 눈먼 놈이 앞장선다. [한국]
　　: 잘 모르거나 부족한 사람이 다른 사람보다 먼저 나선다.

◊ 말똥도 모르고 마의(馬醫) 노릇 한다. [한국]
　　: 말에 대하여 잘 모르는 사람이 말의 병을 치료하려고 하는 것처럼 어떤
　　　일에 대해 잘 알지도 못하면서 그 일을 맡으려 한다.

◊ 맥도 모르고 침통 흔든다. [한국]
　　: 일의 기본 이치나 속내도 모르면서 무턱대고 덤빈다.

◊ 잣눈도 모르고 조복을 마른다.* [한국]
　　: 제대로 알지도 못하면서 가장 어려운 일을 하려고 한다.

◊ 금값은 금 세공사가 안다. [아프가니스탄]
　　: 어떤 일이든 그 방면의 전문가가 제일 잘 안다.

◊ 모르면서 모른다는 사실조차도 모르는 자는 바보니까 피해라.
　　　　　　　　　　　　　　　　　　　　　　　　　　[아라비아]

◊ 장님이 장님을 인도하면 둘 다 수렁에 빠질 것이다.
　　(When the blind lead the blind, both shall fall into the ditch.)
　　　　　　　　　　　　　　　　　　　[영국, 미국, 독일, 프랑스, 스페인]
　　: 잘 모르는 일에는 함부로 나서지 마라.

---

* 　조복(朝服)을 마르다: 예전에, 관원이 임금에게 하례할 때 차려입는 예복을 짓는 일을
뜻한다.

7. 칼도 날이 서야 쓴다.

: 맡은 역할을 제대로 하려면 그만한 실력을 갖추어야 한다는 뜻.

: 무엇이나 제 기능을 할 수 있게 갖추어져야 존재 가치가 있다는 뜻.

(비슷한 속담)

⚭ 구슬 없는 용(龍). [한국]

: 허우대만 멀쩡할 뿐 능력이 없어 쓸모가 없다.

⚭ 먹는 데는 걸신, 노는 데는 귀신, 일하는 데는 등신이다. [한국]

: 먹고 놀기만 하고 일은 하지 못하는 무능한 사람이다.

⚭ 염불 못 하는 중이 아궁이에 불을 땐다. [한국]

: 무능한 사람은 같은 계열이라도 가장 천한 일을 하게 된다.

⚭ 무능한 자 아무 일도 못한다.

(無能爲力.) [중국]

: 주어진 일을 추진하지도 해결하지도 못하면 사회에서 소외당할 수밖에
없다.

⚭ 무능한 사람의 먹는 솜씨. [일본]

: 일은 못 하는 사람이 먹는 것만은 잘한다.

⚭ 세상은 바다와 같다. 헤엄치지 못하는 자는 빠진다. [스페인]

: 무능한 자는 세상에서 뒤처지게 된다.

⚭ 당나귀 달리기는 바로 멈춘다. [자메이카]

: 무능한 사람은 일을 제대로 처리하지 못하여 바로 그 무능함을 드러내고
만다.

8. 가재는 작아도 돌을 진다.

: 비록 체구는 작고 볼품없어도 제 할 일은 다 한다는 뜻.

(비슷한 속담)

◊ 작은 고추가 더 맵다. [한국, 멕시코]
　: 작고 어려도 재능이 있고 하는 일이 야무지다.

◊ 잔고기 가시 세다. [한국]
　: 몸집은 작고 어려도 속이 알차고 단단하다.

◊ 개미는 작아도 산을 옮길 수 있다.
　(螞蟻誰小, 敢搬大山.) [중국]

◊ 저울추는 작아도 천 근을 단다.
　(秤鐘儿雖小, 能壓千斤.) [중국]

◊ 바늘은 작아도 깊이 찌른다. [러시아]

◊ 작은 개가 긴 꼬리를 가졌다.
　(Little dogs have long tails.) [영국, 미국, 프랑스]
　: 나이가 어린 사람이 일을 완벽하게 해낸다.

◊ 좋은 향수는 작은 병에 들어있다. [프랑스, 베네수엘라]
　: 몸은 왜소하지만 훌륭한 재능을 가지고 있다.

9. 명필은 붓을 가리지 않는다.

: 능력이 있는 사람은 상황이나 조건에 구애받지 않는다는 뜻.

비슷한 속담

⚖ 좋은 농사꾼에게 나쁜 땅이 없다. [한국]
: 농사를 잘 짓는 사람은 메마른 농토도 정성껏 가꾸어 옥토로 만드는 것
처럼 능력이 있는 사람은 조건에 상관하지 않는다.

⚖ 좋은 목수는 버리는 나무가 없다. [한국]
: 훌륭한 기술자는 재료를 낭비하지 않고 효율적으로 일을 한다.

⚖ 큰물이 세계를 삼켜도 오리는 조급해하지 않는다.
(大水淹了世界, 鴨子不着急.) [중국]
: 능력이 있는 사람은 불리한 상황에서도 일 처리에 태연하다.

⚖ 진짜 금은 불의 시련을 두려워하지 않는다.
(眞金不怕火鍊.) [중국]
: 능력이 있는 사람은 힘든 환경에서도 의연하다.

⚖ 뛰어난 기능인은 재료를 가리지 않는다.
(The cunning mason works with any stone.)
[일본, 필리핀, 영국, 미국]

⚖ 솜씨 좋은 재봉사는 자투리도 버리지 않는다. [루마니아]

⚖ 어떤 바람이 불어도 풍차는 늘 가루를 빻는다. [그리스]
: 능력이 있는 사람은 주변 상황에 개의치 않는다.

10. 쇠 힘은 쇠 힘이요 새 힘은 새 힘이다.

: 저마다의 특수한 능력이 있는 것이니 힘의 대소(大小)만으로 사람을 평가해서는 안 된다는 뜻.

비슷한 속담

ζ 구멍을 파는 데는 칼이 끌만 못하고 쥐 잡는 데는 천리마가 고양이만 못하다. [한국]

: 저마다 제구실이 따로 있고 쓰이는 데가 각각 다르다.
: 각기 다른 분야의 일은 그 분야의 전문가가 제일이다.

ζ 사자의 울부짖음이 아무리 크다 해도 집을 지키는 데는 역시 작은 검둥개가 적격이다. [티베트]

ζ 토끼가 수레를 끌 수 있다면 왜 나귀를 사겠는가. [티베트]

ζ 국자는 귀이개가 되지 못한다. [일본]

: 무엇이든 용도에 맞는 것이 유용한 것이다.

ζ 알맞은 자리 알맞은 사람.
(The right man in the right place.) [영국, 미국]

ζ 걸레와 냅킨을 혼동해서는 안 된다. [프랑스]

: 누구나 적합한 역할이 있으니 그 능력에 맞게 다루어야 한다.

ζ 크다고 귀하지 않고 작다고 천하지 않다. [스페인]

ζ 뼈를 씹어 먹는 사람이 있는가 하면 고기도 씹지 못하는 사람이 있다. [루마니아]

11. 열두 가지 재주 있는 놈이 저녁거리가 없다.

: 여러 분야에 어정쩡한 지식을 가진 사람은 한 가지 특출한 재능을 가진 사람보다 성공하기 어렵다는 뜻.

비슷한 속담

♦ 백 가지 재주가 정통한 하나의 재주만 못하다.
  (百藝不如一藝精.) [중국, 태국]
  : 한 가지 재주라도 확실하게 익혀야 한다.

♦ 다재(多才)는 무재(無才). [일본, 튀니지]
  : 재주가 너무 많으면 깊이가 없어 오히려 쓸모가 없다.

♦ 재간 많은 사람, 일요일에 빵 구걸한다.
  (A man of many trades, begs his bread on Sunday.)
  [영국, 미국, 독일]
  : 재주 많은 것을 믿고 이것저것 손대다가 결국은 실업자가 된다.

♦ 모든 직업 가진 잭(Jack)은 무직업이다.
  (Jack of all trades is of no trade.) [영국, 미국]
  : 여러 가지 직업을 가진 사람은 한 가지도 충실할 수 없다.

♦ 모든 것에 능한 사람은 한 가지 일에 전문가가 못 된다.
  [프랑스, 스페인]
  : 여러 분야에 조금씩 지식은 가지고 있으나 정통한 지식은 한 가지도 없어 써먹을 데가 없다.

♦ 열네 가지 직업 가진 사람, 열다섯 가지 불행 만난다. [독일]
  : 직업이 많은 사람은 성공하지 못한다.

12. 우물을 파도 한 우물을 파라.

: 무슨 일이든지 그 일을 끝까지 밀고 나가야 성공할 수 있다는 뜻.

비슷한 속담

🔔 두 갈래 길에서 헤매는 사람은 아무 데도 못 간다. [한국]
: 어떤 일을 두고 망설이게 되면 아무 일도 이루어내지 못한다.

🔔 가다 말면 안 가는 것만 못하다.
(從頭到尾.) [중국]

🔔 바늘 끝이 두 개면 옷을 꿰매기가 어렵고 한마음을 두 갈래로 사용하면 일을 성사시키기 어렵다. [티베트]

🔔 최초의 결심을 잊지 마라.
(Don't forget your first resolution.) [영국, 미국]

🔔 일단 배를 탔으면 배로 갈 일이다. [네덜란드, 벨기에]
: 이미 일을 하려고 작정했으면 그 계획대로 추진하라.

🔔 자기 자리를 떠나는 사람은 그 자리를 잃는다. [프랑스]
: 맡은 일에 성실하지 못하면 다른 사람에게 그 자리를 빼앗기게 된다.

🔔 여러 가지 일을 하면 어느 것도 생활을 보장하지 못한다. [스페인]

🔔 구르는 돌은 풀을 붙잡을 수 없다. [마케도니아]

🔔 강을 건널 때 말을 바꾸지 마라. [아르헨티나]
: 무슨 일이든지 진행되고 있는 도중에 방법을 변경하지 마라.

13. 날면 기는 것이 능하지 못하다.

: 재주가 많은 사람이라도 모든 일을 다 잘할 수는 없다는 뜻.

비슷한 속담

ㅇ 무는 호랑이는 뿔이 없다. [한국]

: 입으로 무는 호랑이에게는 받는 뿔이 없듯이 무엇이든 좋은 것을 다 갖추기는 어렵다.

ㅇ 좋은 점이 있으면 나쁜 점도 있다.

(有一利, 必有一弊.) [중국]

ㅇ 재주꾼은 병이 많다. [일본]

: 재주가 많은 사람은 대개 몸이 약한 단점이 있다.

ㅇ 뿔 있는 짐승은 윗니가 없다. [일본]

ㅇ 하늘은 두 가지 재주를 주지 않는다. [일본]

: 공평하고 조화를 이루는 것이 세상 이치다.

ㅇ 노래 잘 부르는 새가 둥지를 잘 만든다고는 할 수 없다. [자메이카]

: 한 가지를 잘한다고 해서 다른 것도 잘하는 것은 아니다.

ㅇ 개에게 뿔이 있다면 개는 물고 받을 것이다. [이집트]

: 누구나 능숙한 면이 있으면 반면에 미흡한 면도 있다.

14. 옥(玉)에도 티가 있다.

: 아무리 훌륭한 사람이라도 결점이 있게 마련이라는 뜻.

비슷한 속담

⚭ 새 옷도 두드리면 먼지 난다. [한국]

: 아무리 청렴한 사람이라도 파헤쳐보면 결점이 드러난다.

⚭ 털어서 먼지 안 나는 사람 없다.

(No man is infallible.) [한국, 일본, 영국, 미국]

: 누구나 다 조그마한 허물은 가지고 있다.

⚭ 임금의 몸에도 이 세 마리가 있다.

(皇帝身上也有三個御虱.) [중국]

⚭ 황금에 순금이 없고 사람 중에 완전한 사람 없다.

(金無足赤, 人無完人.)

(No gold without its dross.) [중국, 일본, 영국, 미국]

⚭ 흠이 없는 상아(象牙)는 없다. [인도네시아. 말레이시아]

: 사람은 누구나 흠이 있게 마련이다.

⚭ 아무리 좋은 천에도 좀이 생길 수 있다.

(The best cloth may have a moth in it.) [영국, 미국]

: 뛰어난 사람도 결점이 있다.

⚭ 한 점도 흠이 없는 말(馬)을 얻고 싶은 자는 말(馬)없이 지내거라.

[포르투갈]

: 세상에 완전무결한 것은 없다.

04

노력, 성취

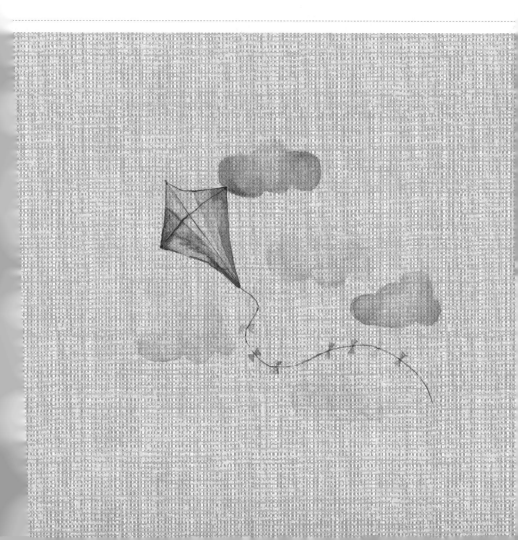

01 | 시작

1. 시작이 좋으면 끝도 좋다.
: 일의 처음이 잘되면 끝까지 순조롭게 되기 마련이라는 뜻.

비슷한 속담

🔥 시작이 반이다.
   (好的開始是成功的一半.)
   (Well begun is half done.) [한국, 중국, 일본, 영국, 미국, 남아공]
   : 어떤 일이든 시작만 하면 끝마치는 것은 그리 어렵지 않다.
   : 시작 그 자체가 매우 중요하다.

🔥 길은 걸어야 닿을 수 있고 일은 시작해야 이룰 수 있다.
   (路不走不到, 事不做不成.) [중국]

🔥 하지 않는 것보다 늦게라도 하는 편이 낫다.
   (Better late than never.) [영국, 미국]

🔥 시작에 조심하라.
   (Beware are beginnings.) [영국, 미국]
   : 어떤 일이든 시작에는 신중할 것이며 항상 끝을 생각하여야 한다.

🔥 처음 시작은 가장 용기 있는 자만이 할 수 있다. [노르웨이]

🔥 우선 시작하지 않으면 끝도 없다. [이탈리아]
   : 일단 착수를 해야 완성품이 나올 수 있다.

2. 천리 길도 한 걸음부터.
: 아무리 큰일이라도 그 첫 출발은 작은 일에서부터 시작한다는 뜻.

비슷한 속담

§ 큰 곳에 착안하되 작은 곳부터 시작한다.
  (大處着眼, 小處着手.) [중국]
  : 목표는 원대하게 가지되 시작은 작은 일부터 손을 댄다.

§ 산을 옮기는 사람은 작은 돌멩이부터 옮긴다. [티베트]
  : 크고 중대한 일도 작은 일부터 착수한다.

§ 하나하나 하다가 보면 이루어진다. [네팔]
  : 무슨 일이든 서두르지 말고 단계적으로 해결해나가라.

§ 첫 계단을 밟아야 다음 계단을 올라설 수 있다. [터키]

§ 사다리에 오르려면 밑바닥에서 시작해야 한다.
  (He who would climb the ladder must begin at the bottom.) [영국, 미국]
  : 큰일을 이루기 위해서는 기초부터 차근차근 진행하여야 한다.

§ 힘든 것은 처음의 한 걸음 뿐이다.
  (The first step is the only difficulty.) [영국, 미국]
  : 어떤 일이라도 처음 시작할 때가 가장 힘들다.

§ 고층 건물을 세우려면 낮은 데서부터 시작해야 한다.
  [네덜란드, 벨기에]

§ 너무 크게 시작하는 사람은 성취하는 것이 거의 없다. [독일]

3. 거미도 줄을 쳐야 벌레를 잡는다.
: 일을 성취하기 위해서는 그에 상응하는 노력을 해야 한다는 뜻.

(비슷한 속담)

🜂 나는 새도 깃을 쳐야 날아간다. [한국]
 : 재능이 많아도 노력하지 않으면 소용이 없다.

🜂 새를 보고 싶거든 나무를 심으랬다. [한국]
 : 무슨 일이든 이루려면 먼저 바탕을 마련해야 한다.

🜂 한 때 수고하면 오래도록 행복하다.
 (一時辛苦, 永遠幸福.)
 (Sweet is the fruit of labour.) [중국, 필리핀, 영국, 미국]

🜂 냄비 속에 넣은 것이 숟가락에 오른다. [카자흐스탄]
 : 무엇이든 노력한 만큼 얻을 수 있다.

🜂 개는 뛰어다니며 뼈를 찾아낸다. [우즈베키스탄]

🜂 신은 호두를 주었지만 호두를 깨지는 않았다. [독일]

🜂 노력 없는 지름길은 없다. [스페인]

🜂 가랑이의 땀과 이마의 땀 없이는 얻을 것이 없다. [탄자니아]

4. 낙락장송(落落長松)도 근본은 씨앗.

: 커다란 나무도 작은 씨앗에서 비롯되듯이 훌륭한 사람도 근본을 캐어 보면 평범한 사람과 다름없다는 뜻.

비슷한 속담

⚘ 장상은 본래 씨가 없다. 사내라면 스스로 강해져야 한다.
   (將相本無種, 男兒當自強.) [중국]
   : 훌륭한 사람은 가계나 혈통이 아니고 노력에 달려 있다.

⚘ 만 길이나 되는 높은 집도 땅바닥에서 시작되듯이 영웅은 출신에 상관없이 될 수 있다.
   (萬丈高樓平地起, 英雄不論出身低.) [중국]
   : 출신 성분과 상관없이 노력하면 누구나 성공할 수 있다.

⚘ 황소가 사납지만 지난날에는 송아지였다. [몽골]
   : 큰 인물도 처음엔 연약한 어린이였다.

⚘ 모든 떡갈나무는 한때 도토리였다.
   (Every oak has been an acorn.) [영국, 미국]

⚘ 위인으로 태어난 사람은 하나도 없다.
   (No one is born master.) [영국, 미국, 독일, 이탈리아]
   : 유명하거나 훌륭한 사람은 모두가 열심히 노력하고 수련을 쌓아서 되는 것이지 태어날 때부터 뛰어난 인물은 없다.

⚘ 누구나 노력없이는 유명해질 수 없다.
   (No man proves famous but by labour.) [영국, 미국]

⚘ 작은 씨앗을 비웃지 마라, 언젠가는 종려나무가 된다. [앙골라]

5. 느릿느릿 걸어도 황소걸음.
: 비록 행동은 더딘 것 같지만 오히려 믿음직스럽고 알차다는 뜻.

비슷한 속담

◌ 느린 걸음이 잰걸음. [한국]
: 천천히 해도 꼼꼼하고 실수 없이 하는 것이 오히려 빠르다.

◌ 절뚝발이 말이 천리를 간다. [한국]
: 약한 사람도 꾸준히 노력하면 무슨 일이든 할 수 있다.

◌ 서두르지도 말고 쉬지도 말고.
(不怕慢, 只怕站.)
(Without haste, without rest.) [중국, 영국, 미국, 프랑스, 독일]

◌ 쉬지 않고 걷는 자는 누구도 못 당한다. [방글라데시]

◌ 천천히 걷는 사람이 멀리 간다.
(Who goes slowly goes far.) [러시아, 영국, 미국, 폴란드]

◌ 험한 언덕을 오를 때 처음에는 천천히 걸어야 한다.
(To climb steep hills requires slow pace at first.) [영국, 미국]
: 어떤 일을 단기간에 성과를 내려고 무리하지 마라.

◌ 빨리 달리는 사람은 금방 멈춘다. [스페인]

◌ 가장 마지막에 들어오는 소도 울안에 들어간다. [남아공]
: 멈추지 않고 꾸준히 하면 결국은 목표를 달성할 수 있다.

6. 무쇠도 갈면 바늘 된다.

: 아무리 어려운 일이라도 꾸준히 노력하면 이룰 수 있다는 뜻.

비슷한 속담

⚬ 낙숫물이 댓돌을 뚫는다.

(滴水穿石.) [한국, 중국, 일본, 프랑스, 독일]
: 작은 힘이라도 끈기 있게 계속하면 큰일을 이룰 수 있다.

⚬ 솔개도 오래면 꿩을 잡는다. [한국]

: 어떤 분야에 지식이나 경험이 없는 사람이라도 그 부문에 오랫동안 종사
하면 못하던 일도 잘할 수 있게 된다.

⚬ 삼 척 두께의 얼음이 하루아침 추위로 된 것이 아니다.

(氷凍三尺, 非一日之寒.) [중국]
: 큰일은 쉽게 이루어지는 것이 아니다.

⚬ 십 년 동안 한 자루 칼을 간다. [일본]

⚬ 로마는 하루아침에 건설되지 않았다.

(Rome was not built in a day.) [영국, 미국, 프랑스, 이탈리아]
: 위대한 일은 오랜 세월에 걸쳐 서서히 이루어진다.

⚬ 천재는 1 퍼센트의 영감과 99 퍼센트의 땀으로 이루어진다.

(Genius is one percent inspiration and ninety-nine percent
perspiration.) [영국, 미국, 독일]

⚬ 계속 문지르면 새끼줄로도 바위를 자른다. [케냐]

7. 첫술에 배부르랴.

: 무슨 일이든지 단번에 만족할 수는 없다는 뜻.

비슷한 속담

⚲ 열 번 찍어 아니 넘어가는 나무 없다.
   (The repeated stroke will fell the oak.) [한국, 영국, 미국]
   : 여러 번 계속해서 애쓰면 원하는 대로 일을 이룰 수 있다.
   : 아무리 완고한 사람도 여러 번 권하면 마음이 움직인다.

⚲ 작은 도끼도 연달아 치면 큰 나무를 눕힌다. [한국]
   : 작은 힘이지만 반복하면 큰일을 이룰 수 있다.

⚲ 한 삽으로 우물을 팔 수 없고 한 필로 용을 그릴 수 없다.
   (一鍬不能挖工成井, 一筆不能畫成龍.) [중국]
   : 큰일을 성취하기 위해서는 꾸준히 노력해야 한다.

⚲ 한 주먹으로 호랑이를 잡을 수 없다.
   (獨拳難打虎.) [중국]

⚲ 큰 주전자는 더디 끓는다. [일본]

⚲ 떡갈나무는 단번에 쓰러지지 않는다.
   (As oak is not felled at one stroke.) [러시아, 영국, 미국, 독일, 스페인]

⚲ 많이 쏘다보면 적중하게 된다.
   (He that shoots often, at last shall hit the mark.) [영국, 미국,]

⚲ 잘 안 되는 일이라도 몇 번이고 반복하면 결국에는 이루어질 것
   이다. [프랑스, 네덜란드, 벨기에]

8. 개미 떼가 용을 잡는다.
: 연약한 사람들도 결집하면 대단한 상대를 제압할 수 있다는 뜻.

비슷한 속담

🖐 모기도 모이면 천둥소리를 낸다. [한국, 일본]
  : 힘없는 사람이라도 많이 모이면 큰 능력을 발휘한다.

🖐 참새가 천 마리면 호랑이 눈도 빼먹는다. [한국]
  : 약한 사람도 많이 모여 힘을 합하면 큰일을 해낼 수 있다.

🖐 까치가 한마음으로 협력하면 낙타도 이길 수 있다.
  (喜鵲齊心合力, 定能打敗駱駝.) [중국]
  : 서로 힘을 모으면 생각보다 더 큰 힘이 된다.

🖐 무리 지은 양은 승냥이도 두려워한다.
  (合群的羊, 狼也害怕.) [중국, 러시아]

🖐 열 개의 손가락은 한 개의 손가락보다 강하다. [러시아]

🖐 약한 것도 뭉치면 강하게 된다.
  (Weak things united become strong.) [영국, 미국]

🖐 실을 모으면 사자를 묶는다. [에티오피아]
  : 약한 자라도 힘을 한데 모으면 강자를 이길 수 있다.

9. 나무는 숲을 떠나 홀로 있으면 바람을 더 탄다.
: 사람도 혼자가 되면 더 외롭고 고통을 받는다는 뜻.

비슷한 속담

🔖 숯불도 한 덩이는 쉽게 꺼진다. [한국]
: 힘을 모으지 않으면 큰일을 이루기 어렵다.

🔖 손가락 하나를 구부렸다고 주먹이 되지 않는다.
(一個指頭握不成拳.) [중국]
: 한 사람으로는 큰 힘이 되지 못한다.

🔖 범은 산을 떠날 수 없고 사람은 군중을 떠날 수 없다.
(虎不能離山, 人不能離群.) [중국]

🔖 소 떼가 흩어지면 호랑이가 달려든다. [미얀마]
: 단결하지 않으면 외부의 적이 넘본다.

🔖 참깨씨 하나는 기름을 짜지 못한다. [미얀마]

🔖 아바카(abaca)가 아무리 질기다고 해도 한 가닥은 쉽게 끊어진다. [필리핀]

🔖 뭉치면 살고 흩어지면 죽는다.
(United we stand, divided we fall.) [영국, 미국]

🔖 큰 나무라도 한 그루로는 숲을 이루지 못한다. [노르웨이]
: 강한 사람이라도 혼자서는 모든 일을 다 할 수 없다.

🔖 한 사람이라는 것과 한 사람도 없다는 것은 마찬가지. [이탈리아]

10. 백지장도 맞들면 낫다.

: 쉬운 일이라도 혼자 하기보다 서로 협력하면 훨씬 쉽다는 뜻.

비슷한 속담

👆 동냥자루도 마주 벌려야 들어간다. [한국]
: 보잘것없는 일이라도 서로 협력하면 잘 해낼 수 있다.

👆 종이도 네 귀를 들어야 바르다. [한국]
: 무슨 일이든 모두 힘을 합쳐야 일이 잘된다.

👆 전체보다 현명한 개인은 없다. [일본]
: 여러 사람의 지혜가 뛰어난 한 사람의 지혜보다 낫다.

👆 두 머리는 하나보다 낫다.
(Two heads are better than one.) [영국, 미국]
: 서로 의견을 모으면 더 좋은 방법이 나오게 마련이다.

👆 개가 많으면 토끼를 빨리 잡는다.
(Many hounds soon catch the hare.) [영국, 미국]

👆 손이 많으면 일도 쉽다.
(Many hands make light work.) [영국, 미국, 프랑스]
: 여러 사람이 힘을 합하면 일을 쉽게 이룰 수 있다.

👆 다른 손 도움 없이 한 손으로는 손뼉 치지 못한다. [모로코]

👆 한 알의 쌀을 집는 데도 많은 손가락이 필요하다. [코트디부아르]
: 힘을 합쳐 노력하면 모든 일이 수월하다.

11. 여럿이 가는데 섞이면 병든 다리도 끌려간다.

: 여럿이 같이하면 평소에는 못하던 사람도 잘하게 된다는 뜻.

비슷한 속담

🔥 서로 의지하면 넘어지지 않는다. [우즈베키스탄]

🔥 사람은 수풀에서는 자라지 못한다. [타지키스탄]
  : 사람은 사람끼리 모여 서로 협력하며 살아가야 한다.

🔥 무거우면 함께 짊어지고 가벼우면 함께 손에 든다. [인도]

🔥 한 손이 다른 손을 씻는다.
  (One hand washes the other.) [러시아, 영국, 미국, 독일]
  : 손을 씻을 때 한 손으로 보다는 양손으로 씻어야 깨끗해지듯이 서로 협력하면 더 좋은 결과를 가져올 수 있다.

🔥 서로 나누면, 기쁨은 두 배로 늘고 슬픔은 반으로 준다.
  (When shared, joy is doubled and sorrow halved.) [영국, 미국]

🔥 협력은 힘을 태워준다. [스페인]
  : 서로 협력하면 큰 힘을 얻을 수 있다.

🔥 함께 당하는 재난은 반은 즐겁다. [이탈리아]
  : 재난도 함께하면 좀 더 쉽게 극복할 수 있다.

🔥 인간의 약은 인간이다. [세네갈]
  : 사람은 누구나 자기가 안고 있는 여러 가지 문제를 다른 사람과의 좋은 관계로 해결할 수 있다.

04 | 성과, 마무리

12. 모로 가도 서울만 가면 된다.
: 무슨 수단이나 방법을 쓰더라도 목적을 달성하면 된다는 뜻.

비슷한 속담

⚲ 머리를 삶으면 귀까지 익는다. [한국]
  : 문제의 핵심을 처리하면 부수적인 일들은 저절로 해결된다.

⚲ 흰 고양이든 검은 고양이든 쥐만 잡으면 좋은 고양이다.
  (白猫黑猫抓到老鼠就是好猫.) [중국]

⚲ 모든 길은 로마로 통한다.
  (All roads lead to Rome.) [일본, 러시아, 영국, 미국, 독일 스페인]
  : 목적은 하나이나 방법은 여러 가지가 있을 수 있다.

⚲ 끝이 좋으면 모든 것이 좋다.
  (All is well that ends well.) [일본, 영국, 미국, 프랑스, 이탈리아]

⚲ 결과는 수단을 정당화 한다.
  (The end justifies the means.) [영국, 미국]
  : 결과가 좋으면 수단이나 방법도 좋은 것으로 여긴다.

⚲ 숲으로 가는 길은 하나만이 아니다
  (There are more ways to the wood than one.) [영국, 미국]
  : 한 가지 목표를 달성하는 데는 여러 가지 방법이 있다.

13. 새는 날아가도 뜬 자리를 더럽히지 않는다.

: 새도 머물렀던 자리를 깨끗이 정리하고 떠나는데 하물며 사람이 뒤처리를 소홀히 해서야 되겠느냐는 말로, 어떤 일이든 항상 끝마무리를 잘해야 한다는 뜻.

비슷한 속담

⚭ 마지막 고개를 넘기기가 가장 힘들다. [한국]
  : 어떤 일이든지 끝마무리를 잘하는 것이 매우 중요하다.

⚭ 시작하기는 쉽지만 마무리는 어렵다.
  (起頭容易結梢難.) [중국]
  : 일이 완전히 끝날 때까지 긴장을 늦추지 마라.

⚭ 시작을 신중히 하고 끝맺음도 신중히 하라. [일본]

⚭ 백 리 길을 가는 사람은 구십 리가 절반이다. [일본]
  : 무슨 일이든 시작은 쉬워도 끝을 잘 마무리하기가 어려우니 끝까지 마음을 놓아서는 안 된다.

⚭ 최선을 다하고 최대를 바라라.
  (Do the likeliest and hope the best.) [영국, 미국]
  : 마지막까지 정성을 다하고 좋은 성과를 기대하라.

⚭ 자신의 둥지를 더럽히는 새는 나쁜 새다.
  (It is an ill bird that fouls its own nest.) [영국, 미국, 프랑스]

⚭ 마지막에 웃는 자가 가장 잘 웃는다. [이탈리아]
  : 좋은 성과를 내고 마무리를 잘하는 것이 아름다운 것이다.

VI. 지혜로운
처세의 길

자기 관리

01

건강, 술

1. 감기는 밥상머리에 내려앉는다.
: 밥만 잘 먹으면 웬만한 병은 물러간다는 뜻.

(비슷한 속담)

♧ 몸보신은 첫 식보, 두 육보, 세 약보다. [한국]
: 몸을 보신하기 위해서는 첫째로 밥을 잘 먹는 것이고, 둘째로 고기를 먹는 것이며, 셋째로 보약을 먹어 보충하는 일이지만 무엇보다 밥을 잘 먹는 것이 건강의 비결이다.

♧ 밥 한 알이 귀신 열을 쫓는다. [한국]
: 몸이 쇠약해졌을 때라도 밥을 잘 먹고 몸을 돌보는 것이 건강을 회복하는 가장 빠른 길이다.

♧ 약보다 섭생(攝生). [일본]
: 약에 의존하기보다 음식과 운동을 통하여 몸을 관리하는 것이 좋다.

♧ 버터와 위스키로 고칠 수 없는 병은 그 어떤 약으로도 치료할 수 없다. [아이슬란드]
: 잘 먹는 것보다 더 나은 치료 약은 없다.

♧ 수프는 병사를 만든다. [프랑스]
: 잘 먹는 사람이 건강하고 체력도 좋다.

♧ 젖 잘 먹는 아이가 잘 뛴다. [스위스]

2. 마음이 병이다.

: 속을 썩이는 일이 쌓이면 병이 된다는 뜻.

비슷한 속담

🌱 마음이 편해야 먹은 것이 살로 간다. [한국]
: 근심과 걱정이 없는 안정된 상태에서 먹는 음식이 몸에 기를 돋우고 활력소가 된다.

🌱 짖는 개는 여위고 먹는 개는 살찐다. [한국]
: 매사를 긍정적으로 생각하면 소화도 잘되고 건강에도 이롭다.

🌱 마음이 시원하면 백 가지 병이 없어진다.
(心里痛快百病消.) [중국]

🌱 근심이 없는 사람에게는 맹물도 성찬이다. [카자흐스탄]

🌱 거북한 자리에서 살찐 쇠고기를 먹기보다는 마음 편한 자리에서 채소를 먹는 것이 낫다.
(Better a dinner of herbs where love is than stalled ox where hate is.) [영국, 미국]

🌱 고통 속의 닭보다는 애정 어린 빵이 더 낫다. [스페인]

🌱 녹은 쇠를 좀먹고 슬픔은 마음을 좀먹는다. [세르비아]
: 마음의 병은 신체의 병보다 무겁기 마련이니 항상 즐거운 마음으로 살아가라.

🌱 노래부르는 자는 나쁜 것을 생각하지 않는다. [마케도니아]

3. 많이 먹고 장수하는 사람 없다.

: 폭음 폭식을 하면 위장을 해치므로 건강을 잃게 된다는 뜻.

비슷한 속담

⚲ 하루 세끼 과식하지 않으면 무병하게 늙을 수 있다.
　　(三餐莫過飽, 無病活到老.) [중국]

⚲ 오래 살기를 바란다면 내장이 늘 깨끗해야 한다.
　　(若要長生, 腸中常淸.) [중국]

⚲ 배를 8부만 채우면 의사가 필요 없다.
　　(Feed by measure an defy the physician.) [일본, 영국, 미국]

⚲ 대식(大食)하면 위가 상한다. [미얀마]

⚲ 과식으로 죽는 사람이 칼로 죽는 사람보다 많다.
　　(Gluttony kills more than the sword.) [영국, 미국, 프랑스]

⚲ 많은 접시, 많은 병(病).
　　(Many dishes, many diseases.) [영국, 미국, 스페인]

⚲ 대식가는 그 벌로서 입과 혀로 자기 묘를 판다. [네덜란드]
　　: 많이 먹으면 빨리 죽는다.

⚲ 대식은 소식의 근원. [스페인]
　　: 폭음, 폭식하다 보면 병이 들어 결국은 적게 먹을 수밖에 없다.

⚲ 건강과 다식(多食)은 동행하지 않는다. [포르투갈]

4. 먹는 것이 가장 소중하다.

: 건강을 유지하는데 먹는 것보다 중요한 것은 없다는 뜻.

비슷한 속담

💧 양반이 대추 한 개가 하루아침 해장이라. [한국]

　: 음식은 많이 먹을 필요가 없고 조금씩만 먹어도 충분하다.

💧 저녁밥을 적게 먹으면 아흔아홉 살까지 살 수 있다.

　(夜飯少吃口, 活到九十九.) [중국]

　: 저녁에는 과식하지 마라.

💧 배불리 먹고 바로 잠을 자는 것은 독약을 먹은 것과 같다.

　(吃飽就睡覺, 頂如下毒藥.) [중국]

💧 조금 먹으면 늘 식욕이 난다. [베트남]

💧 당신이 먹는 것이 바로 당신이다. [인도]

　: 먹는 상태에 따라 그 사람의 건강 정도를 알 수 있다.

💧 많이 먹으면 머리가 빈다.

　(Full bellies make empty skulls.) [영국, 미국]

　: 배가 너무 부르면 머리가 맑지 않다.

💧 마른 개가 오래 산다. [폴란드]

💧 짧은 저녁 식사는 긴 생명력을 가진다. [세르비아]

💧 굶어 죽는 자보다 소화불량으로 죽는 자가 많다. [베네수엘라]

5. 발이 효자보다 낫다.

: 내 발로 마음 편하게 여기저기 돌아다니며 구경도 하고 맛있는 음식도 먹을 수 있으니 건강한 다리가 효자 자식보다 낫다는 뜻.

비슷한 속담

🦪 식후 백 보 걷는 것은 약방을 차리는 것보다 낫다.
(飯後百步走, 勝開中藥鋪.) [중국]
: 식후에 적당히 걷는 것은 좋은 약을 먹는 것보다 건강에 좋다.

🦪 오랫동안 누워있으면 효자가 없다.
(久病無孝子.) [중국]

🦪 일어나서 일하는 행운아. [일본]

🦪 자신의 두 다리는 지팡이 짚은 세 다리보다 낫다. [이스라엘]
: 자신의 건강한 다리는 곧 재산이다.

🦪 들의 당나귀는 의사를 모른다. [아라비아]
: 자연에 순응하고 부지런히 움직이면 병도 생기지 않는다.

🦪 신선한 공기는 의사를 가난하게 한다. [덴마크]

🦪 걸으면 모든 병이 낫는다. [스위스]

🦪 태양이 미치는 곳에 의사는 오지 않는다. [스페인, 이탈리아]
: 햇볕을 받으며 활동하는 사람은 건강하다.

🦪 건강하게 살려면 1년에 1리(里)씩 늘려 걸어라. [스페인]

6. 병들어야 설움을 안다.

: 몸에 병이 들어 괴로움을 겪어보지 않고는 그 설움을 모른다는 뜻.
: 병이 들지 않도록 무리하지 말고 몸을 잘 보살피라는 뜻.

(비슷한 속담)

⚬ 건강의 고마움은 앓아봐야 안다. [한국]
: 건강할 때 건강을 지켜야 한다.

⚬ 뚱보 중 열에 아홉은 허약하다.
(十胖子九虛.) [중국]

⚬ 영웅은 단지 병마로 고생할 것을 무서워할 뿐이다.
(英雄只怕病來磨.) [중국]
: 아무리 지혜와 용기가 뛰어난 사람도 병은 두려워 한다.

⚬ 두 가지 즉, 건강과 젊음은 잃고 난 뒤에야 그 고마움을 안다.
[아라비아]

⚬ 병은 말을 타고 와서 걸어서 나간다. [아르메니아, 프랑스]
: 병에 걸리는 것은 빠르지만 낫는 데는 시간이 걸린다.

⚬ 깨끗한 소변을 보는 사람은 주머니에 의사를 지니고 있다.
[스위스]

⚬ 빵이 있으나 그것을 먹는 이(齒)가 없는 슬픔이란. [루마니아]

⚬ 노파는 관속에서 칠 년 산다. [슬로베니아]
: 여자가 남자보다 오래 살지만 몸이 아픈 기간도 길다.

7. 병 자랑은 하여라.

: 병이 들면 다른 사람에게 알려 필요한 정보를 얻으라는 뜻.

비슷한 속담

๕ 병은 여기저기 팔수록 약이 생긴다. [한국]
: 병은 소문을 내면 남들이 좋은 치료법을 알려 준다.

๕ 병은 한 가지 약은 천 가지. [한국]
: 한 가지 병에 대하여 그 치료법은 여러 가지가 있다.

๕ 병이 생기면 그 병을 낫게 하는 약초가 반드시 있다. [한국]
: 몸에 문제가 생기면 그 해결책도 함께 있기 마련이다.

๕ 병을 오랫동안 앓은 사람은 모두 다 훌륭한 의사다.
(久病成良醫.) [중국]

๕ 자기 스스로 병을 고치는 자는 명의다.
(He is a good physician who cures himself.) [영국, 미국]
: 자기의 식성이나 생활 태도에서 나쁜 버릇을 스스로 고치는 이는 훌륭한 의사나 다름없다.

๕ 어떤 병에도 치료법이 없는 것은 아니다. [아일랜드]

๕ 병과 산은 극복하는 것. [마케도니아]
: 병이 들었다고 겁을 먹지 말고 침착하고 당당히 맞서라.

๕ 병을 숨기는 자에게는 약이 없다. [에티오피아]
: 병을 치료하고 싶으면 여러 사람에게 알려야 도움을 받는다.

8. 웃는 사람을 보면 약이 된다.

: 내가 환하게 웃으면 가족이나 주변 사람들의 기분도 좋아지고 자신의 마음도 평온해져 건강과 행운이 함께 찾아온다는 뜻.

비슷한 속담

◊ 웃음소리가 나면 병마는 도망간다.
   (笑聲到, 病魔逃.) [중국]
   : 잘 웃는 사람은 질병도 잘 이겨낼 수 있다.

◊ 웃으면 십 년이 젊어지고 찌푸리면 머리가 하얗게 된다.
   (笑一笑 十年少, 愁一愁 白了頭.) [중국]

◊ 인생을 향해 미소 지으면 반은 자신의 얼굴에 나타나고 나머지 반은 타인의 얼굴에 나타난다. [티베트]

◊ 웃으며 보낸 시간들은 신들과 함께 보낸 시간이다. [일본]

◊ 한 번 미소는 열 첩의 보약과 같다.
   (Laughter is the best medicine.) [베트남, 영국, 미국]

◊ 친구를 웃게 하면 천국에 갈 수 있다. [방글라데시]

◊ 불행한 사람은 웃지 않는다. [러시아]

◊ 웃는 사람은 오래 산다. [노르웨이]

◊ 웃어라, 웃음은 영혼의 영양분. [칠레]
   : 웃으면 정신이 맑아져서 몸도 건강해진다.

9. 정승을 부러워 말고 네 한 몸이나 튼튼히 지켜라.
: 부귀보다도 자기 몸의 건강이 우선이라는 뜻.

비슷한 속담

🌀 머리는 차게, 발은 따뜻하게, 뱃속은 꽉 채우지 마라.
(頭要凉, 脚要暖, 肚里勿要滿.) [중국, 일본, 터키]

🌀 봄에 두껍게 입고 가을에 엷게 입는 것이 몸에 이롭다.
(春捂秋凍.) [중국]

🌀 구할 수 있다면 어디서든지 마늘을 먹어라. [아라비아]

🌀 하루 한 개의 사과는 의사를 멀리 한다.
(An apple a day keeps the doctor away.) [영국, 미국]

🌀 많은 사람이 병 때문이 아니고 치료 때문에 죽는다. [프랑스]

🌀 청결은 건강의 절반이다. [체코, 슬로바키아]

🌀 일찍 나이 든 사람이 되어라. 그러면 건강하게 살 수 있으리라.
[스페인]
: 젊어서 노인처럼 음식을 조심하면 평생 건강하게 보낼 수 있다.

🌀 약으로 가득 차 있는 위장은 오래 견디지 못한다. [알바니아]
: 너무 약에 의존하지 마라.

🌀 40세를 넘기거든 배를 차게 하지 마라. [베네수엘라]
: 나이가 들면 몸이 약해지니 뱃속을 따뜻하게 하는 것이 좋다.

10. 호랑이도 곤하면 잔다.

: 충분한 수면과 휴식은 원기 회복에 좋으니 피곤하면 쉬라는 뜻.

비슷한 속담

⚮ 개도 제 털은 아낀다. [한국]
: 제 몸을 함부로 하지 마라.

⚮ 몸이 천하라. [한국]
: 자기 몸은 세상에서 가장 귀한 것이니 소중하게 다루어야 한다.

⚮ 잠이 약보다 낫다.
(Sleep is better than medicine.) [영국, 미국, 이탈리아]
: 숙면은 보약과 같다.

⚮ 수면은 건강의 제일보(第一步). [아일랜드]
: 질 좋은 수면은 건강의 기본이며 삶에 활력을 준다.

⚮ 10시에 잠자리에 들라. 늦게 자는 것보다 빨리 자는 것이 좋다.
[스페인]

⚮ 최고의 명의는 쾌활함, 휴식, 식사 조절의 세 가지 의사. [스페인]
: 매일 유쾌하고 활발하게 지내며 규칙적인 식사와 충분한 휴식을 취하는 것이 건강의 비결이다.

⚮ 따뜻한 옷에 적게 먹고 높은 곳에서 자라. [스페인]
: 높은 곳은 조용하고 습기가 적은 곳이다.

⚮ 침대는 약. [이탈리아]

11. 술에 장사 없다.

: 술을 너무 많이 마셔 취하면 실수도 하고 몸도 상하게 된다는 뜻.

(비슷한 속담)

  👌 소나기술에 사람 곯는다. [한국]
    : 술을 퍼붓듯이 들이마시지 말고 조금씩 서서히 마셔라.

  👌 술은 몸을 돌보지 않는다. [한국]
    : 술을 과음하면 몸을 망치게 되니 주량에 맞게 적당히 마셔야 한다.

  👌 칼을 못 쓰게 만드는 대나무 마디, 사람을 못 쓰게 만드는 술.

                                                      [미얀마]

    : 술은 많이 마시면 사람이 망가진다.

  👌 술자리가 길어지면 수명이 짧아진다. [프랑스]

  👌 우유와 포도주는 좋은 결말을 낳지 못한다. [스위스]
    : 음식이나 술이나 모두 과하면 건강에 좋지 않다.

  👌 포도주는 마시기보다 먹는 것이 낫다. [스페인]
    : 술은 들이켜지 말고 음식물처럼 씹는 기분으로 마셔라.

  👌 하느님은 사람을 똑바로 세우지만 술은 사람을 똑바로 서지 못하
    게 한다. [자메이카]

12. 술은 백약(百藥)의 으뜸이다.

: 적당한 술은 정신의 긴장을 풀어주고 기분을 상쾌하게 하는 효과가 있어 어떤 약보다 몸에 좋다는 뜻.

비슷한 속담

🜂 술도 음식이다. [한국]

: 술도 음식물처럼 격을 갖추어 적당히 마시면 건강에 좋다.

🜂 술은 망우물(忘憂物)이다. [한국]

: 술은 적당히 마시면 걱정을 잊게 하고 기분도 상쾌하게 한다.

🜂 좋은 술은 좋은 피를 만든다.

(Good wine makes good blood.) [일본, 영국, 미국]

: 양질의 술을 적당히 마시면 보약과 같다.

🜂 포도주는 눈을 기쁘게 하고, 이를 깨끗하게 하고, 위를 튼튼하게 한다. [스웨덴]

🜂 술은 현자(賢者)의 음료. [핀란드]

: 술은 품위 있고 절도 있게 마시는 습관을 들이도록 하여라.

🜂 물이 피부에 좋듯이 포도주는 생명력에 좋다. [프랑스]

🜂 약방에 가기보다 술집에 가는 게 낫다. [독일]

🜂 맥주를 마시는 것은 좋은 식사를 하는 것과 같다. [독일]

: 적당히 마시는 술은 훌륭한 음식이다.

13. 사람은 술자리를 함께 해봐야 안다.
: 술을 함께 마셔 보면 그 사람의 인격을 짐작할 수 있다는 뜻.

비슷한 속담

◊ 술 마실 때 함부로 말하지 않는 사람은 참된 군자다. [한국]
: 교양이 있는 사람은 술을 마셔도 쓸데없이 지껄이지 않는다.

◊ 외모는 거울로 보고 마음은 술로 본다.
(Wine is the mirror of the mind.) [한국, 영국, 미국]
: 술이 들어가면 자기도 모르게 속내를 다 털어놓게 된다.

◊ 칼은 칼집에 있을 때 가장 무섭다. [한국]
: 같이 술을 마셔도 상대방에게 속마음을 보여서는 안 된다..

◊ 제정신일 때 감춘 것이 취중에 드러난다.
(酒后吐眞言.) [중국, 일본]
: 술에 취하면 본심이 드러난다.

◊ 자기 비밀을 털어놓으면 남의 종이 된다.
(He that tells his secret is another's servant.) [영국, 미국]
: 취해서 자기 비밀을 말하면 약점을 잡혀 끌려다니게 된다.

◊ 악마에게 고해성사한다. [네덜란드]
: 술에 취하면 적인 줄도 모르고 비밀을 털어놓는다.

14. 술은 들어가고 망신은 나온다.

: 술은 취할수록 실수를 하여 망신을 당한다는 뜻.

비슷한 속담

 말실수는 술 실수다.
 (言多語失皆因酒.) [한국, 중국]
 : 술 취한 사람이 말을 실수하는 것은 결국 술 때문이다.

 술김에 사촌 집 사준다. [한국]
 : 술에 취하면 자신의 처지도 생각하지 않고 즉흥적으로 일을 처리하게
 되므로 실수를 해서 후회하게 되는 일이 많다.

 술은 예절로 시작하여 소란으로 끝난다. [한국]
 : 처음에는 예절을 지키지만 취하게 되면 무례만 남는다.

 술자리에서 공무를 논해서는 안 된다.
 (酒不言公.) [중국]
 : 공직자는 업무와 관련되는 술자리를 함께 해서는 안 된다..

 술이 들어오면 지혜가 나간다.
 (When wine is in, wit is out.) [영국, 미국, 프랑스, 독일, 폴란드]
 : 술을 많이 마시면 분별력을 잃고 제 할 일을 못 하게 된다.

 거울은 당신의 흐트러진 머리카락을 가르쳐 준다. 술은 당신의
 흐트러진 마음을 가르쳐 준다. 술잔 앞에서는 마음을 여미라.
 [독일]

 술친구를 이웃으로 삼아서는 안 된다. [스페인]

15. 술은 먹어도 술에게 먹히지는 말랬다.
: 술은 자기가 감당할 수 있을 정도만 마시라는 뜻.

비슷한 속담

◊ 술 먹은 개. [한국]
: 술에 취해서 자기를 통제하지 못하고 어긋난 행동을 한다.

◊ 술 취한 놈은 임금도 몰라본다. [한국]
: 술에 취하면 이성을 잃어 예절도 지키지 못한다.

◊ 처음에는 사람이 술을 먹고 나중에는 술이 사람을 먹는다.
[한국, 일본]
: 처음에는 제정신으로 마시지만 많이 마셔 취하면 제정신이 아닌 상태에서 마시게 된다.

◊ 술잔에 빠져 죽은 사람이 강에 빠져 죽은 사람보다 많다.
(酒杯里淹死的人, 比大海的還要多.) [중국]

◊ 술에 취한 사람은 자기 영혼의 주인이 아니다.
(A drunkard is not master of his own soul.) [영국, 미국]

◊ 노름과 여자와 술은 웃으면서 남자를 파멸시킨다.
(Play, women, and wine undo men laughing.) [영국, 미국]
: 노름, 여자, 술은 남자를 즐겁게 유혹하면서 결국 망치게 한다.

◊ 악마가 사람을 일일이 찾아다니기 힘들 때는 대리로 술을 보낸다. [프랑스]

◊ 술은 처음엔 친구, 나중엔 적이 된다. [루마니아]

02

언행, 신뢰, 판단

01 | 말조심

> **1. 낮말은 새가 듣고 밤말은 쥐가 듣는다.**
> : 비밀은 결국 지켜지지 않으니 항상 말을 조심하라는 뜻.

비슷한 속담

🔖 바람이 통하지 않는 벽은 없다.
  (沒有不透風的墻.) [중국]
  : 비밀로 한 말이라도 결국은 다른 사람의 귀에 들어가게 된다.

🔖 비밀로 한 말은 호수의 개구리도 듣는다. [몽골]

🔖 하늘에 입 있고 땅에 귀 있다. [일본]
  : 비밀로 한 말도 누군가에 의해 알려진다.

🔖 나뭇잎에도 귀가 있다. [필리핀]

🔖 들에는 눈이 있고 숲에는 귀가 있다.
  (Fields have eyes and woods have ears.)
                              [러시아, 영국, 미국, 라트비아, 루마니아]

🔖 주전자에도 귀가 있다.
  (Pitchers have ears.) **[영국, 미국]**

🔖 밤은 눈을 갖지 않으나 귀를 가진다. **[그리스]**

🔖 덤불에 귀 있고 벽에 눈 있다. **[자메이카]**

2. 듣기 좋은 꽃노래도 한두 번이다.
: 아무리 좋은 말이라도 되풀이하면 듣기 싫다는 뜻.

비슷한 속담

⚱ 귀에 못이 박힌다. [한국]
: 같은 이야기를 자꾸 들으니 지겹다.

⚱ 맛있는 음식이라도 늘 먹으면 싫다. [한국]
: 듣기에 좋은 말도 되풀이하면 듣기 싫다.

⚱ 새우 벼락 맞던 이야기를 한다. [한국]
: 새까맣게 잊어버린 지난 일들을 들추어내면서 쓸데없는 말을 늘어놓는다.

⚱ 좋은 말도 세 번 들으면 싫다.
(好話三遍, 連狗之嫌.) [한국, 중국]
: 아무리 좋은 말이라도 여러 번 들으면 지루해지고 싫증이 난다.

⚱ 짖기만 하는 개에게는 주의를 기울이지 않는다. [미얀마]
: 지나간 이야기만 반복하는 사람의 말은 귀담아듣지 않는다.

⚱ 계속 반복될수록 덜 좋아진다.
(The longer you at it the less you will like it.) [영국, 미국]
: 같은 내용의 말만 계속하면 무시당한다.

⚱ 날마다 닭 요리는 부엌을 괴롭게 한다. [스페인]
: 좋은 음식도 가끔씩 먹어야 맛이 있듯이 좋은 이야기도 가끔씩 들어야 싫증이 나지 않는다.

3. 말로 떡을 하면 온 동네 사람들이 먹고도 남는다.

: 실천이 없는 빈말은 모두 헛것이라는 뜻.
: 말로는 못할 것이 없다는 뜻.

비슷한 속담

◊ 말만 번드르르하다.
  (Fine words butter no parsnips.) [한국, 영국, 미국]
   : 실천은 없이 빈말만 늘어놓는다.

◊ 말은 행동보다 쉽고 약속은 실행보다 쉽다. [한국, 프랑스]
   : 말로 인심 쓰기는 쉬우나 실천에 옮기기는 어렵다.

◊ 앵무새는 말은 잘해도 날아가는 새다. [한국]
   : 말만 잘했지 실제 행동이 따르지 않는 말뿐인 사람이다.

◊ 입으로는 오사카성도 짓는다. [일본]

◊ 깡마른 의사와 대머리 이발사를 믿지 마라. [이란]
   : 말과 행동이 다른 사람은 믿을 수 없다.

◊ 마음이 가장 적은 곳에 말이 가장 많다.
  (Where there is least heart, there is most tongue.) [영국, 미국]
   : 진심이 모자란 사람들이 입으로만 생색을 낸다.

◊ 먹지 않을 것을 탁자에 놓지 마라. [핀란드]
   : 할 생각이 없는 일을 함부로 장담해서는 안 된다.

◊ 아이의 손과 바보의 입은 늘 열려 있다. [스위스]

4. 말이 많으면 쓸 말이 적다.

: 말이 많으면 그 안에 실속 있는 내용은 오히려 적다는 뜻.

비슷한 속담

🔔 가루는 칠수록 고와지고 말은 할수록 거칠어진다. [한국]
  : 말이 많으면 좋은 말보다 불필요한 말이 많아져 다툼으로까지 이어질 수
  있으니 말을 조심하여야 한다.

🔔 할 말이 입가에 나와도 절반은 남겨두어라.
  (話到口边留半句.) [중국]

🔔 실이 길면 끊어지기 쉽고 말수가 많으면 말다툼하기 쉽다.
  [티베트]

🔔 말 많으면 품위가 없다. [일본]
  : 말이 많으면 쓸데없는 말도 하게 되어 품위가 떨어진다.

🔔 줄곧 깎으면 칼날이 무디어진다. 줄곧 지껄이면 지혜도 무디어진
  다. [미얀마]
  : 필요하지 않은 말은 하지 마라.

🔔 세어보지 않고 여덟이라 말하지 말며 생각하지 않고 삼십이라 말
  하지 마라. [우즈베키스탄]
  : 앞뒤 사정을 잘 살피고 신중히 생각한 후에 말을 하라.

🔔 말이 많으면 실언이 많다.
  (Talk much and err much.) [러시아, 영국, 미국]
  : 말을 많이 하다 보면 자기도 모르게 실수를 하게 된다.

5. 말이 씨 된다.

: 늘 말하던 것이 마침내 어떤 사실을 가져오는 결과가 된다는 말로, 항상 긍정적인 생각으로 좋은 말을 하면 좋은 일이 생기고 나쁜 말을 하면 나쁜 일이 생긴다는 뜻.

비슷한 속담

🌀 입은 삐뚤어져도 말은 바로 해라. [한국]
: 어떤 상황에 처해도 바르고 품위 있게 말하는 습관을 들이면 자기도 모르게 바르고 품위 있는 사람이 된다.

🌀 죽 먹는다는 소리 하면 죽 먹게 되고 못 산다는 소리 하면 못 살게 된다. [한국]
: 안 좋은 말을 자꾸 하면 안 좋은 일이 생기게 된다.
: 쓸데없이 궁한 소리를 자꾸 할 필요가 없다.

🌀 코끼리에게는 상아가 있고 사람에게는 언어가 있다. [캄보디아]
: 자기가 항상 사용하는 말은 아름답고 품위 있게 사용해야 행운도 따른다.

🌀 혀는 사람의 혼(魂)을 여는 열쇠. [카자흐스탄]
: 말은 마력을 지니고 있으니 말을 신중하게 하고 나아가 긍정적인 생각으로 좋은 말을 하도록 노력하여야 한다.

🌀 사람은 자기가 즐겨 부르는 노래에 길들여져 간다. [아일랜드]
: 평소에 낙천적으로 생각하고 말하는 버릇을 가지면 차츰 낙천가가 되어 가고 비관적으로 생각하고 말하는 버릇을 가지면 차츰 염세가로 되어 간다.

6. 말 잘못하면 봉변당한다.

: 말하기 쉽다고 함부로 내뱉으면 큰 변을 당할 수 있다는 뜻.

비슷한 속담

ᓬ 잠자코 있는 것이 무식을 면한다. [한국]

: 잘 알지도 못하면서 섣불리 나서기보다 조용히 있는 것이 낫다.

ᓬ 호랑이도 제 말하면 온다. [한국]

: 그 사람이 없는 데서 그 사람에 대하여 함부로 말하지 마라.

ᓬ 개의 입에서는 상아가 나지 않는다.

(狗嘴里長不出象牙.) [중국]

: 무식한 사람은 무식한 말만 한다.

ᓬ 말썽은 모두 입을 열기 때문에 생긴다.

(是非只爲多開口.) [중국, 일본]

ᓬ 꿩도 울지 않으면 총 맞지 않는다. [일본, 세르비아]

: 쓸데없는 말을 하지 않으면 화를 입지 않는다.

ᓬ 한번 혀를 잘못 내두르면 그 일로 1년 내내 시달려야 한다.

[러시아]

: 말을 잘못하여 약점을 잡히면 그것이 오래도록 화근이 된다.

ᓬ 자기 입 덕분에 종종 코를 꺾는다. [아일랜드]

: 하지 않아도 될 말을 해서 모욕을 당하는 일이 많다.

ᓬ 말하기 전에 혀를 일곱 번 굴려라. [프랑스]

7. 발 없는 말이 천 리 간다.

: 말이란 순식간에 널리 퍼지기 쉬운 것이니 말을 조심하라는 뜻.

비슷한 속담

6 세 사람이 알면 세상이 다 알게 된다. [한국]
: 몇 사람이 알게 되면 금방 번져나가 모든 사람이 알게 된다.

6 한번 입 밖에 낸 말은 사두마차라도 따라잡을 수 없다.
(一言既出, 駟馬難追.) [중국]
: 소문은 발이 없지만 퍼지는 정도가 빠르다.

6 한 사람은 열 사람에게, 열 사람은 백 사람에게 전한다.
(一傳十, 十傳百.) [중국]
: 말은 금방 널리 퍼져나가 모든 사람이 알게 된다.

6 말하는 순간 이층에 이른다. [파키스탄]
: 소문은 순식간에 퍼진다.

6 말과 깃털은 바람이 널리 나른다.
(Words and feathers the wind carries away.)
[영국, 미국, 스웨덴, 독일, 폴란드]

6 말은 바람일 뿐이다.
(Words are but wind.) [영국, 미국, 프랑스]
: 말은 바람처럼 빠르게 사방으로 퍼져나간다.

6 한 사람 입에서 나와 천 개 귀에 들어간다. [그리스]
: 말은 결국 다른 많은 사람에게 전해지기 마련이다.

8. 살은 쏘고 주워도 말은 하고 못 줍는다.

: 화살은 쏘고 난 뒤 다시 주워올 수 있지만 한번 뱉은 말은 다시 주워 담기 어렵다는 뜻.

비슷한 속담

⚭ 잘못 간 길은 다시 돌아올 수 있지만 잘못한 말은 다시 거둬들일 수 없다.

(走錯路可以轉回, 說錯話不能收回.) [중국]

⚭ 한번 뱉은 침은 입안으로 되돌릴 수 없다. [일본, 아라비아]

: 입에서 나온 말은 돌이킬 수 없다.

⚭ 신발은 잘못 신으면 바꿀 수 있지만 말은 잘못하면 다시 할 수 없다. [베트남]

⚭ 날아간 새는 돌아오지 않는다. [타지키스탄]

: 한번 내뱉은 말은 되돌리기 어렵다.

⚭ 말이 입 밖으로 나가면 그 말은 다른 사람의 소유가 된다.

(When the word is out it belong to another.) [영국, 미국]

: 이미 내 입에서 나온 말은 내가 어찌할 수 없다.

⚭ 한번 던진 돌과 한번 한 말은 돌이킬 수 없다.

[스페인, 그리스, 불가리아]

⚭ 입에서 나온 말은 손에서 떨어진 달걀과 같다. [에티오피아]

⚭ 말은 총의 화약과 같아서 터지면 돌이킬 수 없다. [세네갈]

9. 죽마고우도 말 한마디에 갈라진다.

: 아무리 친한 사이에도 말을 함부로 하지 말라는 뜻.

비슷한 속담

👌 관 속에 들어가도 막말은 마라. [한국]
: 어떠한 경우라도 남에게 상처를 주는 말을 해서는 안 된다.

👌 아 해 다르고 어 해 다르다. [한국]
: 같은 말이라도 표현하는 방법에 따라 다르게 들릴 수 있다.

👌 책망도 여러 번 하면 원망이 된다. [한국]
: 친하다고 그 사람의 잘못을 너무 자주 꾸짖지 마라.

👌 한 말은 사흘 가고 들은 말은 삼 년 간다. [한국]
: 무심코 한 말이라도 들은 사람은 오랫동안 기억하고 있다.

👌 뾰족한 바늘은 옷 깁기에 좋지만 날카로운 입은 해를 준다.
(針尖好縫衣, 嘴尖害地方.) [중국]
: 상대방에게 상처를 주는 거친 말이나 욕되는 말은 삼가라.

👌 절구 안을 불면 티끌을 얼굴에 뒤집어쓴다. [필리핀]
: 친구를 악평하면 자신도 그대로 당하게 된다.

👌 퉁명스런 말이 가장 날카로운 말이다.
(Blunt words often have the sharpest edge.) [영국, 미국]
: 친한 사이라도 말을 가려서 하여야 한다.

👌 몸의 상처는 아물어도 욕은 아물지 않는다. [모로코]

10. 혀 아래 도끼 들었다.

: 말을 잘못하면 큰 화를 당할 수 있으니 늘 말을 조심하라는 뜻.

비슷한 속담

🔥 곰은 쓸개 때문에 죽고 사람은 혀 때문에 죽는다. [한국]
: 자기가 한 말로 인해서 사회적으로 매장당하는 경우가 많다.

🔥 세 치 혀가 다섯 자 몸을 망친다. [한국, 일본]
: 말을 함부로 하면 신세를 망치는 수가 있다.

🔥 웃자고 한 말에 초상난다. [한국]
: 농담이 사람을 죽일 수도 있으니 언제나 말을 조심해야 한다.

🔥 혀는 화와 복이 들어오는 문이다.
(舌爲禍福之門.) [중국]

🔥 문이 많은 방은 바람이 많고 말이 많은 사람은 재앙을 많이 입는
다. [티베트]

🔥 손으로 난 재난보다 입으로 난 재난이 더 크다. [베트남]

🔥 어리석은 사람은 자기의 마음을 혓바닥에 두고 현명한 사람은 자
기의 혀를 마음속에 둔다. [인도]

🔥 칼에 찔린 상처는 나아도 말에 찔린 상처는 낫기 어렵다.
(Words hurt more than swords.) [영국, 미국, 이란, 프랑스]

🔥 소는 뿔 때문에 묶이나 사람은 혀 때문에 묶인다. [불가리아]

> ### 11. 말하면 백 냥 금(金)이요 입 다물면 천 냥 금이라.
> : 부질없이 필요 없는 말을 하지 말라는 뜻.

(비슷한 속담)

6 입과 지갑은 닫아두는 것이 상책. [일본, 스페인]

6 지혜는 열 개의 부분으로 이루어지는데, 그 아홉은 침묵이고 나머지 열 번째는 말의 간결성이다. [아라비아]

6 당신이 입을 열고 말할 때 그것은 침묵보다 가치가 있는 것이어야 한다. [인도]

6 말을 해서 바보처럼 보일 경우라면 침묵하는 것이 낫다.
(Silence is wisdom when speaking is folly.) [영국, 미국]

6 침묵하고 있을 때 입 모양이 가장 아름답다. [아일랜드]

6 큰 사업을 하려면 말이 적어야 한다. [폴란드]

6 멋있게 말할 수 있는 법을 익힐 수 있도록 침묵하는 법을 배워라.
[스페인]

6 이것저것 지껄이는 것보다 차라리 이것저것 먹는 것이 낫다.
[세르비아]

12. 어린아이 말도 귀담아들어라.

: 어린아이 말도 새겨들을 것이 있다는 말로, 누구의 말이든지 항상 귀담
아들으라는 뜻.

비슷한 속담

- 입은 작아야 하고 귀는 커야 한다. [한국]
  : 자기 말은 삼가고 남의 말은 되도록 많이 들어라.

- 남의 말을 듣지 않는 사람은 집에 창문이 없는 것과 같다.
  (不聽別人的話, 就像房子沒窓戶.) [중국]

- 말 잘하는 사람은 듣기도 잘한다. [일본]
  : 말을 잘하려면 남의 이야기를 끝까지 잘 들어야 한다.

- 듣지 않으려는 자보다 더한 귀머거리는 없다.
  (Who is so deaf as he that will not hear.)

  [영국, 미국, 프랑스, 세르비아]

  : 다른 사람의 말을 듣지 않으려는 사람은 다루기가 힘들다.

- 말을 삼가고 충분히 들으면 실패하지 않는다. [스페인]
  : 남이 하는 말을 경청하여 삶의 지혜로 삼으라.

- 귀담아듣는 자는 지혜를 얻고 지껄이는 자는 후회를 얻는다.

  [이탈리아]

  : 먼저 남의 말을 잘 새겨들은 후에 하고 싶은 말을 하라.

- 말하는 자는 듣는 자의 영리함을 알지 못한다. [부르키나파소]
  : 남의 말을 잘 듣는 사람이 현명한 사람이다.

13. 입에 쓴 약이 병을 고친다.

: 자기에 대한 충고나 비판이 당장은 듣기에 싫지만 그것을 달게 받아들이면 자기 수양에 이롭다는 뜻.

비슷한 속담

⚭ 나무는 먹줄을 받아야 곧아지고 사람은 충고를 받아야 크게 된다. [한국]

: 남의 충고를 받을 줄 알아야 올바른 사람이 될 수 있다.

⚭ 듣기 싫은 말은 약이고 듣기 좋은 말은 병이다.

(苦言藥, 甘言疾.) [한국, 중국]

⚭ 칭찬만 하는 이는 적이요 잘못을 가르쳐 주는 이는 스승이라.

[한국]

: 잘못을 일깨워주는 사람이 진정으로 도와주는 사람이다.

⚭ 현자(賢者)에게서 충고를 구하는 것은 이미 당신도 그의 반만큼은 현명하다는 것이다. [이스라엘]

⚭ 남의 충고를 따르되 결정은 스스로 하라. [러시아]

⚭ 충고를 듣지 않는 자는 낭패를 당한다.

(He who will not listen to advice must suffer for it.)

[영국, 미국, 독일]

: 충고를 무시하고 제 고집대로만 하는 사람은 실패하기 쉽다.

⚭ 남의 조언 듣기를 좋아하고 칭찬받는 것을 좋아하지 마라.

[프랑스]

14. 입은 닫아 두고 눈은 벌려 두라.

: 말은 조심하고 보기는 똑똑히 보라는 뜻.

비슷한 속담

⚓ 백 번 듣는 것이 한 번 보는 것만 못하다.
(百聞不如一見.) [한국, 중국, 일본, 터키]
: 무슨 일이든 들어서 알려고 하지 말고 직접 확인하라.

⚓ 듣기에는 극락, 보기에는 지옥. [일본]
: 듣는 것과 직접 보는 것과는 큰 차이가 있다.

⚓ 믿어라 그러나 확인하라. [러시아]
: 진실을 정확히 알기 위해서는 직접 확인하는 것이 좋다.

⚓ 푸딩의 맛은 먹어보는 것이다.
(The proof of the pudding is in the eating.) [영국, 미국]
: 정확한 판단을 위해서는 직접 확인하는 것이 필요하다.

⚓ 보는 것은 믿는 것이다.
(Seeing is believing.) [영국, 미국, 프랑스, 독일]
: 무슨 일이든 직접 확인하면 그 일에 확신이 생긴다.

⚓ 제 눈은 임금님. [에스토니아]
: 제 눈으로 직접 보는 것만큼 확실한 것은 없다.

⚓ 미리 보는 것은 나중에 보는 것보다 낫다. [독일]

⚓ 보고 듣고도 말하지 않으면 현인(賢人)의 행동이다. [스페인]

> ## 15. 남자의 말 한마디는 천금보다 무겁다.
> : 자기가 한 말에 책임을 다하여야 한다는 뜻.
> . : 언행을 신중히 하라는 뜻.

비슷한 속담

🎵 망치가 가벼우면 못이 솟는다. [한국]
: 윗사람이 자기가 한 말에 책임지지 못하면 권위가 없어 아랫사람이 잘
순종하지 않고 제멋대로 한다.

🎵 가벼이 말하지 말라. 말했으면 꼭 지켜라.
(不要輕言, 言則必信.) [중국]
: 책임질 수 없는 말을 함부로 하지 마라.

🎵 무심코 한 말도 듣는 사람은 새겨듣는다.
(言者無心, 聽者有意.) [중국]

🎵 말과 행동이 하나 되게 하여라. [일본]
: 말부터 앞세우지 마라.

🎵 무사는 두말하지 않는다. [일본]
: 자기가 한 말은 어떤 경우라도 책임을 진다.

🎵 남자의 말은 남자의 명예.
(Man's word, man's honour.) [영국, 미국, 남아공]

16. 대답 쉽게 하는 놈치고 일 제때 하는 놈 못 봤다.
: 말만 앞세우는 사람일수록 실천력이 부족하다는 뜻.

비슷한 속담

🔥 잘 우는 암탉은 알을 낳지 않는다.
(愛叫的母鷄不下蛋.) [중국, 독일, 루마니아]
: 입으로 떠들기만 하는 사람은 할 일을 제대로 하지 않는다.

🔥 무능한 사람의 능변. [일본]
: 실력 없는 사람이 말은 잘한다.

🔥 우는 고양이는 쥐를 잡지 않는다. [일본, 스페인]
: 말을 앞세우는 사람은 행동이 뒤따르지 못한다.

🔥 말이 인심 좋은 사람은 일에 인색하다. [카자흐스탄]
: 누구에게나 후하게 말하는 사람은 그 말을 거의 지키지 않는다.

🔥 허풍쟁이는 실천가가 거의 없다.
(Great braggers little doers.) [영국, 미국]
: 큰소리치며 장담하는 사람은 믿을 수 없다.

🔥 너무 많이 제안하는 것은 일종의 거절이다.
(To offer too much is a kind of denial.) [영국, 미국]
: 필요 이상으로 약속하는 것은 실현 가능성이 거의 없다.

🔥 큰소리치는 자는 큰일을 못 한다. [프랑스]
: 거창하게 장담하는 사람에게 중요한 일을 맡겨서는 안 된다.

17. 콩으로 메주를 쑨다 해도 곧이 안 듣는다.
: 불신감이 대단하여 옳은 말을 하더라도 믿지를 않는다는 뜻.

비슷한 속담

⚓ 종이배는 오늘 아니면 내일 가라앉는다. [파키스탄]
: 신용이 없는 사람은 곧 사회에서 매장되고 만다.

⚓ 현명한 불신은 안전의 어버이다.
(Wise distrust is the parent of security.) [영국, 미국]
: 덮어놓고 믿지 말고 충분히 살펴보는 것이 좋다.

⚓ 종이에는 뭐든지 쓸 수 있다. [프랑스]
: 종이에 기록되어 있다는 이유만으로 성급히 처리하지 마라.

⚓ 인간은 인간에게 이리다. [프랑스, 독일, 스페인, 이탈리아]
: 인간은 탐욕스럽고 이기적이어서 방심해서는 안 되는 존재이므로 쉽게
믿어서는 안 된다.

⚓ 똑바로 쳐다보지 못하는 자에게 돈을 맡기지 마라. [스페인]
: 눈을 내리 깔거나 자신감이 없는 모습을 보이면 믿음을 얻지 못한다.

⚓ '생각한다'라는 말은 반은 썩은 말. [스페인]
: 생각해본다고 말하는 것은 실행이 어려운 것으로 봐야 한다.

⚓ 왕, 여자, 강과 밤은 믿을 수 없다. [나이지리아]
: 왕, 여자, 강물과 밤은 변화가 심하여 종잡을 수가 없다.

⚓ 바지를 입지 않은 자가 남에게 바지를 줄 일은 없다. [나이지리아]
: 가지지 않은 사람의 이야기는 믿을 수 없다.

18. 호랑이더러 날고기 봐 달란다.
: 믿지 못할 사람에게 일을 맡기면 손해 볼 것은 뻔한 일이라는 뜻.

비슷한 속담

🔥 강아지에게 메주 멍석 맡긴 것 같다. [한국]
: 믿지 못할 사람에게 중요한 일을 맡겨 놓고 마음이 놓이지 않는다.

🔥 고양이에게 반찬가게 지키라 한다. [한국]
: 믿을 수 없는 사람에게 중요한 일을 맡긴다.

🔥 도둑놈에게 열쇠 맡긴 셈.
(開門揖盜.) [한국, 중국, 일본]
: 나쁜 사람에게 나쁜 짓을 할 기회를 준다.

🔥 늑대 목에 고기를 걸어준다. [몽골]

🔥 고양이 시켜 구운 생선 받아오게 한다. [태국]

🔥 개미에게 설탕을 맡기지 마라. [캄보디아]

🔥 까마귀에게 달걀을 맡기지 마라. [캄보디아]

🔥 화가 난 사람으로 하여금 설거지하게 하지 말고 배고픈 사람에게 벼를 지키게 하지 마라. [캄보디아]

🔥 채소밭에 염소를 놓아준다. [러시아]
: 믿음이 없는 자에게 이권이 있는 자리를 허용한다.

19. 까기 전에 병아리부터 세지 마라.

: 무슨 일이든 일이 다 되기 전에 그 이득을 섣불리 셈하지 말라는 뜻.

(비슷한 속담)

⚘ 쪄지지 않은 만두를 세지 마라. [우즈베키스탄]
  : 일이 성사되기 전에 서둘러 판단하지 마라.

⚘ 숲속을 완전히 빠져나오기 전에는 휘파람을 불지 마라.
  (Don't whistle until you are out of the wood.) [영국, 미국]
  : 일을 확실하게 끝마치기 전까지는 장담하지 마라.

⚘ 고기를 잡기 전에 양념을 만들지 마라.
  (Make not your sauce, before you have caught fish.) [영국, 미국]

⚘ 밤이 될 때까지는 그날이 좋은 날이었다고 생각지 마라.
  [독일, 네덜란드, 벨기에, 체코, 슬로바키아]

⚘ 끝마치기 전까지는 자랑하지 마라. [스페인]

⚘ 빨리 결정하면 후회가 길다. [스페인]
  : 쉽게 단언하지 마라.

⚘ 맛을 보기 전에는 소금을 치지 마라. [콩고]
  : 섣부르게 미리 결정하지 마라.

20. 도래떡이 안팎이 없다.

: 둥글넓적한 도래떡은 안과 밖의 구별이 어렵다는 말로, 두루뭉술하여 어떻게 판단을 내리기가 곤란한 경우라는 뜻.

비슷한 속담

⚬ 안방에 가면 시어머니 말이 옳고 부엌에 가면 며느리 말이 옳다.

[한국]

: 양편의 말이 모두 일리가 있어서 그 시비를 가리기 어렵다.

⚬ 한편 말만 듣고 송사 못 한다. [한국]

: 한쪽 말만 들어서는 잘잘못을 가리기가 어렵다.

⚬ 대야를 깼으면 대야를, 단지를 깼으면 단지를 말하라.

(打了盆說盆, 打了缶說缶.) [중국]

: 어떤 문제가 있으면 사정을 분명히 가려서 해결해야 한다.

⚬ 높은 곳에서는 잘 보인다. [러시아]

: 사태를 잘 판단하려면 제삼자의 위치에서 살펴봐야 한다.

⚬ 모든 문제에는 두 가지 측면이 있다.

(There are two sides to every question.) [영국, 미국]

: 어떤 문제든 양쪽 모두를 바라보는 안목이 필요하다.

⚬ 종소리를 들을 때는 항상 두 개의 소리를 듣지 않으면 안 된다.

[이탈리아]

⚬ 거짓말쟁이라 생각되어도 그 집 앞까지 뒤따라가라. [튀니지]

: 누구의 일이든 선입견을 갖지 말고 공정하게 처리하라.

21. 열 놈이 백 말을 해도 들을 이 짐작한다.

: 여러 사람의 말을 들어도 판단은 사리에 맞고 정확하게 하라는 뜻.

[비슷한 속담]

  6 조밥에도 큰 덩이 작은 덩이가 있다. [한국]

    : 사소한 것이라도 좋고 나쁨을 구별할 줄 알아야 한다.

  6 한 가지를 보면 열 가지를 안다. [한국]

    : 한 가지 행동으로 그 사람의 모든 행동을 짐작할 수 있다.

  6 긴 안목으로 본다. [일본]

    : 당장의 일만을 보지 말고 멀리 보고 소신껏 사태를 판단하라.

  6 투구 안쪽을 꿰뚫어 본다. [일본]

    : 사람의 속마음을 세밀하게 관찰한다.

  6 사자는 발톱으로 알 수 있다. [터키, 독일, 프랑스, 이탈리아]

    : 극히 일부라도 특징을 보면 전체의 윤곽을 짐작할 수 있다.

  6 분별은 용기의 태반을 차지한다.

    (Discretion is the better part of valor.) [영국, 미국]

    : 어떤 일이든 정당하고 도리에 맞게 판단할 수 있는 신념을 가져라.

  6 여자와 술은 모두 독이 있다. [프랑스]

    : 좋은 것은 경계할 이면이 있으니 항상 판단에 유념하라.

  6 개구리 없는 연못은 물이 좋지 않다. [루마니아]

    : 어떤 한 가지 행태를 보면 전체를 미루어 판단할 수 있다.

03

덕행, 겸손, 순리, 품격, 정도, 절제, 인내

01 | 덕행

> 1. 덕*이 있으면 복이 따른다.
> : 덕을 쌓은 사람은 반드시 복을 받게 마련이라는 뜻.

(비슷한 속담)

6 사람은 덕행이 우선이다.
  (人以德行爲先.) [중국]
  : 살면서 덕을 삶의 첫 자리에 두어야 한다.

6 땅에 곡식을 심고 마음에 덕을 심는다.
  (土地上種谷, 心田上種德.) [중국]

6 곤경에서 덕을 쌓아야 한다.
  (Make a virtue out of necessity.) [영국, 미국]

6 덕은 중용에서 발견된다.
  (Virtue is found in the middle.) [영국, 미국]
  : 덕은 떳떳하고 올바르며 치우침이 없는 상태에서 실현된다.

6 덕은 힘을 굴복시킨다.
  (Virtue subdues power.) [영국, 미국]

6 아름다움은 변하기 쉽지만 덕은 변하지 않는다. [독일]

---

* 덕(德): 선(善)을 행할 수 있는 능력, 도덕적으로 뛰어난 품성, 인간으로서 마음이 어
질고 행동이 바른 것. 덕성(德性), 덕망(德望), 공덕(功德), 미덕(美德), 부덕(婦德) 등은 덕
의 속성이다. 곧 덕은 인격의 뼈대요 사람의 근본이다. 안병욱(1998), 『인생론』

2. 물이 깊어야 고기가 모인다.

: 도량이 넓고 덕망이 있어야 따르는 사람이 많다는 뜻.

비슷한 속담

🎣 덤불이 커야 도깨비가 난다. [한국]

: 자기에게 덕이 있어야 사람들이 따르게 된다.
: 바탕이나 조건이 충분해야 거기에 걸맞은 내용이 갖추어진다.

🎣 모든 강물이 바다로 흐르지만 바다는 넘치지 않는다.

(百川歸海 海不盈.) [중국]
: 도량이 넓은 사람은 모든 것을 포용한다.

🎣 이름을 얻기보다 덕을 쌓아라. [일본]

: 명성은 쉽게 잊힐 수 있으나 덕은 한결같아서 오래도록 사람들의 존경을
받는다.

🎣 덕은 외롭지 않다.

(德不孤必有隣.) [일본]
: 덕이 있는 사람은 따르는 사람들이 많아 고립되지 않는다.

🎣 숲이 우거져야 새도 모이고 물이 깊어야 큰 고기도 모인다.

[베트남]

🎣 잔잔한 물에 큰 물고기가 집을 짓는다. [핀란드]

: 덕을 갖춘 사람에게는 사람들이 스스로 찾아든다.

🎣 덕이 없는 사람은 향기 없는 꽃이다. [프랑스]

3. 부처님 공양 말고 배고픈 사람 밥을 먹여라.
: 눈앞에 보이는 어려운 사람에게 작은 것이나마 도움을 주는 편이 진정으로 덕을 쌓는 길이라는 뜻.

(비슷한 속담)

6 흘러가는 물도 떠 주면 공덕이다. [한국]
: 하찮은 일이라도 베풀면 그것이 바로 덕을 쌓는 길이다.

6 우산과 초롱불은 되돌아오지 않는다 여기고 빌려주어라. [일본]
: 사람을 도울 때는 처음부터 보답받을 생각을 하지 마라.

6 네가 태어났을 때 너 혼자 울고 모든 사람이 웃었다. 네가 죽을 때 너 혼자 웃고 모든 사람이 울게 하여라. [인도]
: 살아서 사람들에게 덕을 베풀면 많은 사람들의 흠모와 존경을 받게 될 것이다.

6 주는 것이 받는 것보다 행복하다.
(It is more blessed to give than to receive.) [영국, 미국]

6 좋은 씨를 뿌리면 좋은 곡식을 거둔다.
(He that sows good seed shall reap good corn.) [영국, 미국]

6 선을 행하되 뒤돌아보지 마라. [덴마크]

6 선행에 대한 보상은 선행 그 자체에 있다. [독일]
: 좋은 일을 하면 마음이 흐뭇해지니 그것이 보상이다.

6 그대 자신이 달라져라. 그러면 그대의 운명도 달라지리라.
[포르투갈]

4. 비는 장수 목 벨 수 없다.

: 잘못을 인정하고 용서를 비는 사람을 벌할 수 없다는 뜻.
: 진정으로 뉘우치고 사과하면 용서해준다는 뜻.

비슷한 속담

👌 귀신도 빌면 듣는다. [한국]
    : 귀신도 소원을 빌면 들어 주는데 하물며 인간이 되어 잘못을 비는 사람을 용서해 주지 않을 수 없다.

👌 비는 데는 무쇠도 녹는다. [한국]
    : 잘못을 뉘우치고 빌면 아무리 완고한 사람도 용서해준다.

👌 용서할 수 있을 때 용서하라.
    (得饒人處且饒人.) [중국]
    : 내가 더 강할 때 하는 용서가 진정한 용서다.

👌 쫓아 따라잡더라도 발꿈치를 밟지 마라. [캄보디아]
    : 잘못을 인정하는 사람에게 너무 심하게 윽박지르지 마라.

👌 도망치는 자 쫓지 말고 넘어진 자 때리지 마라. [터키]

👌 도망가는 적에게 황금 다리를 놓아 주어라.
    (Make a bridge of gold for a flying enemy.) [영국, 미국]
    : 물러나는 사람을 끝까지 공격하지 말고 관대하게 용서하라.

👌 잘못을 인정하면 반은 용서받은 것과 같다. [프랑스, 독일]

👌 모든 것을 이해하는 것은 이들을 용서하는 것이다. [남아공]

5. 품 안에 들어온 새는 잡지 않는다.
: 위험을 피해서 찾아오는 사람은 해치지 않는 것이 도리라는 뜻.

비슷한 속담

◊ 범도 제 굴에 들어온 토끼는 안 잡아먹는다. [한국]
: 아무리 미워도 굴복하는 경우에는 너그럽게 용서한다.

◊ 사람을 구석으로 몰지 마라.
(赶人不可赶上.)
(Don't back him into a corner.) [중국, 영국, 미국]
: 어려운 처지에 있는 사람을 너무 심하게 몰아치지 마라.

◊ 받아들이는 사람의 근본을 본다. [몽골]
: 남의 잘못을 포용하는 사람은 근본이 좋은 사람이다.

◊ 연꽃을 꺾을 때는 줄기를 남겨라. [태국]
: 서로 싸울 때에도 변명과 화해의 여지를 남겨두도록 하여라.

◊ 용서할 수 있다면 그대는 용기나 힘을 가진 자보다 훨씬 사람다
워 보일 것이다. [이란]

◊ 사자도 애원하는 자는 남겨 둔다.
(Lion spares the suppliant.) [영국, 미국]

◊ 가장 훌륭한 복수는 용서하는 것이다.
(The noblest vengeance is to forgive.) [영국, 미국]
: 용서하고 포용하는 것이 복수보다 더 효과적이다.

02 | 겸손

> 6. 뛰는 놈 위에 나는 놈 있다.
> : 아무리 재주가 있어도 그보다 더 뛰어난 사람이 있으니 자만하지 말고 매사에 겸손하라는 뜻.

비슷한 속담

⚲ 강한 자 중에 더 강한 자 있다.
(强中更有强中手.)
(Talent above talent.) **[중국, 영국, 미국]**
: 재주가 있다고 너무 잘난 체하지 마라.

⚲ 사람 위에 사람이 있고 하늘 위에 하늘이 있다.
(人外有人, 天外有天.) **[중국]**
: 세상에는 나보다 훌륭한 사람이 많으니 겸손해야 한다.

⚲ 가장 훌륭한 사람도 경쟁 상대가 있다.
(The best man hath his match.) **[영국, 미국]**

⚲ 세계에서 가장 강한 사람은 혼자 서 있는 남자이다. **[독일]**
: 겸손할 줄 모르고 자만하는 사람은 낭패하기 쉽다.

⚲ 여우는 많이 알지만 여우를 잡는 사람은 그 이상이다. **[스페인]**
: 잘난 사람 위에는 더 잘 난 사람이 있다.

⚲ 스스로 현명하다고 생각하는 자는 어리석다. **[크로아티아]**

7. 벼슬은 높이고 마음은 낮추어라.

: 지위가 높아질수록 겸손해야 화가 미치지 않는다는 뜻.

비슷한 속담

⚘ 내 몸이 높아지면 아래를 살펴야 한다. [한국]
  : 언제나 일관되게 아랫사람들을 잘 보살펴주어야 한다.
  : 매사에 겸손하고 또한 조심하라.

⚘ 벼는 익을수록 고개를 숙인다.
  (Full ears of corn hang lowest.) [한국, 일본, 영국, 미국]
  : 속이 꽉 차고 지혜로운 사람일수록 교만하지 않고 겸손하다.

⚘ 겸손하면 득을 보고 교만하면 손해를 본다.
  (謙受益, 滿招損.)
  (The more noble the more humble.) [중국, 영국, 미국]
  : 높을수록 겸손하면 다른 사람으로부터 존경을 받는다.

⚘ 익은 곡식처럼 고개를 숙여라, 갈대처럼 쳐들지 마라.

[인도네시아, 네팔]

⚘ 열매가 있는 나무는 그렇지 않은 나무보다 휜다. [아르메니아]
  : 지위가 높고 현명한 사람일수록 겸손하다.

⚘ 자기의 잣대로 남을 판단하지 마라.
  (Don't judge everyone by your own measure.) [영국, 미국]
  : 자기 중심으로 행동하지 말고 상대방을 이해하고 존중하라.

⚘ 명예와 거울은 입김만으로도 흐려진다. [스페인]
  : 작은 일로도 남에게 약점을 잡히지 않도록 처신에 유의하여야 한다.

8. 병에 가득 찬 물은 저어도 소리가 안 난다.
: 학식이 높고 현명한 사람은 떠벌리지 않고 겸손하다는 뜻.

(비슷한 속담)

⚬ 물이 깊을수록 소리가 없다.
   (Water runs smoothest where it is deepest.)
                              [한국, 일본, 태국, 러시아, 영국, 미국, 에스토니아]
   : 실력이 출중하고 생각이 깊은 사람일수록 아는 체하지 않는다.

⚬ 위대한 사람은 늘 자기를 보잘것없이 본다.
   (一個偉大的人, 常常把自己看得渺小.) **[중국]**
   : 큰 인물은 항상 겸손하다.

⚬ 조용한 강은 물살이 세다. **[인도네시아, 말레이시아]**
   : 현명한 사람은 쓸데없이 나대지 않고 자기 할 일만 한다.

⚬ 무지한 자는 떠들고 현명한 자는 미루어 헤아린다. **[파키스탄]**
   : 잘 모르는 자는 괜히 떠들지만 현명한 사람은 조용히 관망한다.

⚬ 있는 그대로의 자기보다 더 크게 보이지 마라.
   (Seem not greater than thou art.) **[영국, 미국]**
   : 어디에서든지 자신을 과장하거나 으스대지 마라.

⚬ 승리할 때 자신에게 이길 수 있는 사람은 두 배의 승리자다.
                                                    [프랑스]
   : 경쟁에서 이겼다고 우쭐대지 않고 자기 감정을 자제할 줄 아는 사람은
     더욱 훌륭하다.

: 일이 잘못되었을 때 상대방의 입장을 자신의 입장으로 생각해보면 많은
부분을 이해할 수 있어 남을 탓하지 않게 된다는 뜻.

비슷한 속담

◊ 남을 아는 자는 지혜롭고 자신을 아는 자는 명철하다. [한국]
　: 자신에 대해서 올바로 파악하고 있는 사람은 훌륭한 사람이다.

◊ 스스로 참회할 줄 알아야 다른 사람을 양해할 줄 안다.
　(能忏會自己的人, 就會諒解別人.) [중국]
　: 자신의 잘못을 반성할 줄 알아야 남의 잘못도 이해할 수 있다.

◊ 늘 자책하면 황당한 일을 하지 않는다. [티베트]
　: 매사에 반성하는 자세로 살면 큰 실수를 하지 않는다.

◊ 아무리 높이 뛰어도 반드시 땅으로 떨어진다. [필리핀]
　: 스스로 자신을 과대평가하여 우쭐거리지 마라.

◊ 가책받는 양심은 고발자가 필요 없다.
　(A guilty conscience needs no accuser.) [영국, 미국]
　: 스스로 잘못을 뉘우치고 고치는 사람은 책망하지 않아도 된다.

◊ 우리가 정복해야 할 것은 산이 아니라 우리들 자신이다.
　(It is not the mountain we conquer, but ourselves.) [영국, 미국]

◊ 남을 탓하기 전에 자신을 나무라라. [아이슬란드]

◊ 발은 침대에, 손은 가슴에. [스페인]

10. 지는 것이 이기는 것이다.

: 남을 이기겠다는 집착에서 벗어날 수 있다는 것은 그만큼 지혜로운 삶의 방편이라는 뜻.

비슷한 속담

🌀 서로 다투면 추해지고 서로 양보하면 함께 가질 수 있다.
(一爭兩丑, 一讓兩有.) [중국]
: 쟁탈하면 쌍방이 체면을 잃고 서로 양보하면 다 이롭다.

🌀 손해를 볼 줄 아는 사람이 좋은 사람이다.
(吃得虧的是好人.) [중국]

🌀 양보도 때로는 성공을 위한 최선의 방법이다.
(Yielding is sometimes the best way of succeeding.) [영국, 미국]
: 상대방에게 양보하면 오히려 얻는 것이 클 경우가 있다.

🌀 복종하는 아내가 남편을 지배한다.
(An obedient wife commands her husband.) [영국, 미국]

🌀 현명한 사람은 양보한다.
(The wise head gives in.) [영국, 미국, 독일]
: 필요 없는 고집은 부리지 마라.

🌀 더 잘 뛰기 위해서 뒤로 물러선다. [프랑스]
: 일단 멈추고 기다리면서 더 좋은 기회를 엿본다.

🌀 작은 일을 단념하지 못하는 자는 큰일을 성취하지 못한다.
[마다가스카르]
: 진정으로 이루고 싶은 일을 위해서는 사소한 이익은 버려라.

> **11. 걷기도 전에 뛰려고 한다.**
> : 쉽고 간단한 일도 못하면서 무리하게 큰일을 하려고 한다는 뜻.

(비슷한 속담)

🍂 이도 나기 전에 갈비 뜯는다. [한국, 인도네시아]
   : 능력이 부족한 사람이 제힘에 겨운 짓을 하려고 한다.

🍂 먼저 기고 나서 걸어라.
   (未學爬, 先學走.) [중국]
   : 일을 익히거나 실행할 때에는 단계적으로 하라.

🍂 송아지도 되기 전에 황소의 걸음을 걸으려 한다. [몽골]

🍂 둘을 세기 전에 하나를 말하라. [스리랑카]

🍂 노래하기 전에 말하기부터 배워라.
   (Learn to say before you sing.) [영국, 미국]

🍂 새를 잡기 전에 활 쏘는 법을 알아야 한다. [아이슬란드]

🍂 날기 전에 날개를 가져야 한다. [프랑스]

🍂 물 흐름을 거슬러 헤엄치는 것은 신중한 처사가 아니다. [스페인]

12. 겨울이 지나지 않고 봄이 오랴.

: 세상일에는 무엇이나 일정한 순서가 있는 것이니 급하다고 억지로 해서는 안된다는 뜻.

비슷한 속담

⚬ 급하다고 바늘허리에 실 매어 쓸까. [한국]
: 일이 급하다고 해서 밟아야 할 순서를 건너뛸 수 없다.

⚬ 송곳도 끝부터 들어간다. [한국]
: 무슨 일이든 일에는 순서가 있다.

⚬ 익은 가지부터 먹는다. [라오스]
: 먼저 할 수 있는 것부터 순차적으로 한다.

⚬ 먼저 말에 오르고 채찍을 가한다.
(先上馬, 後加鞭.) [중국]
: 먼저 주어진 조건에서 일을 시작하고 다음 문제를 해결한다.

⚬ 밥은 한 입씩 먹어야 하고 길은 한 발자국씩 걸어야 한다.
(飯得一口一口地吃, 路得一步一步地步.) [중국]
: 어떤 일이든지 순서에 따라 해야지 조급히 해서는 안 된다.

⚬ 일에는 시작이 있고 끝이 있다. [일본]
: 일의 선후 관계를 무시하면 질서가 무너진다.

⚬ 말 앞에 수레를 놓지 마라.
(Don't put the cart before the horse.) [영국, 미국]
: 원칙과 순서에 따라 일을 진행하여야 한다.

13. 물은 아래로 흐르고 불은 위로 올라간다.

: 모든 것은 제 이치대로 움직이게 마련이라는 뜻.

비슷한 속담

⚭ 가지가 줄기보다 크면 반드시 찢어지게 마련이다. [한국]
: 지엽적인 문제가 기본이 되는 문제보다 더 커지면 탈이 생기는 것처럼
무슨 일이든 사리에 어긋나면 일을 그르치게 된다.

⚭ 이치에 맞으면 태산이라도 넘어뜨릴 수 있다.
(有理壓得泰山倒.) [중국]

⚭ 수탉이 아침을 알리지 않아도 태양은 여전히 솟는다.
(公鷄不報曉, 太陽照樣出.) [중국]
: 모든 것은 자연의 순리에 따라 진행된다.

⚭ 자연을 따르는 이는 길을 잘못 드는 일이 없다.
(He that follows nature is never out of his way.) [영국, 미국]
: 자연의 순리대로 살면 잘못을 저지르는 일이 없다.

⚭ 이치는 만물을 지배한다.
(Reason rules all things.) [영국, 미국]

⚭ 촛불은 결코 양쪽에서 타지 않는다. [몰타]
: 사물의 진행에는 순리가 있다.

⚭ 시냇물은 흐르는 물의 힘에 따라 잘 흐른다. [소말리아]
: 제 능력 이상의 욕심을 내지 않는 것이 순리에 맞는 일이다.

14. 술 취한 후에 한 잔을 더 함은 없는 것보다 못하다.

: 술에 취한 뒤 더 마시는 것은 한계를 넘어선 어리석은 짓이라는 뜻.

비슷한 속담

◊ 그릇도 차면 넘친다. [한국]

　　: 모든 일에는 한도가 있어 지나치면 오히려 모자람보다 못하다.
　　: 재주가 너무 많은 사람은 오히려 덜한 사람만 못하다.

◊ 복이 와도 다 누려서는 안 된다.

　　(有福不可享盡.) [중국]
　　: 좋은 기회가 왔다고 해서 너무 호사를 즐겨서는 안 된다.

◊ 지나침은 못 미침과 같다. [일본]

　　: 모든 일에는 정도가 있으며 그것을 넘는 것은 부족한 것과 같아 좋지
　　　않다.

◊ 마지막 한 방울이 가득 찬 잔을 넘치게 한다.

　　(The last drop makes the full cup run over.) [영국, 미국]
　　: 조금이라도 지나치면 전체를 망치게 할 수 있다.

◊ 줄을 지나치게 당기면 끊어진다.

　　(At length the string cracks by being overstrained.) [영국, 미국]

◊ 지나친 것은 모두 나쁘다.

　　(All overs are ill.) [영국, 미국]
　　: 아무리 좋은 것이라도 지나치면 해롭다.

◊ 지나친 바람으로 풍차는 돌지 않는다. [네덜란드, 벨기에]

15. 숭어가 뛰니 망둥이도 뛴다.

: 제 처지는 생각하지도 않고 저보다 나은 사람을 덮어놓고 모방하여 분에 넘치는 일을 하려고 애쓴다는 뜻.

비슷한 속담

⚓ 낙동강 잉어가 뛰니 안방 빗자루도 뛴다. [한국]
  : 남이 뛰며 좋아하니까 까닭도 모르면서 덩달아 날뛴다.

⚓ 잉어 숭어가 오니 물고기라고 송사리도 온다. [한국, 일본]
  : 제 처지를 깨닫지 못하고 능력 있는 사람의 흉내를 낸다.

⚓ 학이 곡곡하고 우니 황새도 곡곡하고 운다. [한국]

⚓ 산에 호랑이가 장난치는 것을 보고 우리 속의 당나귀도 덩달아 뛴다. [몽골]

⚓ 매가 날아가니까 모기도 날아간다. [일본]
  : 제 힘도 모르고 남이 하는 대로 따라 한다.

⚓ 잉어가 춤을 추면 미꾸라지도 춤을 춘다. [일본]

⚓ 코끼리 등에 타는 사람을 보고 지붕에 오른다. [네팔]
  : 가난한 자가 부자들이 하는 것처럼 흉내를 내보려고 애쓴다.
  : 제 처지에 맞지 않는 일을 하려고 억지를 부린다.

⚓ 낙타에 발굽을 박으면 개구리도 발을 내민다. [아르메니아]
  : 못난 사람이 훌륭한 사람의 행동을 따라 한다.

16. 참새는 참새대로 살아야 한다.

: 제 분수에 맞게 살아야 한다는 뜻.

비슷한 속담

🔥 뱁새가 황새걸음을 걸으면 가랑이가 찢어진다. [한국]
: 남이 한다고 제힘에 겨운 일을 하다가는 화를 당하게 된다.

🔥 송충이가 갈잎을 먹으면 죽는다. [한국]
: 자기 분수에 맞지 않는 짓을 하다가는 재앙을 맞게 된다.

🔥 토끼가 사자처럼 가면 빨리 죽는다. [몽골]

🔥 까마귀가 백조 하는 짓을 흉내 내다 제 하는 짓도 잊어버린다.

[파키스탄]

: 제 분수에 맞지 않는 짓을 하다가는 낭패를 보게 된다.

🔥 작은 입을 가진 사람은 입을 크게 벌리지 마라. [네팔]
: 자기 분수에 맞게 처신하는 것이 좋다.

🔥 작은 새는 작은 집을 짓는다. [러시아, 프랑스, 크로아티아]

🔥 모기가 달걀을 낳으면 그것이 모기의 죽음이다. [독일]

🔥 까마귀라면 매와 같이 굴지 마라. [몰타]

🔥 헤엄 못 치는 자가 깊은 곳으로 간다. [브라질]

🔥 개구리가 물속에서 울면 죽는다. [부르키나파소]

04|처신, 앞가림

17. 군자는 입을 아끼고 범은 발톱을 아낀다.
: 학식과 덕망이 높은 사람일수록 말과 행동을 자제한다는 뜻.

비슷한 속담

◊ 노장(老將)은 병담(兵談)을 아니한다. [한국]
: 노련한 장수는 군사에 관하여 함부로 말하지 않는 것과 같이 훌륭한 사람은 자기 지식이나 능력을 자랑하지 않는다.

◊ 능력 있는 고양이는 발톱을 숨긴다.
(Cats hide their claws.) [일본, 영국, 미국]
: 훌륭한 사람은 자신의 재능을 쉽게 드러내지 않는다.

◊ 아는 척하면 이용 당하고 모르는 척하면 몸이 편하다. [캄보디아]

◊ 현명한 자는 노여움을 결코 밖으로 나타내지 않는다. [미얀마]

◊ 가장 많이 아는 사람이 가장 말이 적다.
(Who knows most speak least.) [영국. 미국]
: 현명한 사람은 잘 알면서도 아는 체하지 않는다.

◊ 알고 있는 모두를 말하지 마라. 들은 것 모두를 믿지 마라. 할 수 있는 것 모두를 하지 마라.
(Tell not all you know, all you have, or all you can do.)
[영국, 미국, 독일]
: 아무 데나 쓸데없이 나서지 말고 침착하게 처신하라.

18. 성인(聖人)도 시속(時俗)을 따른다.

: 제가 처해 있는 환경과 상황에 맞춰가며 살아가라는 뜻.

비슷한 속담

⚲ 너무 강하면 부러진다.
(太剛則折.) **[중국]**
: 매사에 고집만 내세우면 오히려 해를 입게 된다.

⚲ 사나이는 굽힐 수 있고 펼 수도 있다.
(大丈夫能屈能伸.) **[중국]**

⚲ 어떻게 처신해야 하는지 아는 사람은 지옥에서도 편히 지낼 수 있다. **[티베트]**

⚲ 담요가 짧으면 몸을 구부리는 법을 배우면 된다. **[필리핀]**

⚲ 세상에서 성공하려면 바보같이 보이면서도 사실에 있어서는 영리하게 활동하지 않으면 안 된다. **[터키]**

⚲ 강가에서 살려면 악어와 친구가 되어야 한다. **[인도]**
: 제 형편과 상황에 따르는 것이 현명한 처신이다.

⚲ 꺾이기보다 구부러지는 것이 낫다.
(Better bow than break.) **[영국, 미국, 네덜란드]**
: 강함과 부드러움을 겸비하라.

⚲ 로마에서는 로마인들이 하는 대로 하라.
(Do at Rome as the Roman do.) **[영국, 미국, 프랑스, 독일]**

19. 제 발등의 불을 먼저 끄랬다.

: 남의 일보다 자기의 급한 일부터 먼저 살펴야 한다는 뜻.

비슷한 속담

○ 제 코도 못 씻는 게 남의 부뚜막 걱정한다. [한국]
: 제 앞가림도 못하면서 남의 일을 걱정한다.

○ 우물의 물은 강물을 침범하지 않는다.
(井水不犯河水.) [중국]

○ 네 머리 위 파리나 쫓아라. [일본]
: 남의 일을 걱정하기보다 자신의 일부터 먼저 해결하라.

○ 자기의 집 앞이나 쓸어라.
(Sweep before your own door.) [영국, 미국]
: 자기 일을 먼저 갈무리하라.

○ 자선은 집에서부터 시작한다.
(Charity begins at home.) [영국, 미국]
: 먼저 자기 가정을 돌본 후에 남을 도와주어야 한다.

○ 신발 장수여, 신발만을 생각하라. [프랑스]
: 제 앞에 놓여 있는 문제부터 먼저 해결하라.

○ 남의 괴로움보다 먼저 자기 괴로움을 슬퍼하라. [스페인]

○ 남의 자루를 채우기 위해 제 자루를 비우는 자는 어리석다.

[크로아티아]

20. 까마귀 겉 검다고 속조차 검은 줄 아느냐.
: 사람을 겉모양만 보고 평가하지 말라는 뜻.

비슷한 속담

◌ 떨어진 주머니에 어패들었다. [한국]
: 보기에는 허름하나 실속은 뛰어나고 훌륭하다.

◌ 칼 같은 입에 두부 같은 마음.
(刀子嘴, 豆腐心.) [중국]
: 말은 냉정하게 해도 속마음은 선하고 아름답다.

◌ 솥은 검지만 밥은 향기롭다. [위구르]
: 보기에는 남루하지만 훌륭한 인격을 갖추었다.

◌ 암소의 색깔은 검으나 우유는 희다. [아프가니스탄]

◌ 누더기에 지혜가 도사린다.
(Under a ragged coat lies wisdom.) [영국, 미국]
: 겉만 보고 사람을 평가하지말고 그 사람의 내면을 보도록 하여라.

◌ 초라한 코트에 좋은 술. [스페인]
: 겉모습은 허술하여도 마음은 깨끗하고 훌륭하다.

◌ 악어가죽은 꺼칠꺼칠하지만 그 알은 반들반들하다. [코트디부아르]

21. 양반*은 물에 빠져도 개헤엄은 안 친다.

: 인품이 훌륭한 사람은 위급한 처지에도 품위를 지킨다는 뜻.
: 아무리 다급해도 추하거나 비굴한 모습을 보이지 않는다는 뜻.

비슷한 속담

⚬ 가난도 비단 가난. [한국]
: 가난해도 몸가짐을 함부로 하지 않는다.

⚬ 양반은 벌에 쐬어도 뛰지 않는다. [한국]
: 아무리 급한 상황에서도 의젓하게 행동한다.

⚬ 양반은 얼어 죽어도 겻불**은 안 쬔다. [한국]
: 곤궁하더라도 제가 지닌 체면을 깎으려 하지 않는다.

⚬ 양반은 샛길로 가지 않는다. [한국]
: 힘들고 어려운 상황에서도 올곧게 행동한다.

⚬ 무사는 먹지 않아도 이쑤시개는 큰 것을 쓴다. [일본]
: 궁색해도 지체와 체통을 지키려고 노력한다.

---

* 양반(兩班): 양반은 고려 말기부터 조선 시대의 지배 신분 계층을 지칭하나 그 범위에는 사림(士林)이라 불리는 학자 계층 즉, 선비와 같은 의미를 포함한다. 선비는 한자어의 사(士)와 같은 뜻으로 학식과 인품을 갖춘 사람에 대한 호칭이며 이는 유교 이념을 구현하는 인격체. 이에 선비 정신을 요약하면, ① 선비는 어질고 지식이 있는 사람으로 인격적 성격을 핵심으로 삼는다. ② 선비는 일에 신중하고 태도는 공손하다. ③ 선비 정신은 의리 정신으로 그 강인성이 드러난다. 의리는 변하지 않고 굽히지 않는다. ④ 선비는 결코 이기적 탐욕에 사로잡히지 않으며 도리를 지키고 사회 전체를 위하여 헌신적 자세를 가진다. ※ 선비 정신의 현대적 의의: 선비는 신분적 존재가 아니라 인격의 모범이요 인간의 도덕성을 확립하는 원천으로 이해할 수 있다.' 『한국민족문화대백과사전』

** 겻불: 쌀겨나 보릿겨 같은 곡식의 겨를 태우는 불. 이런 불은 약하고 신통치 않다.

06 | 정도(正道)

22. 길이 아니면 가지를 말고 말이 아니면 하지를 마라.
: 사람으로서 해서는 안 되는 일은 아예 하지 말라는 뜻.

비슷한 속담

🐚 하늘이 알고 땅이 알고 네가 알고 내가 안다. [한국]
: 세상에는 비밀이 없다.

🐚 사악은 정도를 이길 수 없다.
(邪門不壓正道.) [중국]
: 악행과 비정상적인 것은 오래가지 못한다.

🐚 위에는 하늘이, 아래에는 땅이, 그 중간에는 양심이 있다.
(上有天, 下有地, 中間有良心.) [중국]

🐚 죽은 코끼리를 어떻게 소쿠리로 숨기겠는가. [캄보디아]

🐚 태양은 진흙으로 빈틈없이 바를 수 없다. [터키]
: 명백한 진실은 감출 수가 없다.

🐚 맑게 갠 하늘은 번개를 두려워하지 않는다. [그리스]
: 양심에 가책받을 일이 없는 사람은 두려워할 것이 없다.

🐚 새가 날면 반드시 사람에게 배를 보인다. [나이지리아]
: 거짓과 잘못은 반드시 밝혀진다.

23. 잘못을 고치지 않는 것도 잘못이다.

: 잘못을 알고도 고치지 않는 것은 그 잘못보다 더 나쁘다는 뜻.

비슷한 속담

6 잘못을 깨달으면 고치기를 꺼려하지 마라.
   (Never too late to mend.) [한국, 일본, 영국, 미국, 독일]
   : 누구나 잘못을 저지를 수 있으니 바로 고치면 된다.

6 잘못을 속이면 두 번 잘못이다. [한국]
   : 잘못한 것을 알고도 은폐하면 또 하나의 잘못을 저지르는 일이 된다.

6 탕자가 회개하면 금보다도 귀하다.
   (浪子回頭金不換.) [중국]
   : 방탕한 아들의 뉘우침은 돈보다도 더 가치 있는 일이다.

6 잘못을 고칠 줄 알면 그것보다 더 좋은 일이 없다.
   (知過能改, 善莫大焉.) [중국]

6 나날이 새로워져라. [일본]

6 잘못을 통하여 사람은 현명해진다.
   (By mistakes we learn.) [영국, 미국, 독일]
   : 누구나 잘못을 반성하고 깨달으면서 성장해간다.

6 잘못을 고치면 하느님을 기쁘게 한다.
   (He that errs and mends to God himself commends.) [영국, 미국]

6 잘못된 행동을 고치지 않는 사람은 사는 방법이 서툰 사람이다.
   [프랑스]

24. 공짜는 없다.

: 세상에 공짜로 얻는 것은 없으니 공짜를 좋아하지 말라는 뜻.

(비슷한 속담)

🜪 공짜가 망짜다. [한국]
 : 공짜를 너무 밝히다가는 망신만 당한다.

🜪 달콤한 꿀 뒤에는 벌집. [타지키스탄]
 : 거저 얻은 횡재라고 덥석 받았다가 큰 손해를 입을 수 있다.

🜪 공짜 치즈는 쥐덫에만 놓여 있다. [러시아]
 : 공짜는 언제나 함정이 있다.

🜪 공으로 받은 물건보다 더 비싼 것은 없다.
 (Nothing costs so much as what is given us.) [영국, 미국]
 : 무엇이든 공짜로 받으면 심리적 부담이 커지고 무리한 부탁도 들어주어
 야 하므로 오히려 비싼 대가를 치르게 된다.

🜪 낚시밥은 바늘을 숨기고 있다.
 (The bait hides the hooks.) [영국, 미국]

🜪 가난한 사람이 선물을 할 때는 대가를 바라는 것이다.
 (If a poor man presents thee, he expects a return.) [영국, 미국]

🜪 정성 들여 얻은 과일은 있어도 거저 얻은 과일은 없다. [폴란드]

25. 봉황새는 아무리 주려도 조는 먹지 않는다.
: 고매한 품격을 가진 사람은 아무리 궁해도 의젓하다는 뜻.

비슷한 속담

🔥 국화는 서리를 맞아도 꺾이지 않는다. [한국]
: 절개가 굳은 사람은 어떤 시련에도 굴하지 않고 꿋꿋이 이겨낸다.

🔥 호랑이는 썩은 고기를 먹지 않는다.
(大蟲不吃腐肉.) [한국, 중국]
: 어진 사람은 아무리 빈곤하여도 부정한 짓은 하지 않는다.

🔥 곤궁해도 뜻을 바꾸지 않고 위협과 무력에도 뜻을 굽히지 않는다. [티베트]

🔥 곧은 나무는 서서 죽기를 두려워하지 않는다. [베트남]

🔥 백조는 진주를 쪼아 먹거나 굶어 죽는다. [인도]
: 품격이 높은 사람은 아무리 궁핍해도 부정과 타협하지 않는다.

🔥 독수리는 파리를 잡지 않는다.
(Eagles don't catch flies.) [영국, 미국, 프랑스]
: 큰 인물은 사소한 이익에는 관심이 없다.

🔥 해는 거름 무더기 위에서도 덜 비치는 법이 없다.
(The sun is never the worse for shining on a dunghill.) [영국, 미국]
: 훌륭한 사람은 어떠한 상황에서도 타락하지 않는다.

🔥 사자는 풀을 먹지 않는다. [세네갈]

26. 열 형리(刑吏) 친할 생각 말고 죄짓지 마라.

: 권력가의 덕 볼 생각을 말고 처음부터 잘못을 저지르지 말라는 뜻.

비슷한 속담

⚘ 누울 자리 봐가며 발 뻗어라. [한국]
: 다가올 결과를 생각해가면서 미리 살피고 일을 시작하라.

⚘ 스스로 몸과 마음 가다듬기를 게을리하지 않는다.
(自强不息.) [중국]

⚘ 지팡이에 매달릴지언정 남에게 매달리지 마라. [일본, 프랑스]

⚘ 코끼리로부터는 일곱 걸음, 소로부터는 열 걸음, 여자로 부터는
스무 걸음, 취한 주정뱅이로부터는 서른 걸음 떨어져라. [인도]
: 재물과 여자를 경계하고 혈기를 앞세우지 마라.

⚘ 목구멍에 맞추어 뼈를 삼켜라. [네팔]
: 과욕을 부리지 말고 자신의 형편에 맞게 처신하라.

⚘ 파리는 끓는 주전자에 가지 않는다.
(To a boiling port flies come not.) [영국, 미국]
: 유혹에 현혹되지 않고 스스로 자제할 줄 알아야 한다.

⚘ 자기 식욕한테 묻기 전에 지갑과 의논하라. [그리스]

⚘ 어느 새나 제 날개로 난다. [탄자니아]
: 남에게 의지하지 말고 자기 일은 자기가 해야 한다.

27. 윗물이 맑아야 아랫물이 맑다.

: 윗사람 행실이 깨끗해야 아랫사람 행실도 바르게 된다는 뜻.

비슷한 속담

🐚 꼭뒤에 부은 물이 발뒤꿈치로 내린다. [한국]
  : 머리 위에 물을 부으면 발뒤꿈치로 흘러내리는 것처럼 윗사람의 행동은
  아랫사람에게 그대로 이어진다.

🐚 어미 닭이 부뚜막에 올라가면 병아리도 올라간다.
  (鷄婆子上灶, 鷄崽子也上灶.) [중국]
  : 윗사람이 하는 대로 아랫사람도 따라 한다.

🐚 위가 검으면 아래가 흴 수 없다.
  (上面是黑的, 下面白不了.) [중국]
  : 윗사람의 행실이 나쁘면 아랫사람도 좋을 수가 없다.

🐚 수원(水源)이 맑으면 흐르는 물이 맑다. [일본]
  : 윗사람이 바르면 아랫사람도 바르게 된다.

🐚 말 타는 사람 하기에 따라 말도 발로 흙을 찬다. [터키]
  : 윗사람 하기에 따라 아랫사람의 행동도 달라진다.

🐚 앞바퀴가 가는 곳으로 뒷바퀴도 간다. [카자흐스탄]
  : 선배가 하는 것은 후배도 따라 한다.

🐚 큰 배가 지나간 곳은 작은 배도 지나갈 수 있다. [우즈베키스탄]
  : 아랫사람은 윗사람을 따라 흉내 내게 마련이다.

28. 돌부리를 차면 제 발부리만 아프다.

: 일시적인 흥분으로 일을 저질러놓으면 자기만 손해 본다는 뜻.

(비슷한 속담)

🔥 원한은 친절을 잃게 하고 노여움은 예의를 잃게 한다.
(怨廢親, 怒廢禮.) [중국]
: 화를 앞세우는 사람은 실수하는 일이 많다.

🔥 분노를 옮기지 마라. [일본]
: 쓸데없이 객기를 부리거나 남에게 화풀이를 하지 말아라.

🔥 배부름은 좋은 맛을 없애고 화는 좋은 생각을 없앤다. [베트남]

🔥 분노와 성급함은 좋은 충고를 막는다.
(Anger and haste hinder good counsel.) [영국, 미국]
: 화를 내면 주변의 합리적인 조언이 귀에 들어오지 않는다.

🔥 힘을 동반하지 않는 분노는 비웃음을 산다. [독일]
: 힘없는 사람이 화를 내봐야 받아 줄 사람이 없다.

🔥 화내서 잘 되는 일 없다. [스페인]

🔥 화를 내는 거지는 언제나 빈 자루를 가진다. [불가리아]
: 화를 잘 내는 사람은 항상 손해를 본다.

29. 참는 자에게 복이 있다.

: 분한 일이 있더라도 참고 견디면 좋은 일이 생긴다는 뜻.

비슷한 속담

🜋 한시를 참으면 백 날이 편하다.
(忍一時之念, 免百日之憂.) [한국, 중국, 스위스]
: 일시적인 화를 참으면 후회할 일이 생기지 않는다.

🜋 참을성 있는 사람이 승리한다.
(Patient men win the day.) [영국, 미국]

🜋 인내는 모든 상처에 붙이는 고약이다.
(Patience is a plaster for all sores.) [영국, 미국]
: 인내는 온갖 어려움을 물리치는 효능을 가진다.

🜋 인내는 천국의 열쇠다.
(Patience is the key to paradise.) [영국, 미국]

🜋 기다리는 사람의 낚시에는 물고기가 걸린다. [에스토니아]

🜋 인내는 힘과 분노보다도 많은 것을 이룬다. [프랑스]
: 충동적으로 대응하기보다는 참고 기다리면 좋은 성과를 거둔다.

🜋 악마는 언제까지나 같은 집 문전에서 춤추고 있지는 않는다.
[네덜란드, 벨기에]
: 나쁜 일이 항상 계속되는 것은 아니다.

🜋 1분 동안 인내가 10년 평화 온다. [스위스]

30. 참을 인(忍) 자 셋이면 살인도 피한다.
: 아무리 분한 일이라도 꾹 참으면 위기를 모면할 수 있다는 뜻.

비슷한 속담

6 작은 일을 참지 못하면 큰일을 그르친다.
(小不忍, 則亂大謀.) [중국]

6 화났을 때는 어떤 편지도 답장을 써서는 안 된다. [티베트]

6 화가 나면 열을 세고 매우 화가 나면 백을 세라. [일본]
: 화가 날 때는 시간을 끄는 것이 가장 좋다.

6 이웃집 개를 두들겨 패고 싶을 때는 동시에 그 개의 주인 얼굴도
머리에 떠올리자. [미얀마]

6 극심한 분노는 칼보다 더 파괴적이다. [인도]

6 모든 불행은 인내심으로 극복할 수 있다.
(Every misfortune is to be subdued by patience.) [영국, 미국]
: 인간이 겪는 재난과 고통은 참고 견디면 벗어날 수 있다.

6 화를 내는 것은 가장 비싼 사치이다. [이탈리아]
: 일단 화를 참는 것이 가장 현명한 선택이다.

6 일이 잘되지 않아도 싸움보다는 낫다. [콜롬비아]

6 성급함은 악마로부터, 인내는 신으로부터 온다. [모로코]
: 성급함은 후회를 낳고 참는 것은 평화와 행복을 준다.

★ 속담 발췌 국가

주	지역	국 가
아시아	동	한국, 중국(티베트, 위구르), 몽골, 일본
	동남	베트남, 라오스, 캄보디아, 태국, 미얀마, 필리핀, 인도네시아, 말레이시아
	서남	아프가니스탄, 이란, 이라크, 이스라엘, 터키, 아르메니아, 아라비아(사우디 등)
	중앙	카자흐스탄, 우즈베키스탄, 타지키스탄
	남	인도, 파키스탄, 네팔, 방글라데시, 스리랑카
유럽	북	스웨덴, 노르웨이, 핀란드, 덴마크, 아이슬란드
	동	러시아, 에스토니아, 라트비아, 리투아니아
	서	영국, 아일랜드, 프랑스, 네덜란드, 벨기에
	중	독일, 폴란드, 스위스 체코, 슬로바키아, 헝가리
	남	스페인, 포르투갈, 이탈리아, 루마니아, 그리스, 세르비아, 불가리아, 알바니아 슬로베니아, 크로아티아, 마케도니아, 몰타
북미	북, 중앙	미국, 멕시코, 과테말라, 니카라과
	카리브	자메이카, 쿠바
남미	북, 동	콜롬비아, 베네수엘라, 수리남, 브라질
	남	아르헨티나, 칠레
아프리카	북	이집트, 수단, 알제리, 모로코, 튀니지
	동	에티오피아, 소말리아, 케냐, 탄자니아
	서,중앙	세네갈, 코트디부아르, 나이지리아, 기니, 콩고
	남	부르키나파소, 남아공, 앙골라, 마다가스카르

참고 문헌

강성광(1995), 『일본어 속담사전』. 동양문고
권순우(2012), 『황금열매. 일문서적』.
김도환(2009), 『한국 속담활용사전』. 도서출판 한울.
김선풍(1993), 『속담이야기』. 국학자료원.
김승뢰(2008), 『영어 속담사전』. 말굽소리.
김승용(2016), 『우리말 절대지식』. 동아시아.
김영일(2003), 『영어로 배우는 한국 속담』. 경진문화사.
김충식(2006), 『엣센스 스페인어 숙어·속담사전』. 민중서관.
박대우(2005), 『Understanding Proverb(영어로 배우는 세계속담)』. 신아출판사.
박영원·양재찬(2015), 한국 속담대사전. 푸른사상사.
박일환(2011), 『미주알고주알 우리말 속담』. 한울.
변재옥(2007), 『동서속담사전』. 영남대학교출판부.
서정수(1998), 『세계 속담대사전』. 한양대학교 출판부.
송재선(1983), 『우리말속담큰사전』. 서문당.
송재선(1998), 『돈 속담사전』. 동문선
오경제(2010), 『속담으로 중국어를 말해요』. 신아사.
원영섭(2000), 『우리 속담풀이』. 세창출판사.
유네스코(2010), 『다문화 속담 여행』. 대교출판.
은광사편집부(1991), 『속담풀이』. 은광사.
이기문·조남호(2014), 『속담사전』. 일조각.
이두철(2003), 『영어속담해설집』. 한빛문화.
이현숙(2014), 『영어속담과 명언』. 백만문화사.
이현진 옮김(2007), 『속담인류학』. 중앙일보시사미디어.
이화여자대학교 BK21 언어학 교육·연구단(2006), 『프랑스어 속담사전』. 만남.
임동권(2002), 『속담사전』. 민속원.
임종욱(2008), 『고사성어대사전』. 시대의 창.
전치수(2011), 『우리말 속담사전』. 매월당.
정달영(2010), 『한국의 말(言語)관련 속담에 나타난 언어의식』.
한민족문화연 구 제35집.
정종진(2006), 『한국의 속담 대사전』. 태학사.
조평환·이종호(2006), 『우리말 속담사전』. 도서출판 파미르.
진기환(2008), 『중국인의 속담』. 명문당.
최대경(2007), 『정겨운 우리 속담 4300』. 두산동아.
한국고전신서편찬회(1988), 『한국 고사성어』. 홍신문화
한국정신문화연구원(1991), 『한국민족문화대백과사전』. 웅진출판사.
한국태국학교 박철(2009), 『태국의 이해』. 한국외국어대학교출판부.

찾아보기(표제어 속담)